プーフェンドルフの政治思想

——比較思想史的研究——

前田俊文著

成文堂

はしがき

本書は、ザムエル・フォン・プーフェンドルフ（一六三二―九四）の政治思想の分析と解明に主眼が置かれているが、それだけにとどまらず、比較思想史的に大陸自然法学を再検証・再評価しようとした研究である。

まず、いかなる問題意識をもって自らの研究を開始したのかということについて述べておきたい。一七・一八世紀の近代自然法思想の研究は、従来、イギリスを中心とした、いわゆる「社会契約論」（ホッブズ、ロック、ルソー）の理論的解明に集中してきたといえる。しかしその一方で、ほぼその同時代に隆盛を極めた大陸系の自然法学（グロティウス、プーフェンドルフおよび彼らの直接的な影響を受けた思想家たちの自然法学を指す、以下大陸自然法学と称す）の思想史的意義については、日本国内は言うまでもなく、国際的に見てもきわめて研究が立ち遅れているのが現状である。社会契約説の理論的・歴史的発展を一面的な視点からだけではなく、総合的に検討するためにも、大陸自然法学の位置づけを明確にする必要性を感じ、研究テーマとして、大陸自然法学の大成者であり、一七世紀ドイツ最大の法・政治学者であるプーフェンドルフの政治思想の解明に取り組むことにした。

その際、筆者の一貫した理論的関心は、プーフェンドルフの自然法学を市民社会の理論として再照射し直すことができるのではないか、ということであった。もちろん、こうした問題意識に基づくプーフェンドルフ研究は、研究を開始した当初はほとんど存在していなかったため、すべては手探り状態であった。しかし、私の学んだ一橋大学には市民社会理論に関わる貴重な古典的文献が数多く存在し、また、伝統的学風として市民社会思想の発展に関する高度な研究の蓄積があり、私の研究におぼろげながらその方向性を与えてくれた。

市民社会の捉え方についてはさまざまな議論が存在することは言うまでもない。本書では、市民社会の理論を一応次のようなものとして考えている。それは国家設立以前の自然状態において、人間の生来の弱さと物質的貧困に気づいた近代的市民たちが、それを克服するために、人間本性の利己的傾向を社会性の概念によって抑制しつつ、経済活動の基本となる所有権を相互に確認し合いながら、労働によって得られた商品の自由な交換社会としての商業的社会(commercial society)を確立し、そうした市民生活を保護するための国家権力の必要性を説く原理のことである。

確かに、こうした市民社会概念は、ヘーゲルやマルクスの影響の下に、とくに戦後日本において極度に理想化された理念型(イデアルティプス)としての市民社会概念と基本的には理論的親近性を有しているといえるのかもしれないが、必ずしも完全に合致するものではない。むしろ、ここでいう市民社会の理論は、一八世紀にヒュームやスミスによって完成された文明社会(civilized society)論が念頭に置かれている。すなわち、一九世紀の社会主義的な観点から一七世紀の近代自然法学を把捉するのではなく、一八世紀の文明社会論の思想的酵母として近代自然法学を再認識・再評価しようとする試みであるということができよう。

近代自然法思想の系譜に属する思想家たち、すなわち、プーフェンドルフやロック、ハチスン、ヒュームらは、それぞれ時代背景や直面していた理論的課題は異なるものの、基本的には来るべき市民社会の根本的な原理を構築しようとしていた点で、共通の問題意識を共有していたのである。このことを確認するためには、プーフェンドルフを比較思想史的に再検討する必要性があった。比較思想史的研究とは、その思想家の理論的特質を、彼によって著されたテキスト分析にのみ依存することなく、同時代および後世の思想家たちとの比較考察によってより明確に浮かび上がらせる研究のことである。すなわち、プーフェンドルフの自然法学の構造と特性をロック、ハチスン、ヒュームらの自然法と比較考察することである。

　プーフェンドルフを彼らと比較することによって、従来、啓蒙絶対主義の思想家として分類されがちであったプーフェンドルフの自然法学が、実際には市民社会理論の系譜に近いのではないかという疑問を抱くようになった。この理論的課題を解決するために筆者は、プーフェンドルフの自然法学をホッブズやロック、ライプニッツといった同時代の思想家たちと比較するばかりでなく、プーフェンドルフの自然法学を受容した、スコットランド啓蒙思想にとくに引き付けて比較分析することにした。

　プーフェンドルフの自然法学とスコットランド啓蒙思想との関連性に着目した研究は近年増加しつつあるが、大陸自然法学とイギリス自然法思想という本来系譜の異なる法学体系を比較の対象とするものであるから、両者の思想的継承関係や理論的交流に言及しつつも、どうしても最終的にはその思想的な異質性に注目しがちである。

　さらには、プーフェンドルフの『自然法に基づく人間および市民の義務』（一六七三年）が、グラスゴウ大学における「道徳哲学」講座のテキストとして最初用いられたという事実があるものの、初代教授のカーマイケルがこのプーフェンドルフの書物に付けた注釈やその後継者ハチスンの自然法思想にむしろスコットランド啓蒙思想の源流を見出そうとする研究が主流となっている。

　したがって、これまでの研究史においては、プーフェンドルフの自然法学とスコットランド啓蒙思想との間には、大陸とイングランドを挟んだドーバー海峡の如く、依然として越えることのできない大きな溝が存在しているように思われる。しかし、実際にはカーマイケルやハチスン、ヒュームらが彼らの思想を展開する上で、いかにプーフェンドルフの自然法学を前提とし、それに依拠していたかにはあまり注目されていない。

　本書では、プーフェンドルフをスコットランド啓蒙思想の基礎を構築したカーマイケル、ハチスン、ヒュームと比較することで、それぞれの思想的土壌を異にしつつも、彼らがプーフェンドルフの自然法学を、一つの有力な思想的酵母あるいは思想的母体として批判的に継承することで、自らの理論を構築する上で重要なヒントを得ていたこと、さらには、大陸自然法学とスコットランド啓蒙思想が市民社会に関わる基本的な問題意識において多くの共通点を有していたこと、以上の点を指摘したいと考えている。

二〇〇四年　二月

前　田　俊　文

目次

第一章　プーフェンドルフの社会契約思想

——ホッブズ、ロックとの比較を中心に——

はじめに——問題の所在——

ジョン・ロックは、『教育に関する考察』(*Some Thoughts concerning Education*, 1693) のなかで、青年が市民法を学ぶために必要な書物について次のように述べている。

「子供がキケロの『義務について』を充分会得し、さらにそれに加えて、プーフェンドルフの『人間および市民の義務』をも読了したならば、グロティウスの『戦争と平和の法』、あるいは二人のうち多分この方が良いでしょうが、プーフェンドルフの『自然法と万民法』に取りかからせるのが時宜を得ているでしょう。この書物によって、彼は人びとの自然権と社会の起源と基礎およびそれに由来する義務について教えられることになるでしょう[1]。」(傍点筆者)

言うまでもなく、ロックは近代自然法学の大家であり定礎者であるが、彼が推奨した書物の著者であるプーフェンドルフとは一体いかなる人物だったのだろうか、また、自然権および社会の起源と基礎（=社会契約）は、近代自然法の根幹をなす理論であるが、プーフェンドルフの説く自然権と社会契約とはいかなる内容を持つものだったのだろうか。

大著『自然法と万民法』(*De Jure Naturae et Gentium Libri Octo*, 1672) を公刊し、大陸自然法学の礎を築いたザムエル・フォン・プーフェンドルフ (Samuel von Pufendorf) は、一六三二年一月八日、ザクセンのケムニッツにルター派の牧師の息子として生まれた。

この年は、主にドイツを舞台として繰り広げられた世界で最初の国際的宗教戦争である三十年戦争(一六一八―四八年)の第一期を代表する人物――スウェーデン王グスタフ・アドルフ、皇帝軍司令官ティリー、プファルツのフリードリヒ五世、パッペンハイム伯――が戦場の露と消える一方で、「天才の世紀」といわれる一七世紀の啓蒙思想を担っていくジョン・ロックとバルーフ・デ・スピノザがその生を享けた年でもあった。

プーフェンドルフは、一七世紀のドイツを代表する自然法学者であるが、彼はオランダの法学者フーゴー・グロティウスとイギリスの思想家トマス・ホッブズの影響を強く受け、両者の学説の統合をはかりながら独自の自然法体系を構築した。しかし、国家論に関しては、グロティウスよりもホッブズの影響が強く見受けられる。ただし、ホッブズ理論の一方的継承ではなく、むしろ、ホッブズを前提としつつもそれに対する理論的格闘を通じて自らの思想形成を行ったといえよう。

本章の課題は、これまで十分に解明されてきたとは言い難いプーフェンドルフの政治思想をとくに、『自然法と万民法』と『自然法に基づく人間および市民の義務』(*De Officio Hominis et Civis juxta Legem Naturalem Libri Duo*, 1673、以下『義務論』と略記する) において展開された、自然法国家理論を中心に考察し、その基本構造を分析することに存するが、その際彼の自然法国家理論を社会契約説の基本シェーマである《人間論⇓自然状態⇓社会契約⇓主権の設立》という構図に従って検討する。(2) なぜなら、プーフェンドルフは、自らの国家論体系の構築に際してホッブズの社会契約論の理論的枠組に則りつつ、それに対する批判という形をとって自らの学説を展開していたからである。

一　人間本性および自然状態

国家論を構築するにあたって、プーフェンドルフはホッブズの「分解―統合の方法(analytical-synthetical method)」に倣い、国家をいったんその構成単位である個人にまで分解し、国家設立以前の自然状態を措定することから始める。

近代個人主義的な人間論を展開したホッブズは、自然状態に生きている人間の本性を自己保存(Self-Preservation)の欲求に見出し、人間が生存するために必要な自然権の思想を唱え、近代政治原理の出発点を確立したが、プーフェンドルフもまたホッブズのこうした個人主義的な人間論に影響を受け、基本的にはホッブズ的な人間本性論＝自己保存の考えを採用している。

しかし、プーフェンドルフはホッブズのみならず、グロティウスの影響も強く受けており、人間の本性のなかに自己保存ばかりでなく一種の社会的性格も認めている。グロティウスはこれを社会的欲求(appetitus societatis)と呼び、人間の生得的な本性として位置づけているが、(3) プーフェンドルフは、人間の社会的本性を生得的なものとしては捉えていない。それはプーフェンドルフが、ホッブズ的な人間論＝自己保存を自らの人間本性論の基礎としているため、人間の生得的な社会的本性をア・プリオリに前提することができないからである。

プーフェンドルフによれば、人間の本性は個人主義的・利己主義的な自己愛(amor sui)＝自己保存とともに社会性(socialitas)の両側面を持つとされる。(4) ただし、プーフェンドルフが主張する社会性は、アリストテレスの「ゾーン・

ポリティコン（政治的動物）」の教説とは根本的にその性格を異にしており、アリストテレスのように、社会性が生得的に人間に備わっているという意味ではなく、むしろ、人間は自己愛を深く有する動物であるがゆえに社会的にならなくてはならないという、Sein ではなく Sollen としての社会性である。[5] つまり、プーフェンドルフの説く社会性は規範的性格をきわめて強く有しているといえる。しかも、自己愛の否定の上に成立する社会性ではなく、自己愛＝利己性を社会的に実現するための社会性である。

すなわち、自己愛＝自己保存と社会性とはその本来の性格から言えば、互いに相反する傾向を有しており、二極分解する可能性を内包しているが、プーフェンドルフにおいては、自己愛と社会性とは内的連関性を持ち、自己愛＝自己保存が、社会性の特質である人間の弱さ（imbecillitas）＝他者の援助の必要性、仁愛（benevolentia）の相互交換、に媒介されて、その攻撃的・破壊的性格を緩和させられるという構図が存在する。

「社会性が自己愛によって妨げられたり破壊されないよう、〔人間の自己愛の〕性向が抑制されるべきである。」[6] ホッブズ以降の思想家たちは、まさに人間の自己保存＝利己心をいかにして社会的に止揚するか、という課題に取り組んだのであり、ロックもルソーも基本的にはプーフェンドルフと同様の解決法をとり、人間の自己保存の持つ攻撃性を社会性あるいは憐憫の情（pitié）という概念によって緩和している。[7]

人間の自己愛は、プーフェンドルフによれば、自分自身の保存を最大限配慮しつつも、必ずしも自己の利益のみを規準として行為したり、他者より自分を優先させ、他者を排斥するという意味ではないとされる。というのも、人間は生まれつき無力な存在であって、他者の援助のない状態は悲惨で、野性の獣よりも惨めな状態であることを自覚しているからである。人間が快適な生活＝文明生活を送れるのは、他者の助力および勤労（industria）のおかげであって、人間が生まれながらの弱さを克服して文明社会を築き上げたのは、人間の相互依存関係の恩恵であるという認識がプーフェンドルフには存在する。[8]

こうした相互依存関係は、仁愛の徳の奨励によってさらに強化される。仁愛は、プーフェンドルフの自然法体系において、すべての人間が他者に対して行わなければならない絶対的な義務として位置づけられているが、人間はその本性を同一にするのであるから、可能な限り他者の利益を促進しなくてはならないとされ、仁愛の最も高次な段階では、他者の必要・利益のために労力あるいは金銭を無償で与えることが説かれる。[9]しかし、これはあくまで徳性であって、他人がこれを強制によって求めることのできない不完全な権利（jus imperfectum）である。[10]だが、仁愛の徳はたんなる利他的な慈善行為ではない。仁愛の相互交換に基づいて他者の利益を促進することは、同時に、自分自身のより多くの利益を引き出すことでもある。

このように、他者の助力や仁愛の必要性をプーフェンドルフが強調するのは、利他的な衝動からというよりも、むしろ、自己保存のよりよき実現という究極の目的を達成するためであるともいえよう。プーフェンドルフの説く社会性にはその根底において、自己愛＝自己保存の精神が貫徹している。それゆえ、プーフェンドルフの主張する社会性は、アリストテレスが説くような人間の生得的な本性ではなく、相互依存体系としての人間の共同社会（＝市民社会）を支える論理なのであった。こうして、自己愛＝自己保存の持つ破壊的傾向は社会性によって緩和され、自己愛と社会性とは調和せしめられる。

プーフェンドルフは、以上のような人間論から出発するため自然状態に対する考え方も自ずからホッブズとは異なってくる。プーフェンドルフの自然状態論の特色は、自然状態が自然法の支配する秩序ある状態として描かれていることである。プーフェンドルフの自然状態は、ロックのそれに近い。理性の光は万人に平等に備わっており、この理性の導きに従って、人間は自然法を認識することができる。[11]それゆえ、プーフェンドルフはホッブズに反して、自然法は自然状態において機能し、効力を有していることを主張する。

人間がそのような自然状態において獲得する重要かつ基本的な権利として、彼は、自然的自由(libertas naturalis)、平等（aequalitas）、所有権（proprietas＝dominium）[12]について詳細に論じている。まず、人間の自然的自由をプーフェンドルフは次のように述べる。

「人間は誰でも自分自身の主人であって、いかなる人間の権威にも服さない。[13]」

しかし、すでに自然状態において機能している、自然法の格率によって律せられた人間の（自然的）自由は決して放縦（licentia）の状態には陥らない。つまり、プーフェンドルフは自然状態における人間を自律した存在と捉え、これに放縦ではなく、自然法の範囲内での自由を与えていたのである。

「理性の光は人間にすでに備わっており、その光によって人間は、自らの行為を指導することができるのであるから、自然的自由のなかに生きている人間はすべて、自らの行為の規律については、誰にも依拠してはおらず、自分自身の判断と意思に従って、健全な理性と一致するすべてのことを行う能力を有している、ということが帰結される。[14]」

プーフェンドルフの説くこうした自然状態は『統治論二篇』（*Two Treatises of Government*, 1690）におけるロックの次の言葉を想起させる。

「それ〔＝自然状態〕は、完全に自由な状態であって、そこでは自然法の範囲内で、自らの適当と信ずるところにしたがって、自分の行動を規律し、その財産と一身とを処置することができ、他人の許可も、他人の意志に依存することもいらないのである。[15]」

では、こうした自然状態に生きている人間の平等についてプーフェンドルフはどのように考えていたのか。他の人間を自分と同じ人間と見做すこと、他者に服従しないが、他者を自分に服従させることもないこと、自然法を（精神的・肉体的な優劣にかかわらず）誰もが平等に遵守しなくてはならないこと、これらを平等の基本的な条件としてプーフェンドルフは挙げている。だが、プーフェンドルフが主張した人間の平等の本当の意味は、人間が生まれながらにして、精神的にも肉体的にも平等だということにではなく、たとえ精神的・肉体的に優越していようが、他人に自分の意思を強要し、自分の権威に強制的に従わせる権利を誰も持ってはいないということに存している。

「自然それ自体が、実際に、見識の高い者に彼らよりも劣る者に対する支配権を与えたとか、あるいは前者が、後者をその意に反してでも彼らに従うよう強制しうる権利さえも与えたと信じることはじつに馬鹿げたことであろう。というのも、実際に権威を確立するには、何らかの人間の行為が先行しなくてはならないし、命令するための自然的適性は、それ自体、服従することのみに本性上適している人間を支配する権利を、ある人間に与えることはないからである。また、他人に、あることが有益だからといって、それを彼に強制することもできない。なぜなら、人間は平等な自然的自由を享受しており、それを奪うには、明示的であれ、黙示的であれ、説明によってであれ、彼らの同意が得られなくてはならないからである。[16]」

ドラテは平等に関するプーフェンドルフのこうした考えを高く評価している。[17]換言すれば、ある人間がたとえ、精神的・肉体的に優越していようが、彼よりも劣る人間を支配し、命令する権利は存在せず、他者の同意なくしては、彼に命令し、服従させる権利を有することはできないということである。それゆえ、命令権＝主権は、人々の同意に基づく権威であって、契約を媒介させることによってしか設立されえないということがここで示唆されている。

プーフェンドルフはさらに、自然状態において人間が有する権利として、所有権(proprietas＝dominium)の基礎づけを行っている。国家設立以前の自然状態において所有権を認め、所有権を基礎とした人間の経済活動、すなわち、所有の交換・契約関係および市場価格⇒貨幣論を展開している点において、プーフェンドルフは近代自然法論者のなかでもロックの市民社会理論に最も接近していた思想家であったといえる。[18]

プーフェンドルフは次のように所有権の発生を説明する。人類に私有財産が発生する以前は、事物（res）は神から与えられた贈り物であって、その事物を使用することはできるが、物それ自体は誰にも帰属していない。こうした共有状態をプーフェンドルフは消極的な共有(communio negativa)と呼ぶ。[19] しかし、人類の人口が増大し、社会が発達してくるにつれ、人間が耕作（cultura）や勤労（industria）によって食料や衣服の生産活動を行うようになると、共有状態のままでは争いが発生し、安寧秩序が乱される原因となる。それゆえ、平和を維持するためには、所有権（私有財産制度）を導入する必要が生じてくる。所有権はグロティウスと同様、人間の明示的な、あるいは黙示的な同意（consensus, pactum）にその根拠を持つ。

「〔占取によって物を獲得すること〕が道徳的効力（effectus moralis）、すなわち、誰か他の人によりすでに占取された物は遠慮しなくてはならないという他人の側における義務、を生み出すためには前以て同意が存在しなくてはならなかった。[20]」

プーフェンドルフは、所有権の獲得方法を詳細に論じている。『義務論』第一巻第十二章の分類に従うと、所有権の獲得方法は本源的（originarii）であるか、派生的（derivativi）であるか、そのいずれかであるとされる。本源的な所有権獲得方法は、先占(occupatio)、附合(accessio)、役権(servitus)であり、役権はさらに、人役権(servitus personalis)である用役権(usufructus)、使用権(usus)、住居権(habitatio)、奴隷労務権(operae servorum)と、不動産役権(servitus realis)である地役権（servitus praediorum rusticorum）、建物役権（servitus praediorum urbarorum）に分類される。派生的な所有権獲得方法は相続（successio）と時効（usucapio）である。

近代市民社会の根本原理である所有権、および所有の相互交換に基づく経済活動の重要性をプーフェンドルフは十分に認識しており、所有権が彼の自然法体系のなかで占める比重はきわめて大きい。つまり、所有の交換・契約関係を基礎とした市民社会認識が、ロックに比較すれば未成熟ながらも、プーフェンドルフのなかに芽生えつつあったといえるのである。

このように、プーフェンドルフが基礎づけた自然状態における人間の基本的権利（自然権）はきわめて近代的な理論であった。ロックが『教育に関する考察』のなかで自然権を学ぶための標準的テキストとしてプーフェンドルフの書物を薦めたこともこのことから自ずと理解されよう。

自然法の支配する自然状態はプーフェンドルフの目には平和な状態として映っている。そのことは所有権を認め、所有の交換に基づく一種の市民社会論を自然状態論において展開していることからも言えよう。この平和状態は、以下の基本的自然法によって支えられている。（一）自分を侵害しない者を傷つけてはならないこと（侵害の禁止）（二）すべての人間が自分の所有物を享受できるようにすること（所有権の保護）（三）同意した事項は忠実に履行すること（契約の遵守）（四）他人の利益を自発的に促進すること（仁愛の実践）[21]

それでは、自然状態の持つ不便宜、つまり、人間が自然状態を去り、国家を設立する理由とは一体何であろうか。プーフェンドルフはそれを自然状態における所有の増大に求めている。自然法は人間の行動を理性の光によって規律し、人間を理知的な存在たらしめているが、人間本性の持つ第一の側面、すなわち、自己愛＝利己心がここで再びその姿をあらわす。プーフェンドルフが最も有害な悪と見做した、余剰物への人間の飽くことなき欲望・野心が、所有（私有財産）の発生およびその増大⇓不平等の拡大によって駆りたてられ、不正（pravitas）・悪意（malitia）への情念が生じ、これらが基本的自然法の条項を無効にする危険性を内包している。[22]

のみならず自然状態では、(所有権の)侵害が発生し、また契約によって課せられた義務が履行されなかった場合にも、紛争を解決し、損害賠償を支払わせ、義務の履行を強制する権威を持つ裁判官は存在しない。その結果、人間の弱さを克服するために構築された相互依存体系はもはや維持することができなくなる。こうした不便宜が自然状態にはつねに存在している。それゆえ、自然状態が持つ平和的な性格は不安定なものであり、それが戦争状態へと転化するのを防ぐ手段を見出さなくてはならない。自然法によって提示された諸義務を各人が守っている間は、人類は平和な状態であるのだから、自然法の遵守を強制する公的な権威が必要となる。こうして契約によって国家(civitas)が設立される。その目的はまず第一に、生命（vita）の安全と財産（fortunae）の保障である。[23]

プーフェンドルフの自然状態論の特色は、一言で言えば、次のようにいえよう。人間論⇓自然状態⇓社会契約⇓国家論というホッブズの理論的図式に従いつつも、自然状態論のなかに所有論と所有の交換に基づく一種の市民社会論を展開し、政治社会設立の目的を、所有に関する市民間の争いの解決およびその侵害の矯正に求めていた点において、おぼろげながらもロックの自然状態論の構図がすでに先駆的に見受けられるということである。

二　社会契約

自然状態に存在する不便宜――紛争を解決し、裁定を強制する公的権威の欠如――を克服し、生命と財産のより安全で確実な保障を確保するために、人々は契約を締結し、国家を設立して、その保護の下へと入ることになるが、プーフェンドルフの契約説に従えば、国家設立の手続きは、「二つの契約と一つの決定(duo pacta et unum decretum)」

に基づいて行われる。

プーフェンドルフの契約理論において登場する二つの契約とは、第一契約（pactum primum）＝結合契約（Vereinigungsvertrag）と第二契約（pactum alterum）＝統治契約（governmental contract：支配服従契約 Herrschaftsvertrag）であり、前者はホッブズの社会契約、後者は中世以来大陸に伝統的な契約観念に由来する。結合契約＝ホッブズの社会契約が身分制社会の枠を取り払われた個人と個人が相互に締結する横の契約関係であるのに対し、統治契約は封建社会の身分制秩序に対応した君主（princeps）と人民（populus：等族などの特権的諸身分を実際には意味する）の間の縦の契約関係である。ただし、プーフェンドルフが用いた統治契約は伝統的な統治契約説とはその内容を異にしている。

というのは、プーフェンドルフは、個々の人民の間に横の契約＝結合契約を先に結ばせて、統一的な人民人格を形成してから、主権者となるべき一人の人間あるいは一個の合議体を選出し、これと縦の契約関係である統治契約を結ばせるからである。つまり、統治契約を取り結ぶ当事者は、特権的諸身分＝等族ではなく、集合的存在としての人民である。こうしたプーフェンドルフの契約論を概説すれば次のようになる。

国家の設立にあたってまず、プーフェンドルフは横の契約関係である第一契約＝結合契約から始める。この契約は全員一致を原則とし、同意の付与を拒む人々は自然状態にとどまり、契約締結を強要されることはない。

「もし、自然的な自由と平等を与えられた人びとの集合があって、彼らは自発的に新たな国家を構築することに取り掛かっていると想像すれば、将来市民となる人びとはまず第一段階として、すべての個人が他の人びとともに、一個の恒久的な社会（coetus）に加わることを、そして共通の合議体と指導によって、彼らの安全と福祉の利益を管理することを望んでいるという同意を締結することが必要である。[24]」

第一契約によって人びとは、「国家の始原」（rudimenta & primordia civitatis）である「一個の、恒久的な社会（unus et perpetuus coetus)」を形成するが、この時点ではまだ国家は完成していない。というのは、人民の集合体であるこの「社会（coetus）」がとるべき統治形態の決定がまだ行われてはおらず、それゆえ、特定の主権者も存在せず、主権（summum imperium）は人民全体に帰属しているからである。

だが、主権が為政者に委託された後でも、この人民の集合体である「社会」は解体されることなく、恒久的に存在している。ロックは、「政府」の解体と「社会」の解体を峻別したが、原初契約（original Compact）によって作られた社会（Society）＝協同体（Community）は、最高権力＝主権を立法府に委託した後でも恒久的団体として存続すると主張した。(25) この意味において、第一契約によって設立された coetus は、ロックのいう Society と類似した性格を持つものといえよう。プーフェンドルフは、ロック以前にすでに、（市民）社会と主権を行使する機関（＝政府）とを明確に区別し、集合的存在としての人民の共同体は主権者によっても解体・吸収されえないことを主張したのである。

第一契約に続いて、国家の始原である人民の集合体＝「社会」がいかなる統治形態をとるかが多数決によって決められる。ただし、第一契約締結の際、条件付（sub conditione）でこれを結んだ者は、自らの望む国家形態でない場合は、「社会」から脱退することもできる。政体の形態までもが結合契約の際、契約締結の条件とすることができるという点が、プーフェンドルフの契約理論においては特徴的である。統治形態は、主権の置かれる場所に応じて、三政体——君主政（一人の人間）、貴族政（少数の選ばれた市民＝貴族から構成される合議体）、民主政（全人民から構成される合議体）——のいずれかである。

統治形態の決定（decretum）の後、第二契約（pactum alterum）＝統治契約が締結される。「統治形態に関する決定の後、社会（coetus）の統治を委託される個人あるいは複数の人間が設定される時、新たな契約が必要となる。この契約によって主権者は公共の安全と福祉を配慮するよう拘束され、それ以外の者は主権者に従うよう義務づけられる。そこでは、諸意思の従属と統合があり、それゆえ、国家が単一の人格と見做される。この契約の結果として最終的に国家が完成する。[26]」

ホッブズの社会契約では、第一契約である結合契約のなかに、すでに主権者への主権の一方的な授権〔＝主権者は自然法によって拘束されるが、人民に対しては契約上の義務を負わない〕という内容が含まれており、一回の契約によって国家が完成するために、第二契約＝統治契約は存在しない。では、なぜプーフェンドルフは統治契約の必要性を主張したのか、このことが問題となろう。

それは、一言で言えば、主権の譲渡が、主権者と人民の間の双務的な関係に基づいてなされることをプーフェンドルフは強調したかったからである。プーフェンドルフは、ホッブズの社会契約では、人民に対する主権者の義務が契約の条項として明確な形では規定されていない点を次のように批判している。

「彼〔＝ホッブズ〕はまず第一に、かつて王権を制限し、それを臣民の制御の下に置き、あるいはそれをまったく廃棄しようとさえ試みた騒擾的な人びとを攻撃した。彼らから反乱の口実、つまり、王と臣民の間の誓約が相互的であり、前者が契約によってなした約束を守らない時、後者は服従から解放されるという口実を奪い取るために、そして粗暴な市民が、王の行為が彼らに不都合であるという理由から誓約を放棄するというケースを作るのを妨げるために、彼〔＝ホッブズ〕は、王と市民の間に契約が存在するということを否定しようと試みたのである。その思想が、すべての王に絶対的、非制限的権力を持つことを容認すると彼は考え、その結果、彼はまったく〔王と臣民の間の〕契約を破棄したのである。なぜならその契約は、その権力を制限する主要な手段であると〔ホッブズには〕思われたからである。[27]」。

つまり、ホッブズが統治契約を否定したのは、主権者の権力の絶対性・排他性を擁護するためであったとプーフェンドルフ自身は考えているのである。[28]そのため、プーフェンドルフは、統治契約によって主権者に正しい統治を行うよう一定の制約を課そうとしている。彼は次のように述べている。

「王(rex)の正当的権力と市民の義務は正確に対応しているということを我々は主張する。そして王は、市民が合法的に拒否しうることを、合法的に命令することができるということを我々は強く否定する。なぜなら王は、設立された政治社会の目的と一致する、あるいは一致すると見做されること以外は何も合法的に命令できないからである。もし王が、邪悪な意図あるいは明らかな愚行でこの目的に違背することを命ずれば、彼は決して合法的に行為しているとは見做されないのである。[29]」

すなわち、主権が譲渡される際に、主権者は国家の目的あるいは人民の福祉に反してはならないという条件を課せられ、この条件が満たされている限り、人民は主権者に服従するという双務的な契約関係を統治契約によって定立する必要性をプーフェンドルフは主張したのである。それゆえ、統治契約は主権者の政治権力の行使に制限を課し、主権者の権力濫用を防ぐ契約観念であるともいえよう。

プーフェンドルフの第二契約＝統治契約はギールケによって服従契約(Unterwerfungsvertrag)と呼ばれ、主権者に対する臣民の服従という側面のみが強調されたが、[30]実際にはその内容は、臣民の一方的服従を説いたものではなく、服従の前提として主権者が正しい統治を行うことが想定されていた点を見落としてはならないであろう。

国王権力の制限を試みる統治契約説が最も声高らかに謳われたのは、一六世紀の後半に暴君に対する放閥を唱えたモナルコマキの抵抗権理論においてであった。[31]モナルコマキは、国王Rexと暴君Tyrannusを区別し、国を奪い取った簒奪者を資格なき暴君と見做し、正当な資格を持った国王でも、人民の福祉を顧みず、権力を濫用した際には、彼を暴君と呼んだ。

なぜなら、君主が戴冠の時に人民と交わした（統治）契約、すなわち、自然法、神の法、国の基本法を守り、人民の福祉に反しない統治を行うという誓約に違反したからである。君主の有する権力は人民から委託された権力にすぎず、誓約違反の場合には、この委託した権力の返還を請求する権利を人民は持っていると彼らは考えた。ここには人民主権の先駆的な思想が見られる。

イギリスの名誉革命において、議会派、とくにウィッグ派の論者たちは、国王との闘争の際にモナルコマキの教説を採用して、原契約（original contract）＝統治契約の考えを理論的武器にし、国王権力を制限しようとしたが、そのことにも統治契約が権力制限的な契約観念として用いられていたことが看取される。[32]プーフェンドルフは『自然法と万民法』のなかでオマン、マリアナ、ブキャナンらのモナルコマキの著作を引用しており、彼がモナルコマキの理論を学んでいたことがそのことから窺えよう。

ただし、統治契約によって主権者の権力の行使を制限するにあたって、次のような重要な問題が生じるであろう。つまり、主権者による統治は公共の福祉＝国家の目的に則って行われなくてはならないという場合、主権者の行為が人民の福祉に一致しているか否かを決定する権限が主権者と人民のどちらの側にあるのか、という問題である。主権者がその判定者であると認めれば、結局は彼に絶対的権力を承認することになる。あるいは逆に、人民がその判定を下すと主張するならば、人民が最高権力を有すること、すなわち、人民主権を認めることになろう。例えば、ロックは明らかに後者を選択している。

ロックによれば、最高権力＝主権は、統治機関のなかで最高の地位にある立法府に委託されるが、立法府に与えられた立法権力は人民から委任された権力（a delegated Power from the People）、すなわち、信託的権力（Fiduciary

Power）にすぎないとされる。それゆえ、立法権力がその与えられた信託（Trust）に違背しているか否かを判定するのは人民であり、信託に違背していると人民が判断した場合に、「立法権力を排除または変更しうる」権力は、原初契約によって形成され、「政府」が解体されてもなお恒久的に存続する、人民の集合体たる協同体（Community）＝社会（Society）のなかに存する。(33)

ロックの場合、立法府を中心に構成される政府が信託に違反したか否かを決定する審判者は人民であるということが一貫して主張されている。ロックはプーフェンドルフと同様、結合契約によって作られる「社会」と主権を委託された「政府」とを区別したが、「政府」が本来の主権者である人民全体に対して負っている国政上の責任を、統治契約ではなく、イギリス特有の観念である政治的信託によって表現し、政府の手段性をプーフェンドルフよりも明確に定式化したといえる。それでは、プーフェンドルフ自身はこの問題にどう答えたであろうか。結論的に言えば、プーフェンドルフはこの二者択一――主権者か人民か――の前に立たされてどちらも選択することができなかったといえるが、以下の文章では、彼は審判者として人民を選択している。

「市民は、彼らの意思と力を服従させることによって、自らの神経を失った木偶の坊と化したのではなく、彼らは条件付で力の使用を他人〔＝主権者〕に認め、〔統治契約の〕条件が満たされているかどうかを決定することができ、もし満たされていない時には、その力〔＝主権〕を取り戻すことができる。(34)」（傍点筆者）

このプーフェンドルフの主張に従えば、主権者が国家の目的＝人民の福祉に違反していると人民が判断すれば、彼らは主権者を解任して、また新たな主権者を選ぶことができるであろう。主権者は人民の意思を実行するための受任者にすぎず、その権力はロックの言葉を借りれば、たんに信託的権力にすぎなくなる。すなわち、人民主権を認めることとなろう。

この意味において、プーフェンドルフはホッブズ的な主権の一方的譲渡という考えを、主権者もまた人民に対して契約上の義務を負うという統治契約論によって批判し、政府と人民の協同体＝社会とを峻別し、主権者の恣意的な権力の行使を禁じた点において、ロック理論の一歩手前まできていたといえる。

だが、人民が審判者であることを主張するのならば、主権者の権力濫用＝統治契約違反に対して行使される抵抗権もまた、積極的に認められなくてはならないであろう。プーフェンドルフの社会契約説の限界はまさに抵抗権にあった。それは彼の理論的限界というよりも当時のドイツの特殊な政治的事情によるものではあったが。プーフェンドルフは人民主権的な考えに近づきつつも、彼が抵抗権に関して論ずる時、こうした革新的な思想は背後に後退していく。

「最高主権者(summus imperans)が臣民に非合法な命令を下し、あるいは侵害を加えようとした場合に、臣民が力によってその侵害に抵抗することができないほど、最高主権者の人格は神聖不可侵であるか否か[35]」という問いに対してプーフェンドルフは次のように答える。

「他者を保護する義務を負っている者〔＝最高主権者〕がまったく何の根拠もなく、あるいは不正な理由から、彼〔＝無実の市民〕に対して敵対的態度をとるならば、前者は同時に後者を被護者の義務から解放している。それは少なくとも後者が、前者の侵害に対して自らを守るための武力を用いることができる程度にである。そして主権者が自らの侵害によって破壊する人びとの数が増えれば増えるほど、この防衛はそれだけますますより多くの好意を勝ちとるであろう[36]。」

主権者がある無実の市民を侵害する場合、その市民は、人民の安全を守るという、主権者の側の第二契約＝統治契約違反によって、服従の義務からすでに解放されているのであるから、それは主権者対臣民の争いではもはやなく、自然状態における個人対個人の闘争と同義である。こうしてプーフェンドルフは、市民の自己防衛権（jus defensionis）についてはこれを基本的に認めている。

「〔主権者が無実の市民を侵害しようとした場合〕逃亡あるいは身を隠すことによって安全を求めることが、我々の市民のためには最善であるけれども、逃亡先や隠れ場所がないところでは、我々をもはや臣民とは見做してはいない人物に対して、我々の安全を守ることが許されよう。このような場合、彼〔＝主権者〕に対していかなる義務も負っていない第三者〔＝他国の人間〕でさえ、正当に我々を防衛することができる。[37]」

しかし、主権者対個々の市民が闘争状態に陥ることは国家全体にとってみればさして重大事とはなりえない。たとえ、臣民が一人で主権者に抵抗してみたところで、それが失敗に帰するということは明白だからである。問題なのは、主権者と市民のこうした部分的な抗争が拡大して国家全体に波及した場合、すなわち革命的状況の発生である。プーフェンドルフが最も危惧したのは、社会的な動乱によって国家が破壊されることである。これを防止するために、プーフェンドルフの二重契約の構想はその根底を揺るがされることとなる。

ホッブズは、主権者に対する抵抗の根拠を各人の自己保存に置いたが、彼は主権の絶対性を主張しつつも、[38]一六四二年にイギリスで起こったピューリタン革命を背景として、『リヴァイアサン』（*Leviathan*, 1651）第二十一章「臣民の自由について」において、主権者対個々の市民の抗争が、市民間の結束によって、漸次拡大していく可能性を示唆している。

「他人――彼に罪があるなしにかかわらず――を防衛するために、コモン－ウェルスの剣に抵抗する自由は誰も持たない。というのは、そのような自由は、主権者から、我々を保護する手段を奪い取るものであって、統治の本質そのものを破壊するものだからである。しかし、多数の人びとが結束して、すでに、主権者に対して不正な抵抗をなし、あるいは、死刑に値いする重罪を犯したりしたため、彼らのおのおのに死が待ち受けている場合に、彼らは結束し、相互に援助し防衛する自由を持たないであろうか。確かに、彼らは持っている。なぜなら、彼らは、自分の生命を守るだけのことなのであって、それは、罪のありなしにかかわらず誰でも、同じようになしうるからである。(39)」（傍点筆者）

ところが、ブルジョア革命どころか、いまだに国家統一さえも達成されていない当時のドイツ（神聖ローマ帝国）において、革命への道を容認することは、国家の完全な破滅をもたらす危険性があったであろう。近代国家形成に遅れをとったドイツにとって、まず優先さるべきは国家建設であって、革命状況の発生はその目的を遂行するうえで第一の障害であると考えられたのである。したがって、プーフェンドルフは市民が結束して主権者に抵抗する可能性を否定するために、自らの二重契約理論とは整合しない次のような発言をしている。

「時には、ある一人の市民が上位者の最も苛酷な侵害に抗して、自らの安全を守ることが不正なことではないと認められるにせよ、そのために、残りの市民が彼らの服従を破棄し、力によってその無実の人間を保護することは許されないであろう。なぜなら彼らは、主権者が司法権力によって行う行為を審問することを許されておらず、また、罪人たちはしばしば、主権者に対する憎悪をかきたてるために、自らの無実を抗弁するのであり、しかも、一人の市民に対してなされた侵害は、他のすべての人びとを、彼らの主権者に対する義務から解放することは決してないからである。その理由は、各市民はもともと自分の利益のために、主権者の配慮と保護を求めて契約しており、その服従の条件として、主権者が各市民をすべて公平に取り扱うことを規定してはいないからである。さらに、主権者の不正が自分自身にも及ぶかもしれないという恐怖もまた彼の〔主権者に対する〕義務を終了させるのに十分ではない。なぜなら、それは不確かなことであり、不当な扱いをうけた市民には、他の市民には見出せない、憎悪の特別な理由があったに違いないからである。主権者に対する市民の義務が有効である間は、市民がいかなる口実の下であれ、暴力によって主権者に抵抗することは不当なことであろう。[40]」（傍点筆者）

こうしてプーフェンドルフは、抵抗権の行使を主権者対個々の市民のケースに限定し、それが国家全体に波及して社会的な動乱へと拡大することを防ぎ、国内の平和の維持を最優先させたのであった。プーフェンドルフが抵抗権の積極的な行使に対して危惧の念を抱くのは、近代国家形成に遅れたドイツの特殊的政治・社会状況がその背景として考えられるが、それればかりでなく、彼が三十年戦争を体験し、また、イギリスにおいて起こった出来事——国王チャールズ一世の処刑をもたらしたピューリタン革命——を知っていたことも深く関係していよう。[41]「最悪の君主の打倒でさえ、市民の大量虐殺と国家にとって由々しき動乱を伴うことを経験が証明している」というプーフェンドルフの言葉からもそのことが推察される。[42]

以上のように、プーフェンドルフは、二重契約説によって、ある時は人民主権論を思わせるような議論をしたかと思うと、またある時は、それと矛盾するような主張をするのである。もし、彼が、主権者が契約の条項——国家の目的＝人民の福祉を遵守すること——に違反したか否かを決定する判定者が人民であるということを一貫して主張しえていたならば、彼は人民主権論の先駆者たりえたであろう。しかし、実際には、抵抗権の発動を最小限度に抑えることで、これが革命権へと発展することを防ぎ、人民主権の考えを貫徹させなかった。

プーフェンドルフがロックのように人民主権の思想を徹底化できず、しかもホッブズでさえも事実上認めていた、市民の主権者に対する抵抗の拡大化・集団化を否定したのは、彼の理論的限界というよりも、その背景として、彼が生きていたドイツ帝国の政治・社会状況と、ピューリタン革命、名誉革命という二大革命をすでに経験したイギリスの状況との相違という、歴史上のコンテキストが理解されなくてはならないであろう。それとともに、所有権をその基盤とした近代市民社会の原理がプーフェンドルフにおいてはいまだ十分には成熟していなかったことが、人民主権論の未完成の原因として指摘されよう。

ドイツ帝国は近代国家生誕の最大の課題である国家的統一に失敗し、近代的な国民国家の構築に出遅れた。しかも、三十年戦争、領邦国家間の抗争、フランスやスウェーデン、あるいはローマ教皇の内政干渉等によって、ドイツ帝国は荒廃し、政治的には分裂状態にあった。こうした状況の下で、抵抗権を積極的に認めることは不可能であったと思われる。それは、国家的な分裂状態にますます拍車をかけることになるからである。ドイツ帝国が抱えていた課題は、まず強力な主権を持つ統一国家を作ることだったのである。

三　主権論

ヘーゲルは、『ドイツ国制論』（*Die Verfassung Deutschlands*, 1799-1803）のなかで、崩壊の危機に瀕した神聖ローマ帝国を「もはや国家ではない」と形容しているが、プーフェンドルフはヘーゲルよりも一世紀以上も前に、初期の著作『ドイツ帝国国制論』（*De Statu Imperii Germanici ad Laelium Fratrem, Dominum Trezolani Liber Unus*, 1667）において、ドイツ帝国の政体を変則的なものと捉え、これを怪物にたとえた[43]。

というのは、当時のドイツは選挙王制であり、国王権力、つまりドイツ皇帝の権力は大幅に制限されていたが、革命後のイギリスとは違い、議会（帝国議会）が国王に代わって国家主権を掌握するほどの権限を持ってはいなかったために、国家的な統一性が存在せず、実質的な政治的ヘゲモニーは有力な諸侯の手に握られていたからである。諸侯は帝国の統一よりも自らの領邦における主権を獲得することに重きを置いていたのである。

ドイツ帝国の統一をあくまでも望んでいたプーフェンドルフにとって主権論における最大の課題は、「最高にして不可分の」主権を理論的に構築することであった。ただし、彼のいう主権の最高性とは、絶対君主擁護のイデオロギーではない。この点については後に論ずる。

では、主権の不可分性についてプーフェンドルフはどのように考えていたのか。プーフェンドルフは『自然法と万民法』第七巻第四章「最高主権の諸部分とその自然的結合について」の冒頭部分において、主権の作用をその対象に応じて分類しているが、それらを列挙すれば次のような諸権限が挙げられよう。

それは、立法権（potestas legislatoria）、処罰権（potestas poenas sumendi）、司法権（potestas judiciaria）、宣戦講和・同盟締結権（potestas belli et pacis, idemque foederum feriendorum）、下級行政官任命権（jus magistratus constituendi）、税・献納賦課権（jus tributa indicendi）、国家内で教えられる教義を検閲する権利（examen doctrinarum）である。

しかし、主権のさまざまな作用がその対象に応じて分類されるにせよ、これらは不可分であって、「国家の魂」の下で統合されていなくてはならない、とプーフェンドルフは考えている。まず、主権は分割できないということをプーフェンドルフは次のように主張している。

「最高の主権のこれらの作用は、本来、結びついているのであるから、国家の形態が規則的（regularis）である限り、それらはすべて根本において、一人の人間あるいは一つの合議体に単一的に属さなくてはならない。というのも、これらのどれか一つでも欠けば、統治は欠陥のあるものとなり、国家の目的を達成するのに不適当となるであろうからである。ところが、これに反して、それらが分割されて、ある部分が一人の人間あるいは一つの合議体に、他の部分が他の人間あるいは他の合議体に属するようなことがあれば、そこから必然的に、統一性を欠く、変則的な国家（respublica irregularis）が発生することになる。(44)」

主権の分割に由来する国家の変則性をプーフェンドルフはまさにドイツ帝国のなかに見出していたのである。プーフェンドルフは国家の形態を「規則的な国家」と「変則的な国家」に分けるが、前者が主権が分割されることなく一つの意思によって指導される国家なのに対して、後者においては主権が分割されて国家的統一性が存在しないとされる。プーフェンドルフが国家形態に関して論ずる際には、その背景にドイツ帝国の国制批判があったと考えられる。というのは、プーフェンドルフが理想的な国家形態と見做したのは「規則的な国家」であって、「変則的な国家」は「国家の病」を引き起こす忌むべき国家形態と考えられたからである。

プーフェンドルフはこのように主権の分割に反対し、国家主権の最高性を主張するけれども、このことは彼がたんなる絶対主義的な主権論の擁護者であったことを意味するものでは決してない。彼は主権を制限する要因として、(一) 自然法 (二) 公共の福祉 (三) 基本法 の三つのカテゴリーを提示し、さらには、「最高の」主権と「絶対的な」主権を峻別していたからである。

(一) 自然法

主権者の権力は自然法によって究極的に制限・制約され、その正当な権力の行使は自然法の範囲内でしかなされえない、とする自然法理論に一般的な思考は、プーフェンドルフにおいては、次の言説に見受けられる。

「人びとが国家へと集合する準備を整えている時、彼らはすでに自然法に関する知識を持っていたこと、国家の設立において、彼らが企図していた主要な目的の一つは、人類の平和を支える、自然法の確実な実践を可能ならしめることであったこと、そして、自然法には、国家の本性と目的に違背するものは何もなく、それどころか、自然法は、それらと友好的に一致していること、これらのことが想定されなくてはならない。それゆえ、国家へと結合する際、契約によって自分たちを国家法（leges civiles）に従うよう義務づける人びとは、確かに、彼らは自然法に反する国家法によっては何も確立しないであろうということ、そして国家法の源泉であり原因である国家の個別的な福利（utilitas）は、国家の一般的な目的には違背しないであろうということ、を想定していたと理解されねばならない。こうして、もちろん、自然法に反する国家法が作成されることは可能ではあるが、狂暴で、心の中に国家の破壊をもくろんでいる者以外は誰も、そうした法を作成することを望まないであろう。[45]」

自然法が国家法に優位し、後者はつねに前者に一致しなくてはならないという思想がここにあらわれているが、自然状態に生きている人びとが国家を設立した理由は、自然法をすべての人間が遵守するよう公的な権威によってそれを義務づける、ということにあったことを想起すれば、国家権力の創設を自然法によって説明するすべての思想家が当然行き着く基本テーゼが、自然法による主権の制限であろう。

(二) 公共の福祉

プーフェンドルフは、『義務論』第二巻第十一章、『自然法と万民法』第七巻第九章において、「最高主権者の義務について」と題する章を設けているが、最高主権者の義務の一般規則として「人民の福祉が最高の法である salus populi suprema lex est」という基本理念を掲げている。つまり、人民から政治的権威を授けられた最高主権者は、人民が国家を設立した目的に合致する形でしか権力を行使することができないことを彼は主張しているのである。

しかし、主権者が人民の福祉に則った統治を行わねばならないという表現は、実際にはあいまいな点を含んでおり、問題はまさに、主権者の権力の行使が公共の福祉に合致しているのか否かを裁定する権限が、主権者の側にあのか、人民の側にあるのか、ということに存していえよう。そしてもしそれが、人民の側にあると主張するのならば、主権者の権力濫用に対して行使される抵抗権もまた積極的な形で認められなくてはならないであろう。前述したように、プーフェンドルフはこの問題に対してアンビヴァレントな態度をとっている。

㈢ 基本法

基本法（Grundgesetz）による主権の制限をプーフェンドルフが主張する場合、ドイツにおける選挙王制という政治体制を前提とした議論であることは言うまでもない。絶対的な主権を唱えたジャン・ボダンもまた、王位継承法、王国の基本法（lois royale）による君主主権の制限について論じている。[46] 基本法という呼称は、三十年戦争の間に政治評論や帝国議会議事録のなかで一般化され、一六三六年のフェルディナント三世の選挙協約、一六四八年のヴェストファーレンの講和条約において、公式文書のなかにあらわれてくるが、[47] ドイツ帝国の代表的基本法としては、七人の選帝侯による皇帝選挙を承認した、一三五六年の金印勅書（Goldene Bulle）、一四九五年の永久ラントフリーデ令（Das ewige Landfriede）、一五五五年のアウグスブルクの宗教和議が挙げられる。

プーフェンドルフは、次のような基本認識の上に、主権者の権力の行使が基本法と身分制議会によって制限されることがあることを論じている。

「一人の人間の判断は、錯誤から免れてはおらず、放縦の状態にある場合はとくに、その意思は間違った方向に曲げられやすい。[48]」

「一人の人間の判断は、何が国家の福祉に役立つかを見出す際に、過誤に陥り易く、しかも、放縦の状態で、理性と欲望の葛藤のなかにある時、欲望を抑制するすべを知っている、そうした健全な精神を誰もが持っているわけではない。」[49]

国王は、王位を授与される際に、基本法の条文に則った統治を行うよう拘束され、身分制議会(concilium ordinum)によって、国王の権力はさらに厳しく制限される。「こうした条件付の約束によって、王国を委託された人物は、絶対的君主ではないことが明らかであるように思われる。」[50]

以上のことからもプーフェンドルフが、主権者の権力に厳しい制約を課していたことがわかるが、それはまた、当時のドイツ皇帝の姿でもあった。そしてプーフェンドルフは「絶対的な(absolutum)」主権と「最高の(summum)」主権とを明確に区別し、最高の主権という考えが、絶対的な主権とは同義ではないことを主張する。つまり、「絶対的な」主権とは、「すべての権利を自分自身の判断と選択に基づいて行使する権能」を意味するが、「最高の」主権は、「上位者あるいは同じ地位にいる同等者の欠如」を意味するとされる。[51]言い換えれば、「絶対的な」主権が為政者の恣意的な権力の行使を意味しているのに対して、「最高の」主権は、国家の意思を最終的に決定する権限そのものを意味していたのである。すなわち、プーフェンドルフにとって主権の最高性とは、主権者の恣意的な権力行使を決して意味するものではなかったのである。彼が主権の最高性を主張した実践的意図は、君主絶対主義の擁護ではなく、国家意思の至高性を強調することによってドイツ帝国の分裂状態を克服し、国家的な統一性を実現させようとすることに存していたのである。

おわりに

プーフェンドルフは、ホッブズの近代的な政治・社会理論をドイツに導入した最初の啓蒙思想家である。当時は全ヨーロッパで、アンチ・ホッブズの風潮が強まっていたが、そのなかでスピノザとともに、ホッブズの思想的意義を鋭く見抜き、その理論の革新性を評価していた数少ない理解者の一人でもあった。

しかし、プーフェンドルフはホッブズのたんなる紹介者としての地位にとどまることなく、その批判的継承を通じて、「大陸自然法学」の基礎となる政治・社会理論を構築した。その思想的営為のなかで、近代自然法思想の発展に寄与する普遍的な理論も未成熟ながらプーフェンドルフのなかに胎動しつつあったことは本章で指摘したとおりである。ロックがプーフェンドルフを高く評価していたのもそのためであったといえよう。だが、イギリスとは異なり、統一的な国民国家の構築に出遅れたドイツでは、とくに一八世紀以降、プロイセン型の偏狭なナショナリズムによって、自然法思想の伝統も国家優位の権威主義的思想へと変形されていくこととなる。

事実、プーフェンドルフの自然法理論も後の啓蒙絶対主義のイデオローグたちの手によって領邦絶対主義の理論へと歪曲され、——彼はそれに反対し、帝国の統一を望んでいたにもかかわらず——彼は領邦絶対主義の先駆者であると誤解されたのである。こうして、プーフェンドルフの本国ドイツでは、彼の自然法学は継承されたにもかかわらず、その後のドイツの自然法学は普遍的で民主主義的な社会契約説の本流から徐々に逸脱していくという運命にあった。しかし、プーフェンドルフの自然法学は異国の地スコットランドの啓蒙思想によって発展的に継受されていくこととなるのである。

（1）　John Locke, *Some Thoughts concerning Education*, with introduction and notes by R. H. Quick, M. A. (Cambridge : At The University Press, 1934), p. 161. 服部知文訳『教育に関する考察』（岩波文庫、一九六七年）、二八九ページ。

（2）『自然法と万民法』の梗概である『自然法に基づく人間および市民の義務』において、《人間論⇒自然状態⇒社会契約⇒主権の設立》という社会契約説の構図がより明確にあらわれている。『自然法に基づく人間および市民の義務』は二巻（Libri Duo）から成るが、第一巻では、とくに私法領域における人間の義務、換言すれば個としての人間の義務（国家設立以前に人間に課せられた義務）について取り扱われる。第二巻では、家族法⇒国法⇒国際法へと移行するが、自然状態論、そして社会契約によって設立された国家の一員（市民）としての人間の義務について論じられている。

（3）　Hugo Grotius, *De Jure Belli ac Pacis Libri Tres* (Aalen : Scientia Verlag, 1993), *Prolegomena*, p. 7.

（4）　S. v. Pufendorf, *De Jure Naturae et Gentium Libri Octo*, II, iii, § 15. テキストとしては、*Samuel Pufendorf Gesammelte Werke*, Band 4, herausgegeben von Frank Böhling (Berlin : Akademie Verlag, 1998) を使用した。以下、*De Jure Naturae* と略記する。引用の際には巻、章、節の順に表記する。訳出にあたっては The Classics of International Law (Oxford : At The Clarendon Press, 1934) の C. H. Oldfather & W. A. Oldfather による英訳版を参照している。

（5）　プーフェンドルフは、アリストテレスの「ゾーン・ポリティコン」を、人間が生来、国家生活に適合的な動物であるという意味にではなく、人間が訓練と教化によって、社会性という目的を達成するための潜在的能力を持っているという意味に読みかえている。こうして、プーフェンドルフの主張する社会性は、生得的な Sein ではなく、Sollen（当為）としての性格を強く持つこととなる。Cf. *De Jure Naturae*, Ⅶ, i, §§ 3-4.

（6）　*De Jure Naturae*, II, iii, § 16.

（7）　Cf. John Locke, *Two Treatises of Government*, ed. by P. Laslett, second edition (Cambridge : Cambridge University Press, 1970), pp. 295-296, 336-337. 鵜飼信成訳『市民政府論』（岩波文庫、一九六八年）、二一、八一ページ。J. J. Rousseau, *Discourse on the Origins of Inequality* (Hanover and London : University Press of New England, 1992), pp. 36-38. 本田喜代治・平岡昇訳『人間不平等起源論』（岩波文庫、一九七二年）、七一－七五ページ。

（8）　Cf. *De Jure Naturae*, II, iii, § 14.

（9）　Cf. S.v. Pufendorf, *De Officio Hominis et Civis juxta Legem Naturalem Libri Duo*, I, ⅷ, § 5. テキストとしては、*Samuel Pufendorf Gesammelte Werke*, Band 2, herausgegeben von Gerald Hartung (Berlin : Akademie Verlag, 1997) を使用した。以下、*De Officio* と略記する。引用の際には巻、章、節の順に表記する。訳出にあたっては The Classics of International Law (New York : Oxford University Press, 1927) の Frank Gardner Moore による英訳版を参照している。

(10) アダム・スミスは、完全な権利 (perfect right) と不完全な権利 (imperfect right) の区別は、プーフェンドルフ、ハチスンによってなされたと説く。スミスによれば、前者は要求する正当な資格のある権利のことであり、拒否された場合でも履行を強制することができるが、後者は他人によって履行されるべき義務ではあっても、我々はその履行を強制する資格を持たない、とされる。前者を交換的正義(commutative justice)、後者を配分的正義(distributive justice)とスミスは呼ぶ。〔Adam Smith, *Lectures on Jurisprudence Report of 1762-3*, ed. by R. L. Meek, D. D. Raphael and P. G. Stein (Indianapolis : Liberty Classics, 1982), p. 9.〕

(11) プーフェンドルフは自然法の認識方法は生得的観念によるものではないことを主張する。自然法が生まれながらにして「人間の心の中に刻まれている (animis hominum impressa esse)」という、自然法の生得的観念をプーフェンドルフは明確に否定して、自然法の格率は母国語の如く、社会的な訓練＝教育を通じていわば経験的に認識されることを説いている。Cf. *De Jure Naturae*, Ⅱ, iii, §13. ; *De Officio*, Ⅰ, iii, §12.

(12) プーフェンドルフは、自然状態における人間のさまざまな諸権利 (とくに所有権) を認めているが、それは生来のものというよりも、人間のコンヴェンションによって後天的・人為的に (adventitius) 獲得されたものである。したがって、人間は生まれながらにして万物のものに対する権利を有するとする、ホッブズ的な規制のない自然権とはその性格が異なっているという点に注意されたい。Cf. *De Jure Naturae*, Ⅲ, v, §3. この問題については第五章も参照されたい。

(13) *De Officio*, Ⅱ, i, §8.

(14) *De Officio*, Ⅱ, i, §8.

(15) John Locke, *Two Treatises of Government*, p. 287. 邦訳、一〇ページ。

(16) *De Jure Naturae*, Ⅲ, ii, §8.

(17) Robert Derathé, *Jean-Jacques Rousseau et la Science Politique de son Temps* (Paris : Librairie Philosophique J. VRIN, 1970), pp. 128-130. 西嶋法友訳『ルソーとその時代の政治学』(九州大学出版会、一九八六年)、一一六―一一八ページ。

(18) この点については、田中正司『市民社会理論の原型』(御茶の水書房、一九七九年) を参照されたい。

(19) Cf. *De Jure Naturae*, Ⅳ, iv, §§2, 5-6.

(20) *De Jure Naturae*, Ⅳ, iv, §9.

(21) Cf. *De Jure Naturae*, Ⅱ, ii, §9.

(22) Cf. *De Jure Naturae*, Ⅶ, i, §4.; *De Officio*, I, iii, §§4-7., II, v, §6.

(23) Cf. *De Jure Naturae*, Ⅶ, i, §7.; *De Officio*, II, xv, §3.

(24) *De Jure Naturae*, Ⅶ, ii, §7.

(25) Cf. J. Locke, *Two Treatises of Government*, pp. 424-425, 445-446. 松下圭一氏は、「社会」の起源と「政府」の起源の論理的区別は、結合契約と統治契約の二つを用いることによってすでにロック以前にプーフェンドルフが完成させていたことを指摘している。松下圭一『市民政治理論の形成』（岩波書店、一九五九年）、三九―四二ページ。

(26) *De Jure Naturae*, Ⅶ, ii, §8.

(27) *De Jure Naturae*, Ⅶ, ii, §9.

(28) ホッブズ自身は、統治契約が国家の人格を二つに分裂させてしまうのではないかということも危惧していたようである。つまり、統治契約は契約の当事者である主権者と人民を想定しているため、国家権力の運営をめぐって絶えずこの二者は対立・緊張関係に置かれているからである。主権の絶対性を確立するためには、こうした国家の人格を分裂させてしまうような危険な要因は取り除かれるべきであるとホッブズは考えていた。彼は次のように統治契約を批判している。「主権者とされる人が、あらかじめ、彼の臣民たちといかなる信約〔＝統治契約〕をも結んでいないことは明白である。というのは、〔その場合には〕彼は、全群衆を一方の相手として信約を結ぶか、あるいは、各人と個別的に信約を結ばなければならないからである。全体を一方の相手にすることは、彼らはいまだに一つの人格ではないから不可能なことだし、また、もしも、彼がそこにいる人びとと同じ数だけの個別的な信約を結ぶならば、それらの信約は、彼が主権を得た後には無効となる。というのは、彼らのうちの誰かによって、信約の違犯だと称せられるいかなる行為でも、全員の個々の人格と権利においてなされるから、彼自身と残りすべての人びととの双方の行為となるからである。……だから、あらかじめ〔主権者と臣民が〕信約を結んで〔主権者に〕主権を授けるというのは無意味である。」〔Thomas Hobbes, *Leviathan*, edited with an introduction by C. B. Macpherson (The Penguin English Library, 1968), pp. 230-231. 水田洋・田中浩訳『リヴァイアサン（国家論）』（世界の大思想9、河出書房新社、一九七四年）、一一七ページ。ただし訳文は必ずしも同一ではない。〕

(29) *De Jure Naturae*, Ⅶ, ii, §11.

(30) Vgl. Otto von Gierke, *Johannes Althusius und die Entwicklung der naturrechtlichen Staatstheorien* (Breslau: Verlag von M. & H. Marcus, 1902.), SS. 102-104.

(31) 暴君放閥論者（モナルコマキ）は、ヨーロッパ各国――フランス、スペイン、スコットランド――で、宗教的相違――カルヴィニズム、カトリック(イエズス会)、ピューリタニズム――を超えて、多彩な政治的活動を行ったが、その先陣を切ったのは、フランスのカルヴィニストたちであった。一五七二年のサン・バルテルミーの虐殺によって新教派の貴族たちは大打撃を受けたが、その翌年にはベーズの『臣民に対する施政官の権利について』(*De jure magistratus in subditos*)とオマンの『フランコ・ガリア』(*Franco-Gallia*)が著された。その後、サラモニウスの『父祖の国ローマ――帝位について』(*Patritius Romanus: de principatu libri* VI, 1578)、ロサエウスの『不信心で異端の王たちに対するキリスト教国の正統な権威について』(*De justa reipublicae in Reges inplos et haereticos authoritate*, 1590)、ダナエウスの『キリスト教政治学』(*Politices Christianae libri* VII, 1596)などが刊行されたが、モナルコマキの抵抗権理論の集大成ともいえるのが、ユニウス・ブルートゥスの『暴君に対する権利の主張』(*Vindiciae contra tyrannos*, 1579)である。

(32) モナルコマキの抵抗権理論は人民主権論の先駆けではあったが、彼らの理論はいまだ中世的・封建的色彩を強く帯びていた。そのことは、彼らが封建社会の政治体制を前提としていたために、国王の戴冠式における誓約を統治契約と考えていたことや、モナルコマキが理想とした国家形態は民主主義的な体制ではなく、等族によって制限された君主政、選挙王制であったこと、さらには彼らは国家形成の契機を社会契約説のように、自由にして平等な個人と個人の結合に求めてはいないことなどにもうかがえよう。しかも、国王が誓約に違反し暴君と化した際に行使される抵抗権の担い手は、民衆ではなく、抵抗の資格を有する者、すなわち官職についている施政官(magistratus)=貴族であって、「臣下の浅知恵」によって、国家の秩序が乱されることを彼らは何よりも危惧していたのである。したがって、モナルコマキは個人主義的な民主主義者たちであったというよりも、民衆に対して距離を置くアリストクラティックな考えの持ち主たちであったということができよう。抵抗権の行使も、特定の暴君に対する抵抗=放閥が終了するとともに終わり、君主政という体制そのものに対する社会改革の要求ではなく、いわんや革命を目指したものではなかったのである。トロイマン『モナルコマキ――人民主権論の源流――』(小林孝輔・佐々木高雄訳、学陽書房、一九七六年)、八三―八四ページ。堀豊彦「政治学理説としての反抗権」(国家学会雑誌第七〇巻　第九号、一九五六年)、二五―二九ページ。

(33) Cf. J. Locke, *Two Treatises of Government*, p. 385. 邦訳、一五一ページ。

(34) *De Jure Naturae*, VII, vi, §13.

(35) *De Jure Naturae*, VII, viii, §1.

(36) *De Jure Naturae*, VII, viii, §5.

(37) S.v. Pufendorf, *Elementa Jurisprudentiae Universalis Libri Duo* (1660), p. 161. テキストとしては、*Samuel Pufen-*

dorf Gesammelte Werke, Band 3, herausgegeben von Thomas Behme（Berlin：Akademie Verlag, 1999）を使用した。訳出にあたっては The Classics of International Law（Oxford：At The Clarendon Press, 1931）の W. A. Oldfather による英訳版を参照している。

(38)　この点については、田中浩「トマス・ホッブズのピューリタン革命観——『リヴァイアサン』における〔絶対〕主権論の現実的意味——」（『ホッブズ研究序説』（御茶の水書房、一九八二年）所収）を参照されたい。

(39)　T. Hobbes, *Leviathan*, p. 270. 邦訳、一四六—一四七ページ。

(40)　*De Jure Naturae*, Ⅶ, viii, § 5.

(41)　一六八二年の著作『ヨーロッパの偉大な諸帝国および諸国家の歴史序説』*Einleitung zur Historie der vornehmsten Reiche und Staaten so itziger Zeit in Europe sich befinden* のなかでプーフェンドルフは、ピューリタン革命の歴史的推移について詳細に論じている。

(42)　*De Jure Naturae*, Ⅶ, viii, § 5.

(43)　『ドイツ帝国国制論』については、第二章と補論二を参照されたい。

(44)　*De Officio*, II, vii, § 9.

(45)　*De Jure Naturae*, Ⅶ, i, § 2.

(46)　ボダンにおける、基本法による主権の制限については、佐々木毅『主権・抵抗権・寛容——ジャン・ボダンの国家哲学——』（岩波書店、一九七三年）、とくに一二二—一二三ページを参照されたい。

(47)　Vgl. Fritz Hartung, *Deutsche Verfassungsgeschichte：vom 15. Jahrhundert bis zur Gegenwart*, Acht Auflage (Stuttgart：K. F. Koehler Verlag, 1964), S. 27. 成瀬治・坂井栄八郎訳『ドイツ国制史——一五世紀から現代まで——』（岩波書店、一九八〇年）、四一ページ。

(48)　*De Officio*, II, ix, § 6.

(49)　*De Jure Naturae*, Ⅶ, vi, § 9.

(50)　*De Jure Naturae*, Ⅶ, vi, § 10.

(51)　Cf. *De Jure Naturae*, Ⅶ, vi, § 10.

第二章　プーフェンドルフとライプニッツ

——一七世紀ドイツにおける自然法・国家思想の二類型——

はじめに——問題の所在——

イギリスでは一七世紀に入ると、ピューリタン革命、名誉革命という、二大市民革命を経て、近代市民社会が成立・発展し、それが一八世紀におけるイギリスの政治・経済の世界的飛躍の歴史的契機となったことは周知のところであるが、そればかりではなく、市民社会の原理を反映した政治・社会思想の展開においても、イギリスは一七・一八世紀のヨーロッパ近代思想史における嚮導的な地位を着実に確立しつつあり、ホッブズ、ハリントン、ロックらの偉大な政治理論家たちを輩出したのであった。

一方、ほぼその同時代に大陸ドイツでは、とくに国内政治の視点から見ると、一六世紀の宗教改革に起因するプロテスタントとカトリックとの宗教的対立、皇帝と帝国等族との政治的対立に加えて、三十年戦争のもたらした惨禍、ルイ一四世によるレユニオン・宗教政策の開始などの影響によって政治的分裂状態を呈しており[1]、約一世紀後にヘーゲルが「ドイツはもはや国家ではない」と慨嘆した『ドイツ国制論』のなかで指摘されている、ドイツ帝国における「共同の武力」と「国家権力」の不在、それに伴う法律、私法、税金の賦課と徴収といった、さまざまな制度の不備の問題点はすでにこの時期に醸成されつつあったのである。[2]
ドイツが一七世紀段階において、封建制国家から近代的統一国家への移行・形成過程に遅延していたことは否定さるべくもない事実であろう。こうした政治・社会状況は学問の分野においてもドイツの後進性をもたらし、それは、中世的なスコラ哲学の影響力が依然として根強く、近代市民社会の政治原理が未成熟であった点に典型的にあらわれていたといえよう。下村寅太郎氏が指摘するように、「ドイツの大学ではこの一七世紀の半ばにおいてもなお依然として中世紀的なスコラ哲学が支配し」ており、「ドイツには中世を遮断するルネサンスがな」く、『中世』に連続してただちに『近世』が始まる」のであるから、近代ドイツ思想の最大の課題は、「新時代の哲学と中世のスコラ哲学との調和」であったのである。[3]
ドイツの改革・思想の近代化、近代的な国家像の構築を目指して、ドイツの思想家たちがイギリスやフランス、オランダなどの先進国の学問成果（ホッブズ、ボダン、デカルト、グロティウスらの哲学・政治・社会思想）を取り入れ、受容した所以はそこにあったわけであるが、その受容に際して、一七世紀のドイツを代表する二人の思想家、すなわち、ザムエル・フォン・プーフェンドルフと、哲学史上「モナド」論でその名を知られる、ゴットフリート・ヴィルヘルム・ライプニッツ（一六四六―一七一六）はそれぞれ対立的・対照的な反応を示した。[4]
それは、プーフェンドルフが、近代的思想によって伝統的な思考様式を完全に破壊しようとしたのに対して、ライプニッツは「新時代の哲学・思想とスコラ哲学の調和」を求めて、中世的・伝統的思想を近代思想の導入によって再生させようとしたということである。ライプニッツは、彼のモナド論や予定調和説に看取されるように、中世と近代を対立的に捉えるのではなく、近代思想を中世（神学）思想のなかに取り込み、それらを調和的に統合することを追求していたのである。スコラ的な哲学を評価するライプニッツの基本的姿勢は、『形而上学序説』（*Discours*

de métaphysique, 1686）において、次のように論じられていることからも明白である。

「私が古代哲学をある意味において再興し、ほとんど追放されてしまった実体形相を再び呼び戻そうと考えるのは、大きな逆説を持ち出すものであることを知っている。……近代の哲学者は聖トマス〔アクィナス〕やあの時代の偉大な人びとを正しく判断していないということや、また、スコラの哲学者や神学者の見解はこれを適当な場合に、用いるべきところに用いさえすれば人が考えるよりもはるかに堅実なものであるということがわかってきた。……もし誰か正確な省察的な精神を持った人がスコラ学者の思想を解析幾何学者のするように解明し消化する労をとれば、そこにきわめて重要な、まったく論証的な多くの真理を蔵する宝庫を見出すであろうと私は確信している。[5]」

かくしてライプニッツは、ともに同じ師エルハルト・ヴァイゲル（一六二五―九九）の下で学んだ兄弟子でありながら、プーフェンドルフのことを「法律学にあまり精通しておらず、ほとんど哲学を知らない男 vir parum jurisconsultus, sed minime philosophus」だと誹謗し[6]、また、デカルト、ガリレイ、グロティウス、ホッブズらの近代思想をそれなりに高く評価しつつも、ライプニッツは中世的＝伝統的思想の位置づけをめぐって、プーフェンドルフとは対立的な思想的観点に立つこととなり、むしろ、プーフェンドルフおよびプーフェンドルフがその政治理論の多くを負っているホッブズを思想上のアンティ・テーゼとすることで、自らの理論的独自性を前面に打ち出していくこととなるのである。

彼らはともに祖国ドイツ（神聖ローマ帝国）の政治的・宗教的分裂と近代化の遅れを憂慮し、それを克服するための改革案・解決策を模索し考案しようとしていた点では共通しているが、それにもかかわらず、それを実現する方途において、あるいは自然法の捉え方、帝国国制の理論的考察に関して、後述するように鋭く対立する見解を戦わせている。

法学、政治学、神学等におよぶプーフェンドルフとライプニッツの全思想体系の精緻な比較は、紙面上そして筆者の能力上不可能であると思われるので、本章では、とくに両思想家の自然法論と国家理論に問題を限定し、その基本的相違点を「中世的思想と近代的思想の調和」あるいは「中世的（神学）思想の再生」に対する「近代思想による伝統思想の否定・破壊」といった側面から検証し、プーフェンドルフとライプニッツを比較することで当時のドイツ思想あるいは近代思想が抱えていた理論上の問題と苦悶とを描いてみることとしたい。また、併せてプーフェンドルフがドイツの後進的な政治的現実に直面しつつも、ホッブズやグロティウスの理論を継受することで「市民社会理論」の形成・発展に寄与する近代的な理論を構築しつつあった点も指摘したい。

一　自然法理論——世俗的自然法とキリスト教的自然法——

ダントレーヴが『自然法』(*Natural Law*, 1951) のなかで論じているように、グロティウスの自然法学は、多分に伝統的なスコラ学的要素を残存させつつも、その革新的意義はその内容というよりもむしろ、その方法、すなわち、啓示神学的な前提に依存しない自然法理論を築き上げようとした点にあったといえよう。(7)

グロティウス以後の大陸系自然法学はまさしくこの「啓示神学からの自然法の解放」「自然法の世俗化」というテーゼから出発し、それをその基本的な理論的課題にしていたといえる。確かに、自然法を神学から完全に解放し、世俗化することは一七世紀段階では不可能ではあったが、少なくともプーフェンドルフはこのグロティウスが提起した「啓示神学からの自然法の解放」という思想的モメントを継承し、それを徹底して追求しようとした思想家である。

したがって、神学あるいは形而上学を基礎とする自然法を展開したライプニッツがプーフェンドルフの自然法原理と一八〇度対極的な位置から全面対決したのも至極当然なことであった。この「啓示神学からの自然法の解放」をめぐるプーフェンドルフとライプニッツの論争は、「法」と「道徳」の完全分離、あるいはその不可分性に関する近代自然法の根本的問題を孕んでおり、きわめて興味深い。まず、この論点から検討してみたい。

「自然法」と「啓示神学」の関係について、プーフェンドルフは、大著『自然法と万民法』の梗概である『義務論』(『自然法に基づく人間および市民の義務』)の序文のなかで、最も明確な形で論じている。そこでは人間の義務(officium)の源泉として、理性の光(lumen rationis)、国法(leges civiles)、神の意思の特別な啓示(peculiaris revelatio divini Numinis)の三つが挙げられ、「最初のもの〔=理性の光〕からは、人間の、とくに自らを他者と社会的ならしめる人びとの最も共通する諸義務が、第二番目のもの〔=国法〕からは、ある特定の国家の下に服し、生活する人間の諸義務が、第三番目のもの〔=神の啓示〕からは、キリスト教徒である人間の諸義務が導き出される」として、それぞれの原理が、すべての民族に共通な自然法(jus naturalis)、個々の国家に通用する国家法(jus civilis)、聖書における神の啓示を対象とする道徳(啓示)神学(theologia moralis)という形をとってあらわれると主張する。[8]

ここで最も重要なのは「自然法」と「道徳神学」の相互的関係である。「自然法」と「道徳神学」との境界線を定めることは困難であるとしつつも、プーフェンドルフは「自然法」と「道徳神学」の第一の相違点をその教義が引き出される源泉の違いに求める。つまり、もし聖書によってある行為を行うよう命じられている場合、その行為の必然性は理性では説明しえず、したがって、それは理性の光から推論される「自然法」の範囲外であり、神の啓示を典拠とする「道徳神学」に属する問題であると考え、その源泉の相違から「自然法」と「道徳神学」を分離しよ

うとする試みが見受けられる。(9)

「自然法」と「道徳神学」の第二の相違点は、その「目的」という観点から論じられている。「自然法」の目的は人間が他者との社会的関係を保ちつつ現世を生きていけるよう人間を形成することに存するが、「道徳神学」は人間を、現世を立派に生きていくだけでなく、敬虔の来世における報酬に望みをいだくキリスト教徒へと形成することを目的とするとされる。(10)すなわち、ここから引き出される論理的帰結は、自然法の目的は「現世の領域」のみに限定され、自然法の格律は、現世の範囲を超えない「人間の法廷 forum humanum」のみに適用され、「道徳神学」の問題に関わる「神の法廷 forum divinum」に適用されるのは間違いであるという指摘である。(11)

こうした結論からプーフェンドルフはきわめて重要な問題提起を行っている。それは、「自然法」は現世における人間の行動、それも人間の外面的行為の指導だけを行えばよいのであって、その行為の心理的および倫理的動機の問題は来世の問題と深く関わっているから、聖書に基づく「道徳神学」の対象たるべきであるという主張である。(12)かくしてプーフェンドルフは「自然法」=人間の外面的行為を律する法と「道徳（啓示）神学」=人間の行為の内面的動機を律する倫理規範とをその役割の相違によって区別・分離させようとするが、ここには法の外面性、道徳の内面性という「法」と「道徳」の分離論の基本的図式が看取されるように思われる。(13)

すでに、ホッブズにおいて「法」と「道徳」の分離の考えは萌芽的に存在していたが、ホッブズはそれでもなお、「自然法」はそれを他者が守るという保証がないときでもつねに人間をその「内面の法廷 in foro interno」において拘束すると述べていることから見ても、(14)まさしくプーフェンドルフの「自然法の道徳（啓示）神学からの解放」=「自然法の世俗化」の論理は、それを敷衍すれば、人間の外面的行為を規律する「法」と人間の行為の倫理的規範である「道徳」との完全分離というテーゼにつながっており、それを積極的に推し進めたものであったと考えることができる。「自然法」と「道徳（啓示）神学」、すなわち、換言すれば「法」と「道徳」の相互的関係の問題は近代自然法論者すべてにつきつけられた思想上の大きな課題であり、プーフェンドルフはそれに対して徹底した論理によって、ここに一つの解答を示したのであった。[15]

こうしたプーフェンドルフの「自然法」の「道徳神学」からの解放の論理あるいは「(自然)法」と「道徳（啓示神学）」の分離論に対して、ライプニッツが、『プーフェンドルフの原理に対するある忠告』(*Monita quaedam ad Samuelis Pufendorfii Principia*, 1706) という論文のなかで、自然法の目的・対象・原因に関して、プーフェンドルフの自然法学に痛撃を加え、それがあまりに神を冒瀆した、世俗的な自然法であり、「(自然) 法」と「道徳（神学）」は分離できないと激しく非難しているのも、ライプニッツの哲学体系とプーフェンドルフのこうした原理とが整合しないからに他ならない。ライプニッツは、自然法の目的に関して、自然法が現世の領域のみに適用されるとするプーフェンドルフの主張を次のような論拠から批判している。

「神の摂理と不可分に結びついている、未来の生活〔=来世〕の考慮を無視し、無神論者にさえ有効でありうる低級な自然法に満足することは、〔私が他の場所で説明したように〕〔法〕学の最も重要な部分を削除することを意味し、それればかりか現世における多くの諸義務を抑圧することを意味するであろう。……来世に据置かれている神の復讐を誰も免れることはないであろう。そしてこのことが人びとが、自分自身のために予防手段を講じたいと思うなら、正義に基づいて身を処する義務を理解する確固とした理由なのである。[16]」

ライプニッツの場合、人間の行為を規定する内面的（宗教的）動機づけと、実際に人間が行う行為とが密接不可分の関係として論じられており、「自然法」は人間が行為する上での倫理的•道徳的規範としての機能をも有さねばならないことが強調され（「法」と「道徳」の一致）、そのために現世ばかりでなく来世をも支配する神学の持つ特別な性格が持ち出されてきているといえよう。

こうしたライプニッツの基本的考えは、自然法の対象の問題においてさらに明確となる。プーフェンドルフの原理を極論すれば、内面においては精神的に堕落していても、外面的行為においては合法的で自然法に適っているという状況が可能となろう。(17)つまり、邪悪な意図を有し、正義に反することを企んでいようが、その行為は一見自然法に合致しているようなケースが存在しうるということであるが、ライプニッツが批判するのはまさしくこうした場合が生じうる可能性をプーフェンドルフが敢えて黙認したことにある。(18)ライプニッツは自然法の対象は人間の外面的行為ばかりでなく内面の問題をも含み、「自然法」が神学に基づく「内面倫理」に他ならないことを次のように述べている。

「法、義務、神に対する罪、そして善なる行為もまた〔人間の〕内面に位置づけられるのが当然であるということを誰も否定しないのであるから、もし自然法学においてなされないのなら、法と自然的正義に確実に属しているこれらの主題をいったいどこで我々は考察するのであろうか。……法学においては、人間の正義をある源泉から、すなわち神から導き、それを完全にすることが最も善いことである。真実と善の観念と同様、正義の観念は疑いもなく、神に関わるものである。神は万物の尺度なのである。〔神の正義と人間の正義に〕共通する諸規則は確かに自然法学の一部となり、普遍法学のなかで考察されねばならない。そしてその諸戒律は自然神学がこれを同様に用いるであろう。(19)」

「自然法学の神学による基礎づけ」というライプニッツの議論は、たしかに中世的・伝統的なキリスト教的自然法への回帰であり、実際、ライプニッツは近代自然法の「神学」からの乖離、「法」と「道徳」の分離という一般的傾向に抗するために、当時そうした理論的趨勢の最も徹底的な推進者であったプーフェンドルフに攻撃の矛先を向けたのであった。その意味でライプニッツの自然法原理は一見伝統主義的で古めかしく思われるが、それにもかかわらず、プーフェンドルフとライプニッツの論争は「中世思想」と「近代思想」のダイナミックな対立・相剋をみせているばかりでなく、近代自然法と神学の関係に関する重大な論点を典型的な形で集約しており、その思想史上における意味はきわめて大きいように思われる。そしてこの「自然法」と「神学」、あるいは「法」と「道徳」に関する議論は一八世紀のスコットランド啓蒙思想にも継承されており、そこでは、グラスゴウ大学における「道徳哲学」の講座を担当したカーマイケル、ハチスンらが、プーフェンドルフの自然法学を自然神学によって再び基礎づけ、捉え直し、「法（=自然法）」と「道徳（=神学）」を再統合するために、中世回帰的に思われるライプニッツの主張を、むしろ積極的・肯定的な形で取り入れているのである。[20]

さて、プーフェンドルフとライプニッツの自然法の基本的性格をより明確にするには、自然法の根本原理である正義論をさらに比較・検討せねばならないであろう。アリストテレス以来、正義の問題は「交換的（矯正的）正義」「配分的正義」「普遍的正義」の三つの位相の下で考察されるのが一般的となっていたが、どの正義を強調するかによってその論者の基本的な思想的傾向を窺い知ることができる。

プーフェンドルフはこれらの正義のなかでも「交換的正義」に最も比重を置く論法をとっているが、その理由を解く鍵は、彼の人間本性論と自然状態論にある。プーフェンドルフは、ホッブズ的な「分解―統合の方法」をとり、国家の構成単位である人間の分析からその社会契約説を始めるが、人間本性の基底的特質を「自己愛 amor sui」と「弱さ imbecillitas」に見ている。[21] つまり、人間は自己を保存するために自分にとって善と思われるものを追求し、悪と思われるものを避けようと努力するが、人間は生来一人で生きていくにはあまりに無力な存在であって、生活に必要な食料・衣服等を得るには他者の助力が必要不可欠であるから、自己の保存をよりよくはかるには、他者を侵害する傾性を抑制し、社会的にならなくてはならないということである。この「社会性 socialitas」の原理から自然法が導出されてくるが、プーフェンドルフによれば、自然状態は基本的には自然法の支配する平和な状態であり、そこではすでに国家設立以前に人間が相互に社会的関係をとり結び、共同生活を営んでいるとされる。(22) 自然状態における人間相互の生産・交換に基づく社会的生活を成立させる最も重要な制度は言うまでもなく所有権(proprietas)である。所有権は自由、平等とともに人間が自然状態で有する基本的権利として位置づけられ、私的所有権成立の根拠としてはグロティウス的な合意所有論がとられているが、(23) そこで注目されるのは、代表的な所有権獲得方法である先占 (occupatio) と附合 (accessio) において人間の労働 (industria, cultura, labor) の持つ重要性が指摘されている点である。(24)

すなわち、所有権を成立させる合意そのものがすでに労働に対する高い価値づけを前提とした上でなされているのである。(25) そしてこの所有理論こそがプーフェンドルフの自然法の性格をも規定しているのである。というのは、プーフェンドルフの自然法の最も基本的な条項が、所有権の保護と侵害の禁止、契約の遵守に他ならないからであるが、(26) 所有の交換と契約関係をその基礎とする市民社会認識がすでにプーフェンドルフのなかに萌芽的に存在していたことがそのことから理解されよう。(27)

確かに市民社会はドイツにおいて未成熟であったが、ホッブズ（イギリス）やグロティウス（オランダ）が母国における市民社会の発達に照応した政治・社会思想を展開し、プーフェンドルフはそれを理論的に継受することで、市民社会の理念像を自然法理論において構築しえたのであった。その証左として市民社会理論の形成者であるロックがプーフェンドルフの著作を自然権と社会契約を学ぶ格好の書物として推奨していることも指摘できよう。(28)

かくして自然状態はいわば商業・経済を中心とした一種の市民社会として理解され、国家権力のいまだ存在しない段階での市民生活におけるさまざまな権利と義務が論じられていくが、プーフェンドルフの市民社会理論における最も根本的な原理は「交換的正義」である。というのも、私的所有と市民間の契約関係が認められれば、次に問題となるのは所有の侵害の禁止と所有の交換＝契約の誠実な履行だからである。そしてそれを保証し保護するのが「交換的正義」に他ならない。

プーフェンドルフは、「交換的正義」を「商業（commercium）における物と行為に関する最も重要な双務契約」であると定義するが、[29]「交換的正義」が重要であるのは、市民生活を支える原理であるからばかりでなく、私的所有権の成立によって市民間の侵害行為が発生する可能性が生ずるからである。プーフェンドルフは人間の本性のなかに争いを惹起するさまざまな情念（羨望、野心、復讐心、名声の追求）ばかりでなく、所有権の成立を前提とした上で、人間本性の「必要以上に所有せんとする欲望」「余剰物への飽くことなき欲望」を読み取っており、[30]こうした人間本性の傾性が所有の不平等を増大させ、所有権を侵害する可能性を内包していることは明らかである。

このように人間本性論と自然状態論が「交換的正義」の重要性を示唆するバックボーンとなっているのである。要約すれば、プーフェンドルフの自然法体系において正義論の有する意味は、自然状態における私的所有権の成立を前提として、所有に対する侵害を防止し、所有権および所有の交換を基礎とした人間の経済活動、すなわち市民社会のルールを守る規範（交換的正義）を創出することに存していたといえるのである。

ところがライプニッツは、たとえこうしたプーフェンドルフの市民社会原理に基づく「交換的正義」論の持つ意味を正確に読み取っていたとしても、少なくともそれを高く評価することはなかったであろう。というのは、ライプニッツは、『法律を学習し教授するための新方法』（*Nova Methodus discendae docendaeque Jurisprudentiae*, 1667）のなかで、正義を三つの段階に分けて考察しているが、交換的（矯正的）正義は最も低次の段階に位置づけられているからである。

ライプニッツは人間の自然社会を夫婦↓親子↓主人と奴隷↓家族社会↓政治社会（都市↓州↓王国）↓神の教会という六段階の位階制秩序として把握しているが、[31] 自然状態から社会状態に上昇していくにつれ、その状態に対応する正義も「交換的正義」から「配分的正義」へと高まっていくと考えていた。

すなわち、交換的（矯正的）正義は、自然状態で作用している厳格法（jus strictum）と考えられ、「何人も侵害してはならない neminem laedere」という原理に基づくとされる。[32] 次に、社会に結合した人びとの間に適用されるのが配分的正義であるが、これは衡平（aequitas, aequalitas）の原理であり、「各人に彼らのものを与えよ suum cuique tribuere」という命題に集約される。[33] しかし、ライプニッツの正義論において最も重要な意味を持ちかつ強調されているのは、「交換的正義」でも「配分的正義」でもなく、高度に宗教的で徳のある生活において実現するとされる「普遍的正義」である。

「普遍的正義」は敬虔（pietas）の原理（「誠実に生きよ honeste vivire」）に基づき、その担い手は神である。[34] 自然法の最高の段階での正義は神の普遍的正義であり、敬虔あるいは誠実（probitas）は、第一段階（厳格法）、次いで第二段階（衡平）によって目的とされたことを完成するが、「普遍的正義」はすべてのモナドを統轄する普遍的秩序である神の国（respublica divina）において機能しており、国家を含めた人間の生活すべてを支配する最高規範である。[35] つまり、ライプニッツの正義論はその自然社会論と同じく、「正義」それ自体が形而上学的なヒエラルキー構造を有しており、その頂点に位置しているのが「普遍的正義」であったのである。

ライプニッツのこうした正義論をプーフェンドルフの正義論と対比して、その思想的特質を挙げるとするならば、プーフェンドルフが、人間はその成長につれて政治共同体の共通善を徐々に実現していくとするアリストテレス的な目的論的世界観を否定して人間本性の自己保存的傾向を認め、自然状態における事実上の私的所有の成立を合意所有論によって説明し、所有の交換・契約関係を基礎とする市民社会論を展開することで「交換的正義」の持つ重要性を指摘し、生命の安全と所有権の保護のための国家の必要性というロック的な社会契約論の構図につながる理論をいち早く構築しえていたのに対して、ライプニッツはあくまでもアリストテレス的な目的論とプラトン的な主知主義的思想に高い価値を置くことで、神学的・形而上学的色彩を強く帯びた正義論を展開するにとどまっていたということである。[36] ライプニッツはプーフェンドルフとは違って、来るべき新たな社会の登場とそれに対応する新たな市民的原理に正面から取り組むことはなかったのである。

こうした正義論の相違は前述した「自然法」と「神学」の相互関係の問題とも深く関連しており、プーフェンドルフとライプニッツを比較することは、まさしく市民社会の生誕とそれにもはや対応しきれなくなった中世思想との乖離、あるいは「中世」と「近代」の対決・相剋の縮図を見ることのできる好例ではないかと思われる。結論的に言えば、プーフェンドルフがある程度近代市民社会を弁証する自然法論を展開しえていたのに対して、ライプニッツは、近代自然法の直面した理論的課題を認識しつつも、敢えてスコラ的思考様式を放棄せずそれを採用し、その意味でライプニッツはあくまでも彼の形而上学と神学思想によって基礎づけられた、伝統的・中世的な自然法の信奉者であったといえるのではないであろうか。

二　ドイツ帝国の国制とプーフェンドルフの国家理論

プーフェンドルフとライプニッツの自然法理論に明確にあらわれている「中世」的要素と「近代」的要素の融合・

対立関係は、そのまま彼らの国制理論・国家理論にも反映されている。一七世紀ドイツにおける政治・社会状況、とくにドイツ皇帝権の現実を見てみると、神聖ローマ帝国の皇帝権は、中世以来、帝国の基本法（金印勅書、永久ラントフリーデ令、アウグスブルクの宗教和議などの政治的決定、選挙協約、慣習法等）や帝国等族の諸権利によって強く制約されており、ドイツ国制史研究の大家ハルトゥングが指摘しているように、皇帝は「王国の所有者ではなくその機関であ」り、「たんに〔等族から〕委ねられた権力を行使するにすぎない」王であったということができよう。[37]

ドイツがイギリスやフランスとは違って、帝国を単位とした統一国家あるいは絶対主義国家を構築できなかった要因としては、伝統的な皇帝権の弱さばかりでなく、ドイツに根強く残存する部族制、有力な選帝侯と諸侯を中心とした「ドイツの自由」の要求、フランスとローマ教皇による内政干渉（とくにルイ一四世によるレユニオン）、さらには、帝国議会が帝国統治の中心的存在たりえなかったことなどが考えられるが、[38] プーフェンドルフとライプニッツはこうした政治的現実を克服しなければならないという宿命を生まれながらに背負わされていたのであった。プーフェンドルフは三十年戦争の最中に、ライプニッツは三十年戦争終結の二年前そしてルイ一四世が即位した三年後に生を享けているが、そのことは何よりも彼らが混迷したドイツの政治情勢を身をもって体験し、それに対する解決策・改革案を真摯に追求する課題を絶えず意識しながらその政治理論を構築せざるをえなかったことを意味しているといえよう。

彼ら以前の国法学者たちも同じ課題に取り組んでいたといえるが、一六世紀以来、ドイツ帝国の政体を研究する国法学者たちの共通テーマは、まず、はたして帝国が主権を持つ国家といえるのか、もしそうであるとすればアリストテレスの国制区分（君主政、貴族政、民主政）のいずれに分類されうるのか、また、帝国の統一性を実現するにはいかなる方策が必要なのか、という問題であった。

この課題に最初に取り組んだのは、『国家論六巻』(*Les six livres de la République*, 1576) で有名な、近代国家における主権の絶対性を定式化したジャン・ボダンであるが、彼は、ドイツ帝国の主権を帝国議会に召集された帝国等族の総体のなかに見ている。ボダンによれば、カール大帝からハインリヒ一世までの帝国は家産君主政であったが、やがて選挙王政に変遷し、いまや主権はますます等族(選帝侯、諸侯、帝国自由都市)の総体の手に移ってゆき、ドイツ皇帝に残された権利はもはやわずかで、皇帝は帝国の象徴にすぎないとされる。したがって、ボダンは帝国を貴族政体と見做している。(39)

このボダンに始まる帝国国制理論はその後、君主政体説をとるラインキング(40)や混合政体説を唱えるリムネウスら(41)によって発展させられていくが、帝国国制がいかなる政体なのかという問題は主権とは何かという根本的な問題と深く関わっており、主権論が異なれば政体についての意見の一致は見るべくもなかった。ボダン・ホッブズ的な近代的主権概念を継承しつつ、帝国国制の徹底した現実主義的分析を行ったのがプーフェンドルフであったが、またもやプーフェンドルフの帝国国制に関するラディカルな結論に対して異議を申し立て、その極端な帰結を中世的・伝統的な思考方法によって理論的に緩和しようとしたのがライプニッツであった。

プーフェンドルフは、一六六七年にセウェリヌス・デ・モンツァンバーノという匿名を用いて、『ドイツ帝国国制論』(以下『国制論』と略記する)と題する、神聖ローマ帝国の歴史的批判の書を著しているが、古代ゲルマンの社会状態の叙述から始まり、近代ドイツ社会の抱えた法・政治・経済上のさまざまな問題点を余すところなく鋭く指摘したこの書物は、三十万部も売れたと誇張して伝えられるほどの大ベストセラーとなった。(42)

『国制論』はドイツ帝国の国制批判を中心テーマとしていたが、ドイツの国制を批判する際その理論的規準となっていたのが彼の「主権論」である。プーフェンドルフは、彼の社会契約説の最終部分で主権論を展開しているが、その主権論を要約すれば、『自然法と万民法』第七巻第四章「最高主権の諸部分とその自然的結合について De partibus summi imperii, earumque naturali connexione」において論じられているように、主権を構成する諸権限である立法権・行政権・司法権等の国家権力の不可分性[43]、さらに主権は、基本法、自然法による制約を除いて、原則的にいかなるものにも拘束されないという主権の最高性[44]の主張である。こうした主権に対する捉え方が帝国国制あるいはこれまでさまざまな国法学者たちによって唱えられてきた政体論を批判していく上でも決定的な意味を持っていた。

プーフェンドルフは『国制論』第五章「協定と帝国の諸法、慣習そして等族の権利によって制限された皇帝の権力について *De Potestate Imperatoris, limitata per Capitulationem, Leges, atque Consuetudines Imperii, & Iura ordinum*」のなかで、ドイツ皇帝には立法権、宣戦講和権がなく、最高の司法機関である帝室裁判所（Reichskammergericht）も、皇帝の意のままにはならず、皇帝のみに属する特権は、（聖職者任命の）第一請願権、称号授与権、封土授与権、大学設立権、都市建設認可権にすぎないと述べ[45]、一方、帝国等族は、自らの領邦における臣民の生殺与奪の権、課税権、その地で行われる宗教の選択権までも握っており、ドイツの一般法に反する法も制定することができるために、実質的な支配権・主権をすでに確立しているという事実を指摘している[46]。

こうした現状認識に基づいて帝国が君主政体であるという説は退けられる。なぜならば、プーフェンドルフの主権論から見れば、皇帝にはもはや帝国の政治的意思決定を最終的に掌握する権限が欠けていることは明らかだからである。また、貴族政体説については、帝国等族が構成する帝国議会に「最高にして不可分の主権」が存在してはいないという理由で否定され[47]、皇帝と等族が共同的に主権を行使するとする混合政体説に関しては、とくに詳細に論じられてはいないが、この理論はそもそも主権は分割できないとするプーフェンドルフの主権理論に矛盾する説であるから、論外とされたと見做してよいであろう。

こうしてプーフェンドルフは、『国制論』第六章「ドイツ帝国の国家形態について *De Forma Imperii Germanici*」において、形骸化した神聖ローマ帝国の国家形態がいかなる政体であるのかという結論部分に入っていくが、帝国の国制を規定する際に、彼はホッブズの「変則的な団体 Irregular Systemes」論（『リヴァイアサン』第二十二章）を援用しているように思われる。ホッブズは、「一人か一つの合議体が全員の代表として構成されている」団体は「規則的」であり、その他はすべて「変則的」であると述べているが、[48]プーフェンドルフはこの論理を帝国国制の現実に適用することで、国法学者たちが争ってきた国家形態論の論争に終止符を打とうとしたのであった。

プーフェンドルフの主権理論に鑑みれば、帝国には国家意思のいかなる代表機関も存在しないことが明白である。したがって、プーフェンドルフは帝国の政体をアリストテレスのいずれの政体にも分類しえない「変則的で怪物に似た政体 irregulare aliquod corpus et monstro simile」だと定義づけ、それは制限君主政体と「諸国家の体系」〔＝国家連合〕の中間的な形態であると分析している。[49]プーフェンドルフのような近代的な一元的主権論の観点から帝国の国制を見れば、帝国は国家と呼ばれるにふさわしい実体を備えていないことは明らかなのであった。

こうしたプーフェンドルフの主張は、国法学者たちにはドイツ帝国の国家性を否定しようとするきわめて急進的な見解だと受けとめられ、論壇に物議を醸したが、実際にはプーフェンドルフが強調したかったのは、主権の最高性、不可分性、国家の統一的な意思能力、そのいずれの観点から見ても、帝国の政治的統一性は証明されえないということであって、彼にとってもドイツは一つの政治共同体であることは自明のことであった。[50]そのことは、彼自身が「ドイツ帝国の偉大さと力とは、君主政的な国制を持つことができれば、全ヨーロッパにとって脅威となりうるであろう」と述べ、[51]人口、耕地、資源、軍事力のいずれをとってもドイツが他国に劣らないことを強調していることからもうかがうことができよう。[52]

ところが、ライプニッツは、プーフェンドルフの『国制論』が帝国の国家性を否定し、「キリスト教共同体 respublica christiana」の盟主としての帝国の名誉ある伝統、威光を傷つけようとした、きわめて危険な書物であるという認識から出発し、徹底してプーフェンドルフの主権論、国制論に攻撃を浴びせることで自らの理論の正当性を主張することになるのである。しかし、ライプニッツによるプーフェンドルフ批判を考察する前に、まずライプニッツの国家理論の特質について見ておく必要があろう。

三　ライプニッツの主権理論と連邦国家論

ライプニッツの国家思想は大きく分けると、彼がマインツ選帝侯に仕えたマインツ時代（一六六七—七二年）とハノーバー侯に仕えたハノーバー時代（一六七六—一七一六年）の二つの時期に区別して考えることができる。マインツ侯はドイツ帝国の宰相であり、帝国議会でも議事進行の司会役をつとめるなど、政治的にはきわめて皇帝に近い立場にいた。一方、ハノーバー侯は、この時期に急激に勢力を拡大した諸侯であり、一六九二年に第九番目の選帝侯に任ぜられ、また、一七一四年にはゲオルク・ルートヴィヒ公がイギリス国王ジョージ一世となり、一八三七年までイギリスとハノーバーは同君連合の関係にあった。したがって、ハノーバー侯は、政策的には諸侯の主権を擁護しようとする「ドイツの自由」を推進する側にあった。ライプニッツは宮廷の顧問官である以上、両諸侯のこうした対照的な政治的立場を無視することはできなかったため、マインツ時代とハノーバー時代とではライプニッツの政治思想のなかに微妙な見解の相違が見受けられる。

マインツ時代のライプニッツの主要な政治的著作としては、『モンツァンバーノ〔＝プーフェンドルフ〕に対して』(*In Severinum de Monzambano*, 1668-72)、『国内および国外の安全そして帝国の現在の状態をいかなる形で堅固な基礎の上に確立するかについての考察』(*Bedanken Welchergestalt Securitas publica interna et externa und Status praesens im Reich iezigen Umbständen nach auf festen Fuß zu stellen*, 1670、以下『考察』と略記する)、『エジプト計画』(*Consilium Aegyptiacum*, 1671) などが挙げられる。この時期のライプニッツは、ドイツ帝国がもはや国家ではなく「怪物」であると見做したプーフェンドルフを批判して、帝国の国家性を理論的に正当化することに主たる関心が寄せられているが、この課題は生涯を通じて彼の思想形成の根底において意識されることとなる。

たとえば『考察』では、ドイツ帝国再建のための具体策が提示されているが、そこでは「ドイツ等族の新たな同盟 neue Alliance Teutscher Stände」[53]が提唱され、とくに帝国の政治的統一、経済の再建、軍隊の整備が改革のための骨子とされている。

「自然の人格あるいは人間の肉体において、魂、血液、手足が存在するように、国家人格においては、知性と魂を意味する恒久的合議体が、血液、血管を意味する恒久的な国庫財産が、手足を意味する常備軍が必要である」[54]

ライプニッツがとくに憂慮していたのは、フランス軍によるドイツ国境への侵攻であり[55]、帝国の安全を守るために、ドイツ国境地帯への二万の帝国軍配備を主張し、ルイ一四世の領土獲得欲を他国（トルコ）にそらすための画策を行っている。すなわち、『エジプト計画』のなかでライプニッツは、ルイ一四世に対して、北アフリカにおけるトルコの領土（エジプト）の攻撃によってヨーロッパに対するトルコの脅威が減じられること、エジプトの占領はフランスの裕福さを増大すること、イスラム勢力の駆逐は十字軍を意味し、それは神聖ローマ帝国に代わる「すべてのキリスト教徒の王」の義務であること、などを進言し[56]、フランスのドイツに対する領土的野望を、オスマン・トルコに向けようとしている。

ハノーバー時代になると、ライプニッツの政治思想は次第に領邦国家の主権の正当化へとその力点を移し始める。その理由としては二つのことが考えられる。まず、『考察』における彼の帝国改革の実現が事実上不可能であり、また『エジプト計画』が失敗に帰したために、彼が「帝国の国家理性」よりも「領邦の国家理性」という観点を重視するようになったからである。[57] さらに、一六七八年のネイメーヘンの会議〔＝フランス－オランダ戦争（一六七四－七八年）の講和会議〕に際して、フランスがドイツ諸侯の使節権を拒否し、当然これに対してハノーバー侯はドイツ諸侯の主権を認めるようフランス側に抗議する必要性があったためである。

この問題については、ライプニッツが、カエサリヌス・フュルシュテネリウス（Caesarinus Fürstenerius）という偽名を用いて著した『ドイツ諸侯の主権と使節権について』(*De Jure Suprematus ac Legationis Principum Germaniae*, 1677)という論稿のなかで詳細に論じられている。そこでは、国内的には立法権、司法権、課税権を、対外的には宣戦講和権を持ち、人民を統治し、独力で戦争を遂行することのできる、強い国家権力を有する領邦君主の主権（suprematus）と国際法上の公使権が認められるべきことが説かれている。[58] この考え自体はすでに、ヴェストファーレンの講和条約によって確認されているものであり、さして目新しいものではないが、プーフェンドルフが事実としての領邦主権は認めつつも、[59] それを積極的には正当化していないのに比べると、かなりの程度「ドイツの自由」を肯定的に受け入れているといえる。[60]

さて、こうしたマインツ時代からハノーバー時代にかけて微妙な変化を見せたライプニッツの政治思想ではあるが、いずれの時期を通じてもプーフェンドルフの国制論に対する攻撃的姿勢は一貫して変わることはなかった。それはドイツ帝国を怪物と呼び、その国家的統一性に懐疑的な見解を抱いたプーフェンドルフに対する、ライプニッツの理論的な挑戦でもあった。

ライプニッツは、『ドイツ諸侯の主権と使節権について』第十一章において次のように述べている。

「我々の国家について、勝手に意見を述べてきた者たち〔＝プーフェンドルフおよびその追随者たちのこと〕がいるが、彼らはこれを怪物だと見做している。しかし、このことが真実なら、私は敢えて言おう、同じ怪物がオランダ人、ポーランド人、イギリス人そしてスペイン人やフランス人によってさえも飼われていることを。[61]」

ライプニッツは帝国にはられた「怪物」という不名誉なレッテルを剝がすばかりでなく、むしろ、帝国は人格を有する一個の国家であることを強く主張している。

「一つの意思を持つことができれば、それは一つの国家人格（persona civilis）である。したがって、領邦の直接的支配権をもつ帝国は、主権（majestas）すなわち最高権力（summa potestas）を持つ一つの国家人格である。自らの部分〔＝領邦〕に対して最高権力を有する国家人格は、国家である。それゆえ、帝国は国家である。[62]」

帝国国制の政治的現実から見れば、帝国が確固とした国家的統一性＝国家人格性を備えているとするライプニッツの主張は現実に適合しておらず、イリュージョンのように思われるが、ライプニッツが帝国を敢えて国家だと見做すのは彼の主権論が中世的な理論構成を有しているからに他ならない。

すなわち、ライプニッツは帝国をレーエン制の絆によって結合された等族の連合体と見ているために、近代的な一元的主権論をとらず、相対的で多元的な主権論を展開しているからである。彼は主権を majestas と suprematus と superioritas の三つのレベルに区分し、帝国の首長である皇帝には、最高の威厳をもつ majestas を、ハノーバー、ブランデンブルク、バイエルンといった広大な領邦には suprematus を、中小の領邦にはそれよりも劣った superioritas をそれぞれ帰属させている。[63] このようにライプニッツは皇帝と諸侯の主権を対立的なものとは考えず、帝国に存する「普遍的共同体 republica universalis」としての国家的統一性を前提として、それらの主権を調和的に捉えていくのである。そしてライプニッツはこうした主権理論が、主権の多元性を認めない「才気鋭いイギリス人トマス・ホッブズの原理とは一致しえない」ことを認めつつ、[64] 次のようにホッブズに反論するのである。

「しかし、文明化されたヨーロッパのいかなる人民も彼〔＝ホッブズ〕の提起した〔主権の〕諸規則によって支配されてはいないということも私は知っている。したがって、我々がホッブズに従うならば、我々の国家〔＝ドイツ〕においてはまったくのアナーキー以外何物も存在しないであろう。……私は思うのであるが、ホッブズの帝国は文明的な人民の間でも、野蛮人たちの間でも存在しないであろう。私は、最高権力を持たなければならない者たちが天使のような徳性を備えているのでなければ、ホッブズの帝国を可能だとも望ましいとも思わない。……ホッブズの論議はその王が神である国家においてのみ存在するのである。[65]」

ライプニッツが中世的な国家観を抱いていた確たる証拠は、彼が『ドイツ諸侯の主権と使節権について』の序論のなかで、教皇ゲラシウス一世以来の両剣論（Zweischwertarlehre）を復活させていることにも窺われる。すなわち、神聖ローマ帝国の皇帝は、キリスト教共同体の首長（Christianae Reipublicae Caput）、つまり「世俗の剣」として、すべてのキリスト教徒とキリスト教会を保護する任務と義務とを与えられているが、帝国はその神聖なる使命のゆえに、他のキリスト教諸国に優位し、指導的立場にあるとライプニッツは力説するのである。[66]

フーバーは、ライプニッツがこうした中世的・伝統的理念を持ち出してきたのは、ドイツ人民の国民意識を自覚させ、高揚させようとするねらいがあったからだと指摘しているが、[67] それでもやはりライプニッツが中世的思考・理念にとらわれている事実は否定できないであろう。

しかしここに面白いパラドックスがある。中世的思想に高い価値を置くことで逆に彼は近代的な連邦国家論の礎石を築いているのである。つまり、領邦の多元的な自治権・主権を認めつつ、帝国・皇帝に最高の威厳・国家権力を与えることは、国家主権を持つ上位国家とそれに従属する支分国（下位国家）の間の国家権力の分割という連邦国家論の基本的フレームワークをすでに構築しているからである。(68) ギールケがライプニッツを近代的な連邦国家論の先駆者として位置づけている所以はここにある。(69)

ライプニッツは帝国改革にも積極的に取り組んでおり、初期の著作『考察』にはこうした連邦国家理論の萌芽的形態が見受けられる。(70) プーフェンドルフもライプニッツ同様、帝国の国家性を維持することを最終目標とした帝国改革案（『国制論』第八章「ドイツ帝国の国家理性について *De ratione status imperii Germanici*」）において、連邦国家理論に発展しうる思想を展開していたが、(71) 対照的な主権論をもつ両者が帝国の将来について同じような見通しと改革案を持っていたということは、(72) ドイツの政治的後進性に阻まれながらも、また、思想的立場を異にしつつも、両思想家が愛国的な観点から何よりも帝国の政治的統一を望んでいたからばかりでなく、彼らがそれぞれ国家思想における「中世」と「近代」の立場から、帝国にとっての最善の道を普遍的な視野で模索した結果に他ならないといえば言い過ぎであろうか。

おわりに

一七世紀のドイツ思想は「中世と近代との調和」を最重要課題とし、近代思想のドイツへの受容・導入をはかろうとしたが、実際にはその受容に際して中世思想と近代思想とは対峙し相剋するという側面を強く持っていた。その一例としてプーフェンドルフとライプニッツの自然法思想・国家思想の理論的対立が挙げられるわけであるが、一般に伝統的思考様式とそれを否定しようとする新たな思想との相剋は「中世」と「近代」に限らず、普遍的に見られる現象である。しかし、その対立と止揚という弁証法的発展を通してはじめて次の段階への足掛かりが築かれるのである。プーフェンドルフとライプニッツの比較研究こそは、その意味において、「中世」と「近代」そして伝統的思想と新たな思想の矛盾・調和・発展を跡付けていく上で我々に示唆するところが大きいのではないかと思われる。そして中世思想の近代思想による克服というドイツ思想の理論的課題はその後一八・一九世紀を通じてカントやヘーゲルにも受け継がれていくのである。

(1)　一般に偉大な思想家は、自らの属する政治共同体の政治的危機に直面し、それに対する理論的格闘を通じて普遍的な思想を練り上げるといわれるが、プーフェンドルフとライプニッツが迎えた政治的危機は、三十年戦争によるドイツ帝国の荒廃とルイ一四世（一六三八―一七一五）によるレユニオン（＝強制的併合政策）・宗教政策の開始、オスマン＝トルコの脅威であった。三十年戦争は、皇帝の勢力拡大欲と「ドイツの自由」（＝領邦国家の主権の要求）の衝突、プロテスタント（シュマルカルデン同盟）とカトリック（リーグ＝旧教徒連盟）の対立に、ヨーロッパ列強の権力政治的な国家利害（とくにハプスブルク対ブルボン）が複雑に錯綜して起こった世界で最初の国際的宗教戦争であるが、この戦争がもたらした帰結は、「帝国と皇帝に反しないかぎり」という限定つきではあるが、帝国等族の領邦における主権と同盟締結権とを認めた、ヴェストファーレンの講和条約（一六四八年）であった。これによって帝国国制の等族的構成は決定的となり、政治的分裂は回避できなくなった。また、帝国はトルコによるウィーン包囲の危険に絶えずさらされていたが、ルイ一四世はこの機に帝国の侵略を仮借なく行い、シュトラースブルクを占領し、オランダやライン国境地帯への攻撃の手を緩めなかった。こうした混迷した政治情勢に対してプーフェンドルフとライプニッツは危機意識を強めており、そうした状況は彼らの政治理論に少なからぬ影響を及ぼしている。

(2)　Vgl. G. W. F. Hegel, *Die Verfassung Deutschlands* in G. W. F. *Hegel Werke* 1 (Frankfurt am Main : Suhrkamp Verlag, 1971), SS. 472-485. 金子武蔵訳『政治論文集』上（岩波文庫、一九六七年）、六四―七九ページ。

(3)　下村寅太郎『ライプニッツ研究』（下村寅太郎著作集7、みすず書房、一九八九年）、一四―一五ページ。

(4)　プーフェンドルフはザクセンのケムニッツのルター派牧師、ライプニッツはライプツィヒの大学教師（ライプツィヒ大学倫理学教授）の家庭にそれぞれ生まれたが、ともに敬虔なプロテスタントであった。だが、ライプニッツはキリスト教の諸宗派和解、教会統一の熱心な推進者であり、ルイ一四世の絶対王政を王権神授説によって擁護したカトリックの神学者ボシュエ（一六二七—一七〇四）と文通を交わすなど、ローマ＝カトリックにも接近している。プーフェンドルフ、ライプニッツとも華々しい経歴を有している。まず、プーフェンドルフは、ハイデルベルク大学助教授（国際法と古典古代研究の講座、のちにこの大学でドイツで初めての自然法と国際法の講座の教授になる）を経て、スウェーデンのルント大学教授（自然法と国際法の講座）、さらにスウェーデン王室歴史編纂官、プロイセン宮廷歴史編纂官を歴任した。一方、ライプニッツは、まず最初にボイネブルクとの出会いが機縁となって、帝国宰相であるマインツ選帝侯ヨハン・フィリップ・フォン・シェーンボルンの宮廷に仕え、その後、ハノーバーのブラウンシュヴァイク公の下で宮中顧問官の職を得、さらにはブランデンブルク選帝侯、ロシア皇帝ピョートルによって枢密法律顧問官に任命され、死の直前にはドイツ皇帝カール六世が帝国宮中顧問官の称号をライプニッツに与えている。ライプニッツは哲学者、数学者、法学者、政治学者であると同時に政治的実際に通じたすぐれた実務家、外交官でもあった。プーフェンドルフの生涯については、Erik Wolf, *Grosse Rechtsdenker* (Tübingen : J. C. B. Mohr, 1963), SS. 311-370. ; Leonard Krieger, *The Politics of Discretion : Pufendorf and the Acceptance of Natural Law* (Chicago & London : The University of Chicago Press, 1965), pp. 11-33. ; Nachwort von Horst Denzer in S. Pufendorf, *Die Verfassung des deutschen Reiches* (Stuttgart : Philipp Reclam Jun., 1976), SS. 161-171. 和田小次郎『近代自然法学の発展』（有斐閣、一九五一年）、八四—八七ページを参照されたい。ライプニッツの生涯については、Hans-Peter Schneider, “Gottfried Wilhelm Leibniz”, in *Staatsdenker im 17. und 18. Jahrhundert*, 2. Aufl. herausgegeben von Michael Stolleis (Frankfurt am Main : Alfred Metzner Verlag, 1987), SS. 198-200, 223. 下村寅太郎『前掲書』、増永洋三『ライプニッツ』（人類の知的遺産38、講談社、一九八一年）、和田小次郎『前掲書』、一二八—一三一ページを参照されたい。また、ライプニッツの実務的な法律学者としての側面については、勝田有恒「ライプニッツの法改革についての覚書」（『一橋論叢』第八四巻 第三号、一九八〇年）を参照されたい。

（5） G. W. Leibniz, *Discours de métaphysique*, édition collationnée avec le texte autographe par Henri Lestienne (Paris : Librairie Philosophique J. VRIN, 1975), pp. 40-41. 河野与一訳『形而上学序説』（岩波文庫、一九五〇年）、八九—九〇ページ。ただし訳文は同一ではない。

（6） Cf. Carl J. Friedrich, “Philosophical Reflections of Leibniz on Law, Politics, and the State”, in *Natural Law Forum*, Volume 11 (The University of Notre Dame, 1966), p. 82.

（7） Cf. A. P. d' Entrèves, *Natural Law*, with a new introduction by Cary J. Nederman (New Brunswick and London :

Transaction Publishers, 1994), pp. 54-55. 久保正幡訳『自然法』（岩波書店、一九五二年）、七五―七七ページ。

（8）Cf. *De Officio, Lectori Benevolo Salutem*, pp.ix-x

（9）Cf. *De Officio, Lectori Benevolo Salutem*, p.xii.

（10）Cf. *De Officio, Lectori Benevolo Salutem*, p.xii.

（11）Cf. *De Officio, Lectori Benevolo Salutem*, p.xii-xiii.

（12）Cf. *De Officio, Lectori Benevolo Salutem*, p.xiii.

（13）「法」と「道徳」の関係については、加藤新平『法哲学概論』（法律学全集1、有斐閣、一九七六年）、三一九―三三二ページを参照されたい。

（14）Cf. Thomas Hobbes, *The Elements of Law*, edited with a preface and critical notes by F. Tönnies（Cambridge : At The University Press, 1928), p. 72.

（15）ただし、ここで前提されていたのは、「神学」＝「啓示神学」であって、プーフェンドルフが意図していたのは「啓示神学からの自然法の解放」であったという点に注意しておかなければならない。「自然神学（＝理神論）」に関しては、人間の神に対する義務として自然法体系の一部に組み入れられており（Cf. *De Officio*, I, iv, §§1-9.）、さらには、神が自然法の創造者であることは否定されておらず、そのことは自然理性によって証明されるとしている（Cf. *De Officio*, I, iii, §11.）。しかし、それは自然法が法としての効力を有するためには、その立法者たる神の存在を前提とせざるをえないということであって、人がなぜ自然法の諸義務に従わねばならないかという根拠を導出するための一種の論理的擬制であったように思われる。むしろ、そこでは、自然法の現世における効用（utilitas）が着目されていること（Cf. *De Officio*, I, iii, §10.）のほうがより重要であろう。この論点については第五章でより詳しく取り扱っている。

（16）G.W. Leibniz, "Monita quaedam ad Samuelis Pufendorfii Principia" in *The Political Writings of Leibniz*, translated and edited by P. Riley（Cambridge : Cambridge University Press, 1972. 以下 *P. W. L.* と略記する), p. 67. 以下 *Monita quaedam* と略記する。

（17）Cf. *De Officio, Lectori Benevolo Salutem*, p. xiii.

（18）Cf. *Monita quaedam*, p. 69.

（19）*Monita quaedam*, p. 69.

（20）Cf. J. Moore and M. Silverthorne, "Gershom Carmichael and the natural jurisprudence tradition in eighteenth-century Scotland", in *Wealth and Virtue*, edited by I. Hont and M. Ignatieff (Cambridge : Cambridge University Press, 1983), pp. 77-82. スコットランド啓蒙思想における「自然法」と「自然神学」の問題については本書の第三章、第四章、第五章を参照されたい。

(21)　Cf. *De Jure Naturae*, II, iii, §14.

(22)　Cf. *De Officio*, II, i, §§6-7., II, ii, §5.

(23)　Cf. *De Officio*, I, xii, §2.

(24)　Cf. *De Jure Naturae*, IV, iv, §6.

(25)　私的所有権成立における合意と労働の関係については、桜井徹「私的所有の道徳的根拠——労働所有論とコンヴェンショナリズム——」(『一橋研究』第一五巻　第二号、一九九〇年七月) を参照されたい。

(26)　Cf. *De Jure Naturae*, II, ii, §9.

(27)　この点については、田中正司『市民社会理論の原型』、同「スコットランド啓蒙と近代自然法学」〔田中正司編著『スコットランド啓蒙思想研究』(北樹出版、一九八八年) 所収〕を参照されたい。

(28)　Cf. J. Locke, *Some Thoughts concerning Education*, p. 161. 邦訳、二八九ページ。

(29)　Cf. *De Officio*, I, ii, §14.

(30)　Cf. *De Jure Naturae*, VII, i, §4. ; *De Officio*, II, v, §6.

(31)　Cf. G. W. Leibniz, "On Natural Law", in *P. W. L.*, pp. 77-80.

(32)　Cf. G. W. Leibniz, "Nova Methodus discendae docendaeque Jurisprudentia", in *Gottfried Wilhelm Leibniz, Sämtliche Schriften und Briefe*, herausgegeben von der Akademie der Wissenschaften der DDR (以下 *S. S. B.* と略記), Sechste Reihe, Erster Band (Darmstadt : Otto Reicl Verlag, 1930), S.343.

(33)　Vgl. *Ebenda.*, SS. 343-344.

(34)　Vgl. *Ebenda.*, SS. 344-345.

(35)　Vgl. Hans-Peter Schneider, *a.a.O.*, S.217. ; Cf. C. J. Friedrich, *op.cit.*, pp. 83-84.

(36)　小林公「ライプニッツ」〔碧海純一『法哲学概論』(弘文堂、一九八九年) 所収〕、とくに二九五—三〇〇ページを参照されたい。

(37)　Vgl. Fritz Hartung, *Deutsche Verfassungsgeschichte*, SS. 34-35. 邦訳、五二—五三ページ。

(38) Vgl. *Ebenda.*, SS. 5-45. 邦訳、九―六八ページ。

(39) Cf. Jean Bodin, *Les six livres de la République* (*Six Books of the Commonwealth*), abridged and translated by M. J. Tooley (Oxford : Basil Blackwell, 1955), pp. 70-72.

(40) ラインキングは『世俗的および宗教的統治に関する論稿』(*Tractatus de Regimine seculari et ecclesiastico*, 1619) のなかで、ドイツ帝国はローマ帝国を継承しており、皇帝は基本法に拘束されつつも、「キリスト教世界の最高の為政者 summus magistratus Christiani Orbis」としてなお最高権力を有しているから帝国は君主政体だと主張する。Vgl. Ernst Rudolf Huber, "Reich, Volk und Staat in der Reichsrechtswissenschaft des 17. und 18. Jahrhunderts", in *Zeitschrift für die gesamte Staatswissenschaft*, herausgegeben von Hermann Bente, Ernst Rudolf Huber, Andreas Predöhl, 102. Band (Tübingen : Verlag der H. Laupp'schen Buchhandlung, 1942), S. 598. ラインキングに関しては、Christoph Link, "Dietrich Reinkingk", in *Staatsdenker im 17. und 18. Jahrhundert*, SS. 78-99. も参照されたい。

(41) リムネウスは一元的主権論に基礎を置く帝国国制理論に対抗し、帝国の二元的国制構造により則した理論を構築しようとしたが、彼は国家形態は誰が人格的主権 (majestas personalis) を有するかによって決定されると考え、ドイツでは、統治権力は皇帝と帝国等族に共同的に委ねられているから、帝国は混合政体であると唱える。Vgl. Rudolf Hoke, "Johannes Limnaeus", in *Staatsdenker im 17. und 18. Jahrhundert*, SS. 100-117.

(42) Vgl. Bernd Roeck, *Reichssystem und Reichsherkommen, die Diskussion über die Staatlichkeit des Reiches in der politischen Publizistik des 17. und 18. Jahrhunderts* (Stuttgart : Franz Steiner Verlag Wiesbaden GMBH, 1984), S. 29.

(43) Cf. *De Jure Naturae*, Ⅶ, iv, §11.

(44) Cf. *De Jure Naturae*, Ⅶ, vi, §1.

(45) Cf. S.v. Pufendorf, *De Statu Imperii Germanici ad Laelium Fratrem, Dominium Trezolani Liber Unus*, SS. 71-72, 79-81, 86-87, 94. テキストはHorst Denzerによる独語訳 *Die Verfassung des deutschen Reiches*, Übersetzung, Anmerkungen und Nachwort von H. Denzer (Stuttgart : Philipp Reclam Jun., 1976) を使用した。以下 *De Statu Imperii* と略記する。なお、訳出にあたってはEdmund Bohunによる英訳版 *The Present State of Germany* (London : Printed for Richard Chiswell, at the Rose and Crown in St. Paul's Churchyard, 1696) も適宜参照した。

(46) Vgl. *De Statu Imperii*, SS. 94-95.

(47) Vgl. *De Statu Imperii*, SS. 99-101.

(48) Cf. T. Hobbes, *Leviathan*, p. 274. 邦訳、一四九ページ。
(49) Vgl. *De Statu Imperii*, SS. 106-107.
(50) Vgl. Bernd Roeck, *a. a. O.*, S. 49.
(51) *De Statu Imperii*, S. 118.
(52) Vgl. *De Statu Imperii*, SS. 108-117.
(53) G. W. Leibniz, "Bedanken Welchergestalt Securitas publica interna et externa und Status praesens im Reich iezigen Umbständen nach auf festen Fuß zu stellen" in *S. S. B.*, Vierte Reihe, Erster Band, (Berlin : Akademie-Verlag, 1983), S. 140. 以下 *B. W. S.* と略記する。
(54) *B. W. S.*, S. 135.
(55) ライプニッツは、『最もキリスト教的な軍神《マルス》』(*Mars Christianissimus*, 1683) において、ルイ一四世の赤裸々な拡張政策を辛辣に風刺し、フランスの国家理性は、キリスト教の復興という仮面をかぶった、征服戦争正当化のイデオロギーでしかないことを主張している。一六八一年九月にルイ一四世が行ったシュトラースブルク征服をライプニッツは次のように風刺している。「王はシュトラースブルクを自分の王国の安全のために必要とした。すなわち、彼は帝国から盗んだものを維持するために、もっと盗まなくてはならなかったのである。……食欲は食べている間も増進しているのだ。」(*P. W. L.*, p. 36.)
(56) Vgl. H. P. Schneider, *a. a. O.*, SS. 211-212.
(57) Vgl. H. P. Schneider, ",,Staatsraison"bei Leibniz" in *Staatsräson, Studien zur Geschichte eines politischen Begriffs*, herausgegeben von Roman Schnur (Berlin : Duncker & Humblot, 1975), SS. 507-508.
(58) Vgl. G. W. Leibniz, "De Jure Suprematus ac Legationis Principum Germania", in *S. S. B.*, Vierte Reihe, Zweiter Band, (Berlin : Akademie-Verlag, 1984), SS. 53-56. 以下 *De Jure Suprematus* と略記する。なお、Patrick Riley による英訳 (*P. W. L.*, pp. 111-120.) も参照した。Vgl. H. P. Schneider, "Gottfried Wilhelm Leibniz", in *Staatsdenker*, SS. 206-207.
(59) Vgl. *De Statu Imperii*, SS. 63, 94-95.
(60) Cf. C. J. Friedrich, *op.cit.*, p. 85.
(61) Vgl. *De Jure Suprematus*, S. 59.
(62) G. W. Leibniz, "In Severinum de Monzambano", in *S. S. B.*, Vierte Reihe, Erster Band, (Berlin : Akademie-Verlag,

1983), S. 501.

(63) Vgl. *De Jure Suprematus*, SS. 17-19.

(64) *De Jure Suprematus*, S. 58.

(65) *De Jure Suprematus*, SS. 58-60.

(66) Vgl. *De Jure Suprematus*, SS. 15-24.

(67) Vgl. E. R. Huber, *a. a. O.*, SS. 604, 611, 621.

(68) ライプニッツは、ドイツ帝国には二つの異なる種類の主権が存在すると主張する二重主権理論の系譜を受け継いでいる。二重主権理論を連邦国家的な概念に昇華させた代表的論者は、ベーゾルト（一五七七―一六三八）とフーゴー（一六三〇―一七〇四）である。ベーゾルトは「複合的国家 civitas composita」の教義を唱え、ドイツ帝国を諸国家から構成された国家と見做したが、フーゴーはその考えをさらに発展させ、国家主権を持つ上位国家とそれに従属する支分国（下位国家）の間の国家権力の分割という思想を展開し、それをドイツ帝国に存在する「二重統治 duplex regimen」の構造へと適用した。Vgl. Otto von Gierke, *Johannes Althusius und die Entwicklung der naturrechtlichen Staatstheorien*, SS. 245-246.

(69) Vgl. *Ebenda.*, SS. 246-247.

(70) Vgl. *B. W. S.*, SS. 133-214.

(71) プーフェンドルフは、「諸国家の体系」に近づきつつある帝国の統一性を皇帝と連邦評議会（Bundesrat）を中心とした帝国統治によって実現しようとしたが、帝国の国家性を維持するためには、同盟諸国（領邦）の主権を制約する必要性をプーフェンドルフ自身強く感じていたように思われる。したがって彼は、同盟国の間に係争が生じた場合には、政府の下した裁定を係争中の当事国に対して強制力をもって執行することができるとしている（Vgl. *De Statu Imperii*, S. 128.）。プーフェンドルフはライプニッツとはまったく逆の形で、すなわち、領邦の主権を制限するという方法によって（Vgl. *De Statu Imperii*, S. 95.）、帝国の国家性、政治的統一性を維持しようとしたのであった。Vgl. F. Meinecke, *Die Idee der Staatsräson in der neueren Geschichte*, herausgegeben und eingeleitet von W. Hofer (München : R. Oldenbourg Verlag, 1957), SS. 267-269.

(72) ロエックは、プーフェンドルフはライプニッツよりもいち早い、帝国は等族的な連邦国家であるという見解の創始者であると論じている。Vgl. Bernd Roeck, *a. a. O.*, S. 44.

第三章　プーフェンドルフとカーマイケル
——グラスゴウ大学「道徳哲学」講座における大陸自然法学の批判的受容——

はじめに——問題の所在——

一七世紀ドイツ最大の法・政治学者ザムエル・フォン・プーフェンドルフの自然法学は、イギリス自然法思想との理論的交渉・継承関係を抜きにしては語ることができないであろう。なぜなら、すでに第一章で指摘したように、プーフェンドルフの自然法国家理論の原型は明らかにホッブズの社会契約論に求められるべきであるし、プーフェンドルフの自然状態論・社会契約説はロックの市民社会理論の基本図式にもつながるような理論構成をとっていると思われるからである。さらに、プーフェンドルフの自然法学は後述するように、一八世紀初頭にはスコットランド啓蒙思想に多大の影響を及ぼしている。一七世紀あるいは一八世紀前半の段階において、イギリスの自然法思想と大陸の自然法学は理論的交流を通じて密接に連関していたのである。

ところが、これまで政治・社会思想の研究史において大陸自然法はいわば忘れられた、あるいは研究史の片隅に追いやられてきた存在であったといえる。とくに日本の西洋政治思想研究においては、ホッブズからロック、ルソーへとつながる、いわゆる社会契約論と大陸自然法学派とは明確に二分され、前者が近代民主主義の源流を形成したのに対して、大陸自然法、すなわちグロティウスやプーフェンドルフの自然法は啓蒙絶対主義のイデオロギーとしての機能を果たしたにすぎないと規定されてきた。(1)

しかし、こうした研究動向は日本に特異な現象であって、海外の研究では、こうしたはっきりとした二分法はあまりとられておらず、たとえば、ルソーの政治思想研究の大家ドラテもこうした大陸自然法に対する誤解と謬見を取り払う必要性を強調し、ルソーの政治思想研究には大陸自然法、とくにプーフェンドルフの自然法の研究が大きな意味を持っているとさえ主張している。(2)

また、最近大陸自然法が注目され、再検討・再評価され始めたきっかけとしては、スコットランド啓蒙思想研究の隆盛という事実が指摘できよう。というのも、スコットランド啓蒙思想の中心的存在であったグラスゴウ大学の「道徳哲学」講座において、プーフェンドルフの代表的著作である『義務論』（『自然法に基づく人間および市民の義務』）が、そのテキストとして用いられ、初代教授であるガーショム・カーマイケル（一六七二―一七二九）と次の講座継承者フランシス・ハチスン（一六九四―一七四六）がこれに注釈を施すスタイルで講義を行ったことが注目され、大陸自然法学とスコットランド啓蒙思想との理論的継承関係が徐々に研究テーマとされ始めたからである。(3)

それでは、なぜドイツ人であるプーフェンドルフの自然法がスコットランドに、そしてカーマイケルに受容されたのかということが問題となろう。まず第一にスコットランドがイングランドのコモン・ローのような独自の法体系をもたず、そのモデルとしてローマ法に主に依拠していたことが大陸自然法受容の理由として考えられるが、(4)それればかりでなく、ハンス・メディックがいうように、一七世紀後半から一八世紀はじめにかけてスコットランドでは、大幅な大学の改革そしてカリキュラムの変更が行われた点も指摘されよう。(5)

たとえば、エディンバラ大学の人文学部はオランダのユトレヒト大学やライデン大学を模範にして改編され、とくにこの時期には多くの学生（とくに法学研究者）がオランダなどに留学してグロティウスやプーフェンドルフの自然法学を学んだとされる。[6] したがって、こうした知的環境の下で、スコットランドでは大陸自然法が注目されるようになり、カーマイケルはプーフェンドルフの存在を知ったのではないかと推察される。カーマイケルはプーフェンドルフの『義務論』を「道徳哲学」講義のテキストとして選んだ理由を次のように述べている。

「グロティウスの著作の素材をより適切に整理し、道徳の学問を完全にするために、それ〔＝グロティウスの著作〕に欠けていると思われることを付け加えることによって、彼〔＝プーフェンドルフ〕は『自然法と万民法』と題する書物において、道徳のきわめて完成度の高い体系を築いた。彼はその後、この体系を我々があまり煩労しなくてもすむよう、この立派な論稿の要約〔＝『義務論』〕へとまとめた。……道徳哲学における講義に、有名なプーフェンドルフのこの論稿〔『義務論』〕以上に適したものはありえないように私には思われた。[7]」

つまり、カーマイケルがプーフェンドルフの『義務論』を講義のテキストとして選定したのは、プーフェンドルフの自然法学が学生への講義を行いやすい体系性を備えていたからである、ということができる。しかし、カーマイケルがプーフェンドルフに注目したより重要な理由としては次のことが考えられる。

それは、プーフェンドルフの自然法学が所有論を中心とした市民社会の理論であり、国家設立以前の自然状態において私的所有の成立を認め、さらに所有の交換に伴って市場価格が形成され、これに基づいて契約が締結されるという、近代市民社会の基本原理を理論化した点である。したがって国家の任務は、必然的にこうした人間の商業・経済活動を保護し、生命の安全と財産を守ることに存することとなる。きわめてロック的な市民社会理論をプーフェンドルフは展開していたとさえいえよう。

このようにプーフェンドルフの自然法学は、市民社会あるいは商業社会の正当化理論として、スコットランド啓蒙思想に受け入れられる理論的土壌を有していたといえるが、プーフェンドルフの自然法とスコットランド啓蒙思想との関連性を研究する意味は、ダンカン・フォーブズやホーコンセンが指摘しているように、一七世紀の近代自然法が一八世紀の思想に脈々と受け継がれていることを再考する点にあるように思われる(8)。

一七世紀が演繹合理的で一八世紀が経験主義的であるとする単純な二分法ではなく、そうした根本的相違がありつつも微妙な理論的接点や理論的交渉があることを再検討する必要があろう。本章では、とくにプーフェンドルフとカーマイケル、ハチスンの自然法の基本的性格の違いに着目しつつ、スコットランドにプーフェンドルフの自然法が受容される際にどのような点が問題とされたか、そして自然法と自然神学との関連がカーマイケル、ハチスンにおいてどのような意味を有していたかについて、そして最後に彼らの政治思想について、とくにその自然状態論と社会契約説の特質について論究してみたい。

一　カーマイケル、ハチスンにおけるプーフェンドルフ自然法学の批判的受容
――ライプニッツのプーフェンドルフ批判と自然神学による自然法の基礎づけ――

グラスゴウ大学の「道徳哲学」講座では、プーフェンドルフの『義務論』が講義用のテキストとして用いられ、カーマイケルやハチスンは、グロティウスやプーフェンドルフの大陸自然法学にとくに依拠することで、一七世紀の自然法学を一八世紀に継承しようとしたわけであるが、その受容の仕方には大きな特徴が見られる。それは一言で言えば、自然神学による自然法の捉え直しということができるが、なぜカーマイケルやハチスンがプーフェンドルフの自然法学受容に際してこうした方法をとったのかについてこの節では考察してみたい。

グロティウス以後の大陸系自然法学の理論的特色としてよく挙げられるのが、「神学からの自然法の解放」という思想的傾向である。たとえば、ダントレーヴは『自然法』のなかで、グロティウスの自然法学のもつ革新的意義を、神学的な前提に依存しない自然法理論を築き上げた点に求めている。[9] 大陸自然法学にとどまらず近代自然法が、一般的に言って、完全に神学的基礎を放棄できていたかに関してはいささか疑問が残るが、[10] 方向性としてとくに啓示神学から自然法を解放させようとした点では共通している。

プーフェンドルフはこうした思想的モメントを徹底して追求した思想家の一人であるが、「自然法」と「(道徳)神学」についてのプーフェンドルフの考え方は、『義務論』の序文に最も典型的な形で要約されているので、この序文の論旨に従いながら彼の考えを以下簡単にまとめておくことにする。

プーフェンドルフは『義務論』の序文において、人間の義務の源泉として、理性の光、神の意思の特別な啓示、国法の三つを挙げ、こうしたそれぞれの源泉が自然法、道徳神学(啓示神学)、国家法という形をとってあらわれてくると主張する。[11]

ここで問題となるのは「自然法」と「道徳神学」の相互的関係であるが、プーフェンドルフは自然法と道徳神学の境界線を定めることは困難であるとしつつも、自然法と道徳神学の第一の相違点をその教義が引き出される源泉の違いに求める。[12] すなわち、自然法と道徳神学はそれぞれ理性と啓示をその源泉としているから区別されるべきであるということである。

次に、自然法と道徳神学の第二の相違点はその目的という観点から論じられる。つまり、自然法の目的は人間が他者との社会的関係を保ちつつ現世を生きていけるよう、人間を形成することに存するが、道徳神学は人間を、現世を立派に生きていくだけでなく、敬虔、すなわち信仰の来世における報酬に望みをいだくキリスト教徒へと形成することを目的とするとされる。[13] 以上のことから引き出される論理的帰結は、自然法の目的は現世の領域のみに限定され、自然法の格律は、現世の範囲を超えない「人間の法廷」のみに適用され、道徳神学の範囲に関わる「神の法廷」に適用されるのは間違いであるという指摘である。[14]

こうした結論からプーフェンドルフはきわめて重要な問題提起を行っているのである。それは、自然法は現世における人間の行動、それも人間の外面的行為の指導と規制だけを行えばよいのであって、その行為の心理的および倫理的動機の問題は来世の問題と深く関わっているのであるから、聖書に基づく道徳神学の対象たるべきであるという主張である。[15] かくしてプーフェンドルフは自然法、すなわち人間の外面的行為を律する法と道徳神学、すなわち人間の行為の内面的動機を律する倫理的規範とをその役割の相違によって区別し、分離させようとするのである。

こうしたプーフェンドルフの主張は基本的にはルター派の教義に基づくのではないかと思われる。というのは、プーフェンドルフは宗派的にはルター派に属するけれども、ルター派の教えでは、人間の精神と肉体、内面世界と外面世界を明確に区別し、信仰を内面化するが、このことから内面世界を規律するのは神の意思、すなわち啓示宗教であり、外面世界、すなわち人間の外面的行為を律するのが自然法であるという考え方を採っているからである。[16]

プーフェンドルフ自身は自然法の自然神学的基礎も否定しておらず、[17] 自然法を遵守する際の人間の内面的・主体的な動機づけも決して軽視はしていなかったように思われるが、『義務論』の序文において、自然法の役割はもっぱら人間の外面的行為の規制に限定されると断言したため、自然法と神学の不可分性を主張する自然法論者たちの激しい反発にあうこととなったのである。また、プーフェンドルフの自然法には人間の行為における倫理の問題と人はなぜ自然法に従うのかという「内面的動機づけ」の論理が欠けているという誤解を受けることにもなるのである。その代表例が、プーフェンドルフとともに当時のドイツ思想界をリードしていたゴットフリート・ヴィルヘルム・

ライプニッツによるプーフェンドルフ批判であった。

ライプニッツは「プーフェンドルフの原理に対するある忠告」という論文において、プーフェンドルフの自然法の欠陥を痛烈に批判するが、この論文はカーマイケルの自然法思想形成にきわめて大きな影響を及ぼすこととなる。ライプニッツはこの論文のなかで、プーフェンドルフの自然法に「内面的動機づけ」の論理が欠けているのは彼が自然法を神学から切り離すという誤りを犯したからだと指摘している。(18)

ライプニッツは自然法と神学との不可分性を強く主張するが、まず、自然法の目的について、自然法が現世の領域のみに適用されるとするプーフェンドルフの考えを次のような論拠から批判する。すなわち、人間の現世での行為は未来の生活＝来世と深く関わっており、現世での不正義は来世における神の復讐という形で報復を受けるため、それを避けるために人間は正義を守り、自然法を遵守せねばならないのである、とライプニッツは主張する。(19) ライプニッツの場合、人間の行為を規定する内面的・宗教的動機づけと、実際に人間が行う行為とが密接不可分の関係として論じられており、自然法は人間が行為する上での倫理的・道徳的規範としての機能をも有さねばならないことが強調され、そのために現世ばかりでなく来世をも支配する神学の持つ特別な性格が持ち出されてきているといえる。

こうしたライプニッツの考えは自然法の対象の問題においてさらに明確となる。プーフェンドルフの原理を極論すれば、内面においては精神的に堕落し、正義に反することを企んでいようが、外面的行為においては合法的で自然法に適っているという状況が可能となろう。(20) ライプニッツが批判するのはこうしたことが生じうる可能性をプーフェンドルフが敢えて黙認したことにある。(21) したがって、ライプニッツは自然法の対象は人間の外面的行為ばかりでなく、内面の問題をも含み、自然法が神学に基づく内面倫理に他ならないことを強く主張するのである。(22) ライプニッツのこうした議論は、一見するときわめてスコラ的であり、中世的なキリスト教的自然法への回帰のように思われるが、カーマイケルがこうしたライプニッツの主張を支持していたこともまた事実である。そのことはカーマイケルが注釈と補遺を付け加えた、プーフェンドルフの『義務論』の序論のなかで、彼が次のように述べていることからも明白である。

「私はこの注釈のなかで自然法の諸義務とその基本的な諸戒律が、至高の存在（神）の実在、完全性、摂理から引き出されるようとくに配慮してきたつもりである。したがって、道徳科学と自然神学の明白なつながりが読者には明らかであろう。このように私は道徳科学を、それがプーフェンドルフによってあまりに限定されてきた人間の法廷から、神のより高次の法廷へと高められることを求めたのである。……これらの方法によって私は幾度となく再版されてきた手紙において、名高いゴットフリート・ヴィルヘルム・ライプニッツによってプーフェンドルフの体系になされた批判の特定の部分、あるいは少なくともより正しい部分に応えたものと思っている。[23]」（傍点筆者）

ライプニッツのこの論稿「プーフェンドルフの原理に対するある忠告」はバルベイラックによる『義務論』の一七一八年の仏訳版に収められており、[24] おそらくはバルベイラックを通じてカーマイケルはライプニッツを読んだのではないかと推察される。カーマイケルはライプニッツのプーフェンドルフ批判の論理にしたがって、自然神学によって自然法を内面化し、プーフェンドルフに欠けていた自然法遵守の「倫理的動機づけ」の問題を解決しようとする。

すなわち、カーマイケルは自然法の戒律を守るものにはいかなる善が待ち受けており、それを怠る者にはいかなる不幸が起こるのかを示すことなくしては、人間の行為を自然法と一致させることはできないと述べ、[25] また、人間の心には神への信仰によって至福(beatitudo)を求め、天罰を避けようとする性向が備わっている点を指摘し、至福を求めるために人間は神の戒律である自然法を遵守するのだとカーマイケルは主張する。(26) カーマイケルの説く神は慈悲深い神であり、ライプニッツのように、神の天罰を避けるために自然法を守るというよりも、神を愛し、そのことによって至福を得たいという人間の根源的願望が、自然法遵守の根本的動機となっている点にカーマイケルの神概念の特質が看取される。

それでは、カーマイケルが自然法を道徳哲学として、その倫理的動機を重んじつつ内面化したことはさておくとしても、彼もやはりライプニッツと同様中世的な自然法を信奉していたにすぎないのではないかということが当然問題となろう。カーマイケルの主張する自然神学による自然法の基礎づけはたんなる中世回帰にすぎないのか、それともそこにカーマイケル独自の新たな思想的局面があったといえるのかどうかということである。スコットランド啓蒙思想の先駆者として後のハチスンやスミスにつながるカーマイケルの思想的意義は一体どこにあったといえるのであろうか。この問いに答えることは容易なことではないが、やはりカーマイケルの思想史上の意義は自然神学によって自然法を基礎づけた点にあるように思われる。

カーマイケルは、「神の存在、完全性、摂理」から自然法のさまざまな義務が導出される点を強調しているが、それでは神の摂理、あるいは神のデザイン、計画を人間はどのようにして知ることができるであろうか。カーマイケルによれば、人間および市民の義務＝自然法は、「事物の自然(natura rerum)」に見出される明白な諸原理から導出され、論証されるのだと説かれている。

「人間の生活の個々の状況において要求される人間および市民の諸義務を、事物の自然に見出される明白な諸原理から導出し、論証する哲学以外にはいかなる真実の道徳哲学も存在しないのである。(27)」(傍点筆者)

「神の法は明確なしるしによって我々に知らされるばかりでなく、より多くの部分が事物の自然によって示される。神の法がこのように理解される場合には、神の法は自然法と呼ばれるのが適切であろう。」[28]（傍点筆者）つまり、カーマイケルの考えに従えば、人は事物の自然のなかから神の意思＝自然法を読み取ることができ、そのことが結果的に神の実在と完全性を証明するということになるであろうが、これに類似した思想はすでにライプニッツにも見受けられる。ライプニッツは「プーフェンドルフの原理に対するある忠告」のなかで、自然法の動力因（efficient cause）、すなわち、自然法の拘束力の根拠を「上位者（神）の命令」としたプーフェンドルフの主意主義を批判するために、自然法の拘束力の真の原因は「事物の自然（本性）およびそれに一致し、神の英知から生ずる、正しき理性の諸戒律」であるとして、自然法の諸義務の根拠を「事物の自然（本性）」のなかに存在する普遍的・客観的法則に求めようとしたのであった。[29]

しかしながらライプニッツとカーマイケルはこのような理論的接点を持ちつつも、その自然法の性格は大きく異なっている。それはライプニッツが主知主義の立場に立ちながら、自然法は「我々の心のなかに書き込まれている」として自然法の生得的観念を認めたのに対して、[30]カーマイケルは自然法を、ライプニッツのように客観的なア・プリオリの法として前提するよりも、「事物の自然の観察による神の意思＝自然法の発見」という人間の能動的な営為を重視したからである。そしてこの点にこそカーマイケルの、スコットランド啓蒙思想史上の意味が存すると思われるのである。

ここでカーマイケルの言う「事物の自然」とは、自然界の物質ばかりでなく、人間の自然さらには社会の自然をも含めているように思われる。すなわち、自然神学が対象とするのは狭く自然界にのみ限らず、人間や社会の自然（本性）をも考察の対象とするということである。そしてそうした事物の自然あるいは本性を徹底して観察によって分析することにより、神のデザイン、計画を発見しようとするのがカーマイケルの自然神学あるいは自然法の基本的方法であるということができる。カーマイケルはオブセルワーチオー(observatio)、すなわち観察という言葉を頻繁に用い、この事物の観察という方法こそが神の意思を知る道なのだと主張する。

「私はいかなる箇所においても、それ自体が〔人びとの〕義務を命じ、人定法のあらゆる義務の究極的な源泉でもある神の法に、諸行為の倫理性を関連づけてきた。神の法は二つの方法で宣明される。〔一つは〕明示されたしるしによって。すなわち、それは声や書状によってであり、そのように宣明されれば、それは神の実定法と呼ばれる。あるいは人間本性およびそれらの存在によって神の完全性を明らかにする他の事物の観察(observatio)によって、〔我々は次のことを認識するようになる。〕それは、特定の状況における特定の行為は神への愛および崇拝を立証し、他の行為は〔神への〕憎悪と軽蔑を立証するのであるから、それらの諸行為は神自身によって道徳的（あるいは非道徳的な）感情のしるしと見做されるということである。神の法が後者の方法〔＝人間本性と事物の観察〕によって示される時、それは自然法と呼ばれる。……神はこれらの自然的方法によって我々に彼の意思を公的に宣言したのである。また神は、法によって命じられた行為と法によって禁止された行為との区別と前者が至福に、後者が不幸に関連していることを我々に明確に宣言することによって、これらの方法を我々の観察が届く範囲内に置いたのである。最後に、神は、我々が観察する事物を考察し、ある事柄と他の事柄との比較を可能ならしめる、理性の能力を我々に与えたもうた。理性によって我々は我々の諸行為の倫理性およびそれらの道徳的効果に関する真のそして確実な帰結を推論するのである。以上の理由から、自然法は、それが神自身によって命じられ、認可され、公布される限りにおいて、正しい意味合いにおいて真の神の法であることが明白なのである。[31]」（傍点筆者）

このようにカーマイケルは神の意思＝自然法を知るためには、理性を用いて人間本性と事物を観察することが必要不可欠であると主張しているのである。したがって、カーマイケルの方法には事物の自然の観察、経験によって神の意思を知ろうとする経験主義的方法の萌芽があったといえるのではないであろうか。

もちろんカーマイケル自身、感覚や経験といったものを方法論的に重視していたとは必ずしもいえないが、事物の自然の観察によって神の意思を知ろうとする姿勢は明確にあらわれているのである。その結果、自然法もア・プリオリで自明な戒律ではなく、自然界、人間、そして社会のネーチャー、すなわち自然の徹底した観察のなかからア・ポステリオリに、いわば経験的に認識され確証されていくことになろう。

以上のようにカーマイケルによって自然神学的に捉え直された自然法は、神への愛と信仰を第一原理とし、「神の存在、完全性、摂理」からすべての自然法の諸義務が引き出されてくるという体系性を有していたわけであるが、神の摂理、デザインを探っていく際には自然界、人間、社会の自然を徹底して観察によって分析するという、すぐれて経験的な方法を採っていたといえる。その意味においてはカーマイケルは一七世紀と一八世紀を架橋している思想家であったともいえよう。そしてこうした方法はカーマイケルの弟子であり、「道徳哲学」講座の次の担当者ハチスンにも多大な影響を及ぼしていくのである。

したがってフォーブズやテイラーのように、カーマイケルを独自の思想を持たない、たんなるプーフェンドルフの紹介者あるいはプーフェンドルフとスコットランド啓蒙思想の媒介者としてのみ評価するのはいささか性急であり、再検討する必要があるように思われる。(32) カーマイケルが自然神学によって自然法を捉え直したことをたんに時代を逆行したにすぎないとのみ規定することはできないのであって、むしろ、神のデザインを事物の自然の観察、分析を通じて探っていこうとする姿勢は、ハチスンやスミスにも着実に受け継がれているのではないであろうか。

スミスの「神の見えざる手」という言葉はよく知られたタームであるが、その意味するところ、つまり、自然が自らの計画を実現するには、その自然の作用を妨げたり、干渉したりしてはならず、なすがままにさせねばならないという思想の根底には、自然神学に基づく神のデザインの発見という、カーマイケル以来グラスゴウ大学「道徳哲学」講座に独自な思考様式が働いていることは否定できないのではないかと思われる。それではカーマイケルによるプーフェンドルフ自然法学の捉え直しはハチスンにおいてどのような形でさらに展開されていくのか、最後にこの問題について考察してみたい。

ハチスンは、プーフェンドルフの『義務論』を強く意識して著したと思われる『道徳哲学綱要』(*Philosophiae Moralis Institutio Compendiaria Libris* III、ラテン語版一七四二年、英語版一七四七年)[33]の序文なかで、自らの師カーマイケルを次のように評している。

「あの人格者にして独創的な人、すなわち、グラスゴウの故ガーショム・カーマイケル教授は〔プーフェンドルフの〕『義務論』の最もすぐれた注釈者であるが、これに補遺をつけ、修正を加え、そのノートはテキストよりもはるかに価値がある。[34]」

ハチスンのカーマイケルに対する高い称賛のおかげで、カーマイケルの名は思想史にわずかに留められることとなったが[35]、ハチスンのこのカーマイケル評価は幾分誇張がすぎるにしても、前述した神のデザイン論証というカーマイケルの自然神学的方法は、ハチスンにも明確に受け継がれている。ここではとくに『道徳哲学綱要』に依拠しながらハチスンのプーフェンドルフ自然法の捉え直しの行程《プロセス》を跡づけることとする。

ハチスンは、一七三七年ごろに完成したとされる大著『道徳哲学体系』(*A System of Moral Philosophy*、出版は一七五五年)[36]の梗概として全三巻から成る『道徳哲学綱要』を刊行するが、その体系構成および内容は驚くほどプーフェンドルフの『義務論』と類似しており、むしろ、ハチスンの独自性は、人間本性論を展開している第一巻の「倫理学の諸原理」に顕著にあらわれているにすぎない。すなわち、プーフェンドルフの『義務論』においては、人間本性の分析は自然法の第一原理＝社会性を導出する部分（第一巻第三章）と国家設立の原因を論ずる部分（第二巻第五章）でわずかに論じられるだけで、本格的な人間本性論の章は存在しなかったが、ハチスンでは第一巻全体がこれにあてられており、人間本性の構造分析から人はいかなる行為規範を持たねばならないのかという倫理思想が展開されているのである。

ハチスンの道徳哲学の体系はプーフェンドルフの自然法（自然状態における人間の諸権利および諸義務、貨幣論および市場価格論を説く経済学、国家の設立と国家法・国際法を論ずる政治学・公法をその内容とする）に自然神学観に基づく倫理学を付け加えるという形で成立していたといえるが、ハチスンのいう道徳哲学とはその実質的内容を見れば、狭義の倫理学ではなく、倫理学と経済学、政治学を含む、広義の社会哲学であったともいえよう。

第一巻の倫理学はプーフェンドルフの自然法には不十分であった人間の内面性の問題、すなわち倫理の問題を中心に扱われており、ここで前述したカーマイケルの自然神学、つまり事物の自然の構造分析による神のデザイン論証が試みられている。[37]ただし、自然界における神のデザイン論証はすでに、処女作である『美と徳の観念の起源についての論究』（*An Inquiry into the Original of our Ideas of Beauty and Virtue*, 1725）のなかでなされており、しかも、道徳哲学は人間と社会を対象とするものであるから、ここでは人間の自然＝人間本性に焦点をあてた神のデザイン論証がなされている。

ハチスンによれば、道徳哲学とは、人間の生活すべてにわたって統制を行う学問であって、最も高貴な目的を持ち、自然の意図（the intention of nature）に適った生活へと人間を導くとされる。[38]そして自然の意図＝神の意思に従う行為こそが有徳であり、有徳な職務を遂行することに人間の最高の幸福が存するとハチスンは考えている。[39]
カーマイケルとの関連性を考える場合、ここで最も重要なのが自然の意図という概念である。ハチスンは人間本性は神の英知と計画によって作られていると説き、人間本性の構造（structure, frame, constitution）のなかには神の計画の明確な証拠が存在していることを強調する。[40] したがって、人間がいかなる生物なのか、そして人間がいかなる目的のために形作られたのかを理解するためには、人間の自然の構造分析をまず行わなくてはならないことになろう。

こうしたハチスンの方法は、基本的にカーマイケルの方法＝自然神学に基づく神のデザイン論証と同じであり、神のデザインあるいは構想（contrivance）を知るために人間の自然＝人間本性の構造分析を行うことが道徳哲学の第一の任務となる。しかもハチスンは、人間の義務の最初の観念を神の意思＝啓示から導いてはならないとして、啓示神学を明確に否定している。[41] 要するに、道徳哲学の最終的な目標は神のデザイン＝神の意思を知り、それに適った生活を行うことに存しているわけであるが、その方法としてはあくまでも啓示からではなく、自然神学に基づく人間的自然の構造分析から始めねばならないことをハチスンは主張しているのである。そして自然の意図＝神のデザインを知るために、人間の自然的感覚（natural sense）、知覚能力（perceptive power）、自然的欲求（natural desires）の分析と吟味が第一巻では展開されるが、人間のさまざまな諸感覚（とくに道徳感覚 moral sense）が人間にいかなる行為を勧めているかを吟味した結果導き出されるのが神の法である自然法である。[42]

したがって、自然法を人間が発見するには理性とともに、人間的自然の観察・省察という経験的方法が当然重要となってこよう。このようにハチスンにおいてもカーマイケル的な自然神学による自然法の基礎づけ＝神のデザイン論証の方法がその根底において存在し、人間の現世における外面的行為のみを対象とするとされたプーフェンドルフの自然法はその体系性、内容はある程度保持されつつも、より人間の内面に重点を置く道徳哲学へと大きく変容させられていったのである。

これまで論じてきたことを要約すれば次のように言えよう。ライプニッツやカーマイケルが考えた、プーフェンドルフ自然法学が持つ理論的問題点、すなわち、「自然法」と「(啓示) 神学」との分離に伴う自然法遵守の内面的・倫理的動機づけの希薄化という問題、そして自然法の対象を人間の現世における外面的行為にのみ限定するというプーフェンドルフの主張を批判しそれを克服するために、カーマイケルは敢えてライプニッツのプーフェンドルフ批判の論理を受け入れ、自然神学によって自然法の捉え直しを行ったが、事物の自然の構造分析、観察を通じて神のデザインを論証していくという方法はハチスンにも継承され、自然法の道徳哲学化と内面化の作業がさらに進められ、こうした思想的基盤が前提となって、スコットランド啓蒙思想さらにはアダム・スミスにも少なからぬ影響を及ぼしていくことになるということである。

さて、一七世紀の自然法は一八世紀において経験主義的あるいは歴史主義的観点から批判され、とくに自然状態や社会契約の虚構性が問題とされていくが、はたして一七世紀の自然法には少しも歴史的な視点がなかったといえるのか、次にこの問題を中心にプーフェンドルフとカーマイケルの政治思想について考察してみたい。

二　プーフェンドルフとカーマイケルの政治思想

前述したように、プーフェンドルフの政治思想は、とくに日本の政治・社会思想の研究史においては、啓蒙絶対主義の政治理論だと見られる傾向がこれまで一般的であったといえるが、もしそうであるとすれば、なぜ一八世紀のスコットランド啓蒙思想にプーフェンドルフの自然法は受容されたのであろうか。というのも、一七〇七年のイングランドとスコットランドとの合併によって、スコットランドは、イギリスの名誉革命体制を支持せざるをえなかったわけであるから、少なくとも絶対主義的な政治理論を受け入れることは不可能であったからである。

事実、カーマイケルやハチスンは、政治社会の基礎あるいは正当化理論として、プーフェンドルフの二重契約理論〔結合契約⇓政体の決定⇓統治契約〕をほぼそのまま採用しており、抵抗権・革命権の契約論的根拠をプーフェンドルフの第二契約、すなわち、主権者と総体としての人民が交わす統治契約に求めているのである。

プーフェンドルフの第二契約、つまり統治契約は、日本では支配服従契約と呼ばれ、人民は統治契約によって自らの自由を君主に譲渡して奴隷と化すというルソーの批判とも相俟って、(43)その絶対主義的側面が強調されることが多いが、実はプーフェンドルフは、主権者の権力を制限するためにこの統治契約を持ち出している点にはこれまであまり注意が払われてはこなかった。(44)プーフェンドルフの政治思想が主権の最高性をうたっているのは、分裂状態にあるドイツの政治的統一性を実現するためであって、決して絶対君主の恣意的な政治権力の行使を擁護しようとしたのではないのである。

プーフェンドルフは青年期の著作『国制論』（『ドイツ帝国国制論』）において、ドイツは国民の優秀性、豊富な資源にもかかわらず、健全な国家建設が遅延しているために、貿易、交通、関税などにさまざまな不備や問題点を抱え、商業・経済の発達が阻害されている点を嘆いているが、(45)このようにプーフェンドルフは、商業社会としての市民社会の育成のために国家統一の必要性を説いているのである。プーフェンドルフの政治思想の限界を考察するにはこのような特殊ドイツ的な事情を勘案しなくてはならないが、この問題については本章の論旨とは多少ずれることになるので、この節の主題、すなわち、一八世紀から見た一七世紀の自然法の限界、つまり歴史的視点から見た場合の自然状態あるいは社会契約の虚構性、フィクション性の問題について以下考察してみたい。
言うまでもなく、近代自然法国家理論の出発点は自然状態論であり、この概念を近代において最初に提示したのはホッブズであるが、ホッブズ自身自然状態のフィクション性をある程度認識している。そのことは彼が『市民論』(*De Cive*, 1642) において自然状態を考える際に「人間をあたかも、たった今、地上から姿をあらわし、相互の間でいかなる種類の約束もなく、(きのこのように) 急速に成長したかのごとく、考察しよう」と述べていることからも理解される。(46)

しかし、プーフェンドルフは、こうした自然状態を虚構、すなわちフィクションとしての自然状態と呼び、実際に存在する自然状態、つまり実在する自然状態とは明確に区別する。(47) それでは実在する自然状態とは一体いかなる状態なのかということが問題となろうが、一言で言えば、それはホッブズのいうような人間が孤立した状態ではなく、自然状態に生きている人間が相互に社会関係を取り結んでいる、一種の社会状態であるということができる。

プーフェンドルフは人間の本性のなかに、生まれながらの弱さ、無力さを見ており、他者の援助なくしては人間は生きてはいけないことを強調する。(48) したがって人間は、他者の協力・援助によって自己保存をはからざるをえず、そのために、自身を愛する心、すなわち自己愛を抑制し、可能なかぎり他者の利益を促進しなくてはならないことが説かれる。(49) これがプーフェンドルフのいう社会性 (socialitas) の概念であるが、こうして人間は自然状態において日々の生活資料、糧を得るために、すでに社会関係に入っているとプーフェンドルフは主張する。(50)

プーフェンドルフは、自然状態の発生を旧約聖書におけるイスラエル民族の歴史に依拠しつつ、人類の自然史 (Naturgeschichte) として説明する。(51) すなわち、最初の人類であるアダムとエバの下に暮らしていたその子孫が両親の下を離れ、独立して家族社会を形成し始めると、やがて血縁関係に基づく愛情や愛着が彼らの間から消え、分散した家族社会の間にはじめて自然状態が発生するとされる[52]。

しかし、分散したままだと外敵の侵害に対する防衛力が弱く、また、多くの家族社会が結合したほうがより豊かで文明的な生活を送ることができよう。こうしてプーフェンドルフは家族社会の主である家父長による社会契約を説明するが、彼が社会契約の主体として家父長を考えていたのは、家父長制的な権威主義的国家論を導入しようとしていたからではなく、あくまで人類の歴史的起源を聖書の記述のなかに求めていったからであるということができる。

したがって、プーフェンドルフの自然状態論の歴史的発展理論は未開状態から文明状態へという単純な図式にとどまり、人類学的なあるいは社会学的な視点はまだ明確にはあらわれてはいない。その意味において、プーフェンドルフには、のちのアダム・スミスのような、人類の社会生活が狩猟から牧畜、農耕、商業社会へと段階的に発展していくという社会発展の四段階論的な観点、すなわち、生活資料獲得様式の変化あるいは所有の増大によって人類の自然史が段階的に変遷していくという視点はいまだ未成熟であったといえる。

しかし、こうした根本的限界点を有しつつも、一七世紀の近代自然法論者としては、プーフェンドルフは、ロックよりも早く自然状態の歴史的発展に注目していたのである。メディックやホントは一八世紀のスミスの社会発展段階理論とのつながりにおいて、プーフェンドルフが自然状態の歴史性に着目した点を高く評価し[53]、メディックはプーフェンドルフの自然状態論は人類の三段階の自然史（アダムとエバ⇓家族社会⇓政治社会）であるとさえ述べている[54]。

このように一七世紀の自然法が歴史的な観点を最初に導入しようとしたのが自然状態論であったといえるが、それでは一八世紀において最も辛辣な批判を受けることになる社会契約説についてはこの問題はどう受けとめられたであろうか。

プーフェンドルフの一八世紀における注釈者として名高いバルベイラックやティティウスは、ピエール・ベールの社会契約の歴史的批判に感化されつつ、国家の起源は社会契約ではなく実力、すなわち暴力（に服することの効用あるいは便宜）であると主張する。[55] こうした批判自体きわめて一八世紀的といえるが、カーマイケルは、バルベイラックやティティウスをプーフェンドルフのすぐれた注釈者として一目置きつつも、こうした批判に対しては次のように述べてプーフェンドルフを全面的に擁護している。

「名高い法学者であるティティウスやバルベイラックが、プーフェンドルフによって提出された政治社会の起源についての説明をなぜ受け入れないのか、私にはわからない。……実際のところ、この主題に関しては、プーフェンドルフによって提出されたこと以上に道理にかなっていると思われることはありえないのである。[56]」

「私は、ティティウスやバルベイラックといった卓越した人びとが、起源的な政治社会の〔契約論的な〕始まりを、たとえ彼らが、新たな政治社会が我々の著者〔＝プーフェンドルフ〕が述べる方法で構築されうるし、実際そうであることを認めても、作り話だと論じたことに驚きを禁じえない。……市民の間の、あるいは主権者と彼の臣民の間の相互的義務は、明示的であろうと黙示的であろうと、直接的であろうと間接的であろうと、一つの段階であろうと複数の段階に分かれていようと、契約にのみ見出されうるということである。したがって、歴史の記録から、正統的な市民政府は市民の同意なくして設立されうることを証明しようと努める人びとは、愚かなゲームをしているのであり、当然のあざけりを自己主張しているようなものなのである。[57]」

カーマイケルもプーフェンドルフと同様、自然状態を人類の自然史として捉え、自然状態のなかにすでに家族社会の存在を認めているが、「政治社会と政府の始まりは家父長間の契約にその起源を持っているように思われる」と述べて、家父長間の社会契約による政治社会の設立を唱えている。[58]

しかもカーマイケルは、プーフェンドルフの二重契約理論をほぼそのまま踏襲する形で、政治社会＝国家の設立を次のように説明しているのである。

「正しく、そしてその政府が存続するという保証を与える方法で、市民政府を設立しようと思えば、それは二重の義務によってのみ構築されうるであろう。〔その二重の義務とは〕一つは、市民相互の〔横の〕義務であり、もう一つは、統治者と彼の臣民との間の〔縦の〕義務である。この場合、これらの諸義務は相互に独立しているのである。上述された第一の契約は、最初の義務を創出するのにとくに関連している。第二の契約は、〔統治形態を確立するための〕媒介的な〔統治形態の〕決定を前提としているが、第二の義務を生み出す。今まさに述べられた三つの契約の効力と効果を有する特定の行為なくしては、いかなるそうした（正統的で永続的な）政府も設立されえないということを私は認める。[59]」

それではなぜバルベイラックやティティウスの社会契約の虚構性に対する歴史的批判を知りつつも、カーマイケルはそれに従わず、国家の起源について敢えて非歴史的ともいえるプーフェンドルフの二重契約理論＝社会契約説を選んだのであろうか。しかも、カーマイケルはバルベイラックやティティウスの批判に対して完全に反論できているとは思えないのである。[60]

むしろ、カーマイケルが社会契約説を擁護したのは政治的な実践的意図があったからではないであろうか。カーマイケルが生を享けたのは、プーフェンドルフの主著『自然法と万民法』が出版された一六七二年であるから、カーマイケルは一六歳という最も多感な時期にイギリス名誉革命を体験していることになる。カーマイケルは名誉革命とハノーバー家による王位継承の熱烈な支持者であったと伝えられているが、[61]まだ誕生して間もないこの政権を、理論的に基礎づける必要性をカーマイケルは強く感じていたのではないかと思われる。

カーマイケルは、市民政府は統治される人びとの安全、自由、財産を守るために存在するのだと主張し、市民的統治と専制政治とを峻別するが[62]、専制的支配は人間には耐えがたい不公平な状態を作るのであって、これは神の計画の実現を妨げる、つまり神の意思に反するということを明確に述べている[63]。このことは彼がイギリス名誉革命体制を既成の事実として支持していることの何よりの証左である。またカーマイケルは、制限君主政体、つまり名誉革命体制は主権にさまざまな制限が課せられつつも、完全な主権を有しているが、君主は原契約によってある制限内でのみ主権を行使し、主権の特定の部分を行使するには人民の同意を必要とすると論じている[64]。

言うまでもないことであるが、これは明らかに社会契約説に基づくイギリス国制の構造分析である。このように社会契約説をとることで、イギリス国制における国民主権と、君主による政治権力の濫用を否定した名誉革命体制は理論的に正当化されうるのであって、カーマイケルがプーフェンドルフを擁護して、バルベイラックやティティウスに対する逆批判を行ったのもこうした政治的意図があったためだと考えられる。

ただし、国民主権を基礎づける上で重要な意味を持つ、抵抗権の行使の問題については、カーマイケルはロック同様、かなりの慎重論者であることがわかる。すなわち、主権者が一人の人間あるいは少数の人間に行った侵害だけで抵抗権を発動し、国家を内乱の惨禍に巻き込むことのないよう、軽率な抵抗権の行使には自制を促しているからである。

「どれほど残虐であろうが、一人の人間あるいは少数の人間が被った侵害のために、国家を内乱の惨禍に巻き込むのを望むことは邪悪であり、愚かでもあろう。確かに、健全な理性を持った者は誰も、もし大多数の市民が彼を支援する希望がないなら、そうした目的を持つ抵抗を軽々しく始めたりすることはないであろう[65]。」

したがって、カーマイケルは、主権者が持続的にそして明らかに権力の限界を超えて、市民を圧迫し、将来的にも政治権力を濫用する意図を十分に示したことを確認してから抵抗を行うよう忠告しているのである。[66]また、国王の処刑や処罰についても基本的に反対の立場に立ち、王位を簒奪するだけでよいとしている。[67]

しかしながら、やはり抵抗権あるいは革命権の理論的根拠を、カーマイケルが社会契約――彼の場合は統治契約であるが――に求めていたことは明白であって、結局のところ、社会契約説をとらなければ政府の手段性がはっきりとしないということがこのことからも理解されよう。[68]

ハチスンもまた、こうしたカーマイケルの政治思想を基本的に継承しており、社会契約の歴史的批判については、我々は正しい政治権力の正しい原因（起源）＝あるべき国家権力の姿を探求しているのだとして社会契約説を擁護し、[69]抵抗権についても契約論的な基礎を明確に残している。[70]以上のことから考えられうるのは、社会契約は、プーフェンドルフやカーマイケル、ハチスンにとって一種の擬制あるいはフィクションでもよかったのではないかということである。

というのは、確かに厳密に歴史的起源をたどれば、全員一致の社会契約などありえなかったであろうが、彼らはそうした社会契約の歴史的起源にその第一義的な関心があったというよりも、あくまで政治社会の基礎としての社会契約の必要性を読み取っていたからである。逆説的に言えば、社会契約の本当の意味はむしろ国家は我々が作っているという作為性にこそあるといえよう。カーマイケルやハチスンがバルベイラックやティティウスを通じて社会契約のフィクション性批判を知っていても敢えてそれを受け入れなかったのも、専制政治を批判し、名誉革命体制を支持するには契約論的基礎を残しておく必要性を強く感じていたためではないであろうか。プーフェンドルフやカーマイケル、ハチスンにとって社会契約は新しく確立されつつある政治体制を基礎づける上でその歴史性の問題を敢えて切り捨てても擁護する必要のあった根幹の社会理論であったのである。

おわりに

大陸自然法あるいはプーフェンドルフの自然法学は、従来、イギリス自然法と区別されることでその思想史的意義を過小に評価されてきたが、これまで見てきたことからもわかるように、これら二つの自然法は密接に理論的連関性を持ち、相互に少なからぬ影響を及ぼし合っていたのである。本章でとくに問題としたのはプーフェンドルフの自然法学がスコットランド啓蒙思想にどのような形で受容されたのかということであるが、これからの研究で必要とされることは、イギリスの自然法思想と大陸の自然法学の理論的交流を前提としつつも、両者の根本的相違点を絶対主義か民主主義かといった単一的な観点からばかりではなく、その思想構造に内在しながら、それぞれの思想潮流が取り組んでいた理論的課題の相違といった視点も含ませて、重層的・総合的《トータル》な見地から比較考察することではないかと思われる。

さて、本章で述べたように、プーフェンドルフの自然法学は一八世紀においても大きな思想的影響力を及ぼし、(71)とくにスコットランドにおいては、スコットランド啓蒙思想の中心的存在となるグラスゴウ大学「道徳哲学」講座にプーフェンドルフの自然法が受容されることとなったが、実際にはカーマイケルやハチスンは、プーフェンドルフの自然法を自然神学によって捉え直すことで人間の内面的倫理に基礎を置く道徳哲学へと再構築していったのであった。その行程《プロセス》において、カーマイケルは神の意思＝デザインの論証を事物の自然の徹底した観察のなかに求めていったが、そのことは、自然界、人間および社会の自然法則性を経験的に発見しようとする、きわめて一八世紀的な経験主義的視点の萌芽を内包していたといえるのである。

ハチスンもまたカーマイケルのこうした方法を継承し、道徳感覚という概念を導入することで、道徳哲学としての自然法学をさらに精緻化していったのである。また、自然状態や社会契約といった一七世紀の近代自然法の鍵《キー》概念は一八世紀においてそのフィクション性、虚構性が批判の的となっていくが、社会契約に関して言えば、カーマイケルやハチスンは名誉革命体制を理論的に正当化するという、政治的目的のために敢えて一七世紀の（プーフェンドルフの）社会契約説の理論構成をそのまま受容したのであった。

このように大陸自然法学とスコットランド啓蒙思想を連結させる上で、グラスゴウ大学「道徳哲学」講座はその大きな歴史的役割を果したといえるが、その際、カーマイケルやハチスンは大陸自然法学を否定的にではなく、肯定的・積極的な形で受容・継承したのであった。その意味において、大陸自然法学はスコットランド啓蒙思想において、その基本的精神を否定されることなく、一八世紀における正当な理論的後継者を見出したといえるのではなかろうか。

（1）　福田歓一『近代政治原理成立史序説』（岩波書店、一九七一年）、四—五、二九—三二、三七—三九ページ。同『ルソー——人類の知的遺産40——』（講談社、一九八六年）、一九—二〇、二五—二六、二二三—二二四ページ。

（2）　Robert Derathé, *Jean-Jacques Rousseau et la Science Politique de son Temps*, pp. 25-27, 82-84. 邦訳、二〇—二二、七一—七三ページ。

（3）　Cf. Istvan Hont and Michael Ignatieff, "Needs and justice in the Wealth of Nations", in *Wealth and Virtue*, pp. 26-44. ; J. Moore and M. Silverthorne, "Natural Sociability and Natural Rights in the Moral Philosophy of Gerschom Carmichael", in *Philosophers of the Scottish Enlightenment* (Edinburgh : at the University Press, 1984. 以下 *P. S. E.* と略記する), pp. 1-12. ; J. Moore and M. Silverthorne, "Gerschom Carmichael and the natural jurisprudence tradition in eighteenth-century Scotland" in *Wealth and Virtue*, pp. 73-87.

（4）　ステアー・ソサエティ編（戒能通、平松紘、角田猛之編訳）『スコットランド法史』（名古屋大学出版会、一九九〇年）、六〇一六一、九一一九二ページ。北政巳『近代スコットランド社会経済史研究』（同文館、一九八五年）、七ページ。なお、プーフェンドルフの自然法もローマ法に依拠していたことは、『自然法と万民法』の序文で、この書物の執筆理由が次のように述べられていることからも明らかである。「自然法と万民法、つまり、すべての人間と国民を義務づける法の主題に関する素材のほとんどがローマ法の書物のなかにあることは誰でも知っている。しかし、ローマ法には実定法やローマの国家に特有な性質に適用されるものが数多く散在している。この二つの要素〔＝実定法と自然法、ローマの国家に特有の特殊的な法と全民族に普遍的に適用される法〕が注意深く区別されなければ、そこから生ずる法についての知識は、煩雑で混乱し、無駄な論争を惹起するであろう。したがって、〔ローマ法のなかの〕いかなる事柄が自然法に関与し、また実定法に関することなのかを識別し、そして、自然法、つまり普遍的な法と、文字通りのローマ法、すなわちローマの国家に特有な法との間に境界線を引く、簡明な要約本をローマ法の書物のために作ることは、十分な価値があるように私には思われるのである。」（*De Jure Naturae, Praefatio 1684*, p. 11.）

（5）　Vgl. Hans Medick, *Naturzustand und Naturgeschichte der bürgerlichen Gesellschaft* (Göttingen : Vandenhoeck & Ruprecht, 1981), S. 297.

（6）　Cf. Knud Haakonssen, "Natural Law and the Scottish Enlightenment", in *Proceeding of the Canadian Society for Eighteenth-Century Studies* Volume Ⅳ, edited by David H. Jory and Charles Stewart-Robertson（Edmonton, Alberta : Published for the Society by Academic Printing and Publishing, 1985）, p. 48.

（7）　S. v. Pufendorf, *De Officio Hominis et Civis juxta Legem Naturalem Libri Duo*, Supplementis & Observationibus in Academicae Juventutis usum auxit & illustravit G. Carmichael, 1724, *Lectori Benevolo*, pp. Ⅵ-XV. 本章では、他の章とは違いテキストとしてカーマイケルが監修し、注釈を付けた一七二四年版のテキストを用いている。なおカーマイケルの付けた序文と注釈の参照・引用に際してはこのテキストを用いたが、『義務論』の本論の参照・引用については、他の章と同じくアカデミー出版の全集版と The Classics of International Law の英訳版を使用した。また、カーマイケルの序文と注釈の訳出にあたっては、シルバーソーンとムーアによる未公刊の英訳 *The Political Writings of Gerschom Carmichael* を参照している。この英訳を入手する際には川久保晃志氏の御好意と御協力を得ている。カーマイケル研究は、国内・国外を問わず、スコットランド啓蒙思想研究のなかでもこれまでほとんど手付かずの状態であった。その原因として考えられるのは、カーマイケルが道徳哲学者でありながらも、きわめて神学的色彩を強く帯びた研究を中心に行ってきたこと、著作がすべてラテン語で書かれていたことであろう。

(8) Cf. K. Haakonssen, *op.cit.*, pp. 49-50, 51-52. ; Duncan Forbes, "Hume and the Scottish Enlightenment," in *Philosophers of the Enlightenment*, edited by S. C. Brown (Sussex : The Harvester Press, 1979), p. 97.
(9) Cf. A. P. d' Entrèves, *Natural Law*, pp. 51-52. 邦訳、七五—七七ページ。
(10) この点については第五章を参照されたい。
(11) Cf. *De Officio, Lectori Benevolo Salutem*, pp. ix-x.
(12) Cf. *De Officio*, p.xii.
(13) Cf. *De Officio*, p.xii.
(14) Cf. *De Officio*, pp.xii-xiii.
(15) Cf. *De Officio*, p.xiii.
(16) Vgl. Martin Luther, "Von der Freiheit eines Christenmenschen", in *Luthers Werke* in Auswahl, Zweiter Band (Bonn : A. Marcus und E. Weber's Verlag, 1912), SS.14-15. 石原謙訳『キリスト者の自由』(岩波文庫、一九五五年)、二一—二三ページ。有賀弘『宗教改革とドイツ政治思想』(東京大学出版会、一九六六年)、一七一—一九ページ。
(17) Cf. *De Officio*, I, iii, § 10.
(18) Cf. *Monita quaedam*, pp. 66-69.
(19) Cf. *Monita quaedam*, p. 67.
(20) Cf. *De Officio, Lectori Benevolo Salutem*, p.xiii.
(21) Cf. *Monita quaedam*, p. 69.
(22) Cf. *Monita quaedam*, p. 69.
(23) *De Officio, Lectori Benevolo*, pp.xvi-xvii.
(24) Cf. *Monita quaedam*, p. 65.
(25) Cf. *De Officio, Lectori Benevolo*, pp.vii-viii.
(26) Cf. *De Officio, Supplementum* I, p. ii.
(27) *De Officio, Lectori Benevolo*, p.vii.
(28) *De Officio, Appendix*, p. 513.
(29) Cf. *Monita quaedam*, p. 70.

(30) Cf. *Monita quaedam*, p. 69.

(31) Cf. *De Officio, Supplementum* I, p. x-xi.

(32) Cf. D. Forbes, "Natural Law and the Scottish Enlightenment", in *The Origins and Nature of the Scottish Enlightenment*, Essays edited by R. H. Campbell and ANDREW S. Skinner (Edinburgh : John Donald Publishers Ltd, 1982), p. 190. ; W. L. Taylor, *Francis Hutcheson and David Hume as Predecessors of Adam Smith* (Durham, North Carolina : Duke University Press, 1965), p. 27. しかし、ハンス・メディックのようにカーマイケルを「スコットランドの政治経済学の真の創始者（real founders of Scottish Political Economy）の一人」とする解釈も誇大であり極端であろう。Vgl. H. Medick, *a. a. O.*, SS. 300-301.

(33) プーフェンドルフは大著『自然法と万民法』の初学者用の梗概として『義務論』を著したが、ハチスンは『道徳哲学体系』の同じく初学者用の梗概として『道徳哲学綱要』を出版している。Cf. Francis Hutcheson, *A Short Introduction to Moral Philosophy* (Hildesheim : Georg Olms Verlagsbuchhandlung, 1969), p. iv. 以下 *Short Introduction* と略記する。ハチスンは、人間の義務を「神に対する義務」「自分自身に対する義務」「同胞に対する義務」の三つの義務に大別しているが、この分類法はプーフェンドルフの『義務論』の自然法体系に対応するものであり、ハチスンが自然法の体系構築に際して、プーフェンドルフから少なからぬ影響を受けていることがわかる。また、ハチスンは『道徳哲学体系』を英語で書いているにもかかわらず（生前には出版されなかったが）、『道徳哲学綱要』を一七四二年にまずラテン語で著しており、このことからもハチスンが道徳哲学と自然法学の古典（とくにキケロとプーフェンドルフ）を意識しつつ、『道徳哲学綱要』を執筆したことが推察される。

(34) *Short Introduction*, p. i.

(35) Cf. J. Moore and M. Silverthorne, "Natural Sociability and Natural Rights in the Moral Philosophy of Gerschom Carmichael", in *P. S. E.*, p. 11.

(36) スコットの調査によれば、『道徳哲学体系』は一七三三―三五年ごろから執筆が開始され、一七三七年十一月までには完成していたとされる。Cf. W. R. Scott, *Francis Hutcheson, Reprints* of Economic Classics (New York : Augustus M. Kelley・Publishers, 1966), p. 210.

(37) カーマイケル、ハチスンにおける「自然の構造」分析という自然神学的方法については、田中正司教授が、「自然神学と社会科学その一」（神奈川大学『商経論叢』第二六巻 第2号、一九九一年三月）において、すでに先見的に指摘しておられる。

(38) Cf. *Short Introduction*, p. 1.

(39) Cf. *Short Introduction*, pp. 1-2.

(40) Cf. *Short Introduction*, p. 2.

(41) Cf. *Short Introduction*, p. 2. 自然法と啓示神学を区別する方法は、プーフェンドルフ以来明確にとられているが、カーマイケルもこうした考えを支持している。Cf. *De Officio, Lectori Benevolo*, pp. x -xi.

(42) ハチスンの場合、基本的自然法は神の崇拝と仁愛の実践＝公共善の推進であるが（Cf. *Short Introduction*, p. 117.）、これはカーマイケルの思想を継承したにすぎない。Cf. *De Officio, Supplementum* II, pp. 54-60.

(43) Cf. J. J. Rousseau, *Du Contract social*（Paris : Bordas, 1972）, pp. 173-174. 桑原武夫、前川貞次郎訳『社会契約論』（岩波文庫、一九五四年）、一三七―一三八ページ。

(44) この点については第一章を参照されたい。

(45) Vgl. *De Statu Imperii*, SS. 108-112.

(46) T. Hobbes, *De Cive*, A Critical Edition by Howard Warrender（Oxford : At The Clarendon Press, 1983）, p. 117.

(47) Cf. *De Officio*, II, i, §6.

(48) Cf. *De Officio*, I, iii, §3. ; *De Jure Naturae*, II, iii, §14.

(49) Cf. *De Officio*, I, iii, §§7-9. ; *De Jure Naturae*, II, iii, §15.

(50) Cf. *De Officio*, II, i, §6. ; *De Jure Naturae*, II, ii, §5.

(51) Vgl. H. Medick, *a. a. O.*, SS. 40-63.

(52) Cf. *De Officio*, II, i, §7. ; *De Jure Naturae*, II, ii, §4.

(53) Vgl. H. Medick, *a. a. O.*, S. 63. ; Cf. I. Hont, "The Language of sociability and commerce : Samuel Pufendorf and the theoretical foundations of the 'Four-Stages Theory'", in *The Language of Political Theory in Early-Modern Europe*, edited by Anthony Pagden（Cambridge : Cambridge U. P., 1987）, pp. 253-276. 拙訳「社会性と商業という用語について――ザムエル・プーフェンドルフと『四段階理論』の理論的基礎――」（『三重法経』第99号、一九九三年）、七五―九九ページ。

(54) Vgl. H. Medick, *Ebenda.*, SS. 59-61.

(55) Cf. J. Moore and M. Silverthorne, "Gerschom Carmichael and the natural jurisprudence tradition in eighteenth-century Scotland", in *Wealth and Virtue*, p. 84.

(56) *De Officio*, II, v, §7 (1), p. 365.

(57) *De Officio*, II, vi, §9 (1), p. 378.

(58) Cf. *De Officio*, II, vi, §9 (1), pp. 376-378.

(59) *De Officio*, II, vi, §9 (1), p. 373.

(60) カーマイケルは、国家の起源が武力による征服であるとすれば、そのような組織的な軍事力を行使するには、前以て何らかの強い政治権力を持った社会が存在していることが前提されねばならないのだから、その社会の起源はやはり社会契約によって説明せざるをえないと主張している (Cf. *De Officio*, II, vi, §9 (1), p. 378.)。しかし、これは明らかに循環論法であって、国家の起源の歴史的批判に対する反論としては不十分であろう。

(61) Cf. J. Moore and M. Silverthorne, *op.cit.*, p. 75. ; *De Officio*, II, ix, §4 (1), p. 406.

(62) Cf. *De Officio*, II, ix, §5 (1), p. 410.

(63) Cf. *De Officio*, II, ix, §5 (1), p. 411.

(64) Cf. *De Officio*, II, ix, §5 (1), p. 410.

(65) *De Officio*, II, ix, §4 (1), pp. 405.

(66) Cf. *De Officio*, II, ix, §4 (1), pp. 405-407.

(67) Cf. *De Officio*, II, ix, §4 (1), pp. 407-408.

(68) ここで注目されるのは、抵抗権の根拠としてカーマイケルが統治契約以外に考えていた理論が、ロックの信託 (trust) 概念であるということである。カーマイケルの抵抗権論は、プーフェンドルフのそれよりもロックに近いといえる。したがって、カーマイケルの社会契約説は、いわばプーフェンドルフの二重契約理論とロックの抵抗権論（信託理論）が結合された形となっており、こうした折衷的な理論構造はハチスンにもそのまま受け継がれていくこととなるのである。「たとえ、信託の条項が明白に含まれていないとしても、統治の基礎となっている契約の本質的な条項が守られておらず、その目的が達成されていない場合には、統治は、まさしく婚姻と同様に、信託の条項に入れることができよう。したがって、ある制限の範囲内で、そしてある目的のために、自らに対する権利を他者に譲渡する者も、〔その権利を与えた〕他者が、定められた制限を越えると思われることを要求するか、あるいは明らかに企てられた目的から逸脱するような場合には、抵抗することが許されると付言する必要はないのである。」(*De Officio*, II, ix, §4 (1), p. 409.) ハンス・メディックは、カーマイケルの自然法概念の「骨格 (Knochenbau)」はプーフェンドルフに由来するが、そのなかを流れる「骨髄 (Knochenmark)」はロックから得られたものだと論じている。Vgl. H. Medick,

a. a. O., S.301.

(69)　Cf. *Short Introduction*, p. 282.

(70)　Cf. *Short Introduction*, p. 304. ; id., *A System of Moral Philosophy* Volume II (Hildesheim : Georg Olms Verlagsbuchhandlung, 1969), pp. 270-271. 以下 *Moral Philosophy* と略記する。

(71)　プーフェンドルフの『義務論』はドイツ、イギリス、スウェーデン、スイスといったヨーロッパのプロテスタント諸国を中心に広く読まれ、筆者の調べたところでは、一六七三年（初版）から一七七五年までの間に、七一もの版が確認されている。オトマーはこれよりも多く七九版あると主張しているが、ホーコンセンはこの数には懐疑的である。Cf. Haakonssen, *op.cit.*, p. 50. 正確な数はいまだ確認できないが、プーフェンドルフの影響力がいかに大きかったかということはこの例からも明らかであろう。

第四章　プーフェンドルフとハチスン
――自然法学体系と社会契約説の比較考察――

はじめに――問題の所在――

ドナルド・ウィンチは、『アダム・スミスの政治学』(*Adam Smith's Politics*, 1978) のなかで次のように述べている。「ハチスンは今日では主として、倫理に関して道徳感覚的に捉える見方の有力な代表的論者として記憶されているけれども、『一八世紀の思想に対する彼の最も独創的な貢献は疑いもなく政治学の分野でなされた』とロビンズは述べている。ハチスンの政治思想の重要性が、彼の同時代人たちの間で気づかれなかったわけではないことは確かである。(1)」

フランシス・ハチスンは、「スコットランド啓蒙思想の父」と呼ばれ、アダム・スミスやデイビッド・ヒュームの若き日の思想形成に多大な影響を及ぼした思想家・教師として広く知られている。スミスがハチスンのことを「決して忘れることのできない (never to be forgotten)」先生であると、彼の師に対する思慕の感情を抱いていたことは有名な事実である。

したがって、従来のハチスン研究は、こうしたスコットランド啓蒙思想の形成と展開というコンテキストのなかで行われてきたといえよう。その結果、ハチスンの思想研究は、スミスやヒュームとの関連性がつねに意識され、さらには一八世紀の「道徳感覚（moral sense）理論」の先駆者としての位置づけから、もっぱら彼の道徳感覚論・倫理思想にのみ研究が集中し、限定されてきたきらいがある。事実、彼の道徳哲学に関する研究の多くは、道徳感覚論を中心とした倫理学を取り扱ったものである。[2]

しかしながらハチスン自身は狭義の倫理学者としてよりも、自然法学者として一七世紀の近代自然法との理論的格闘を通して自らの道徳哲学を構築しようとしていたのである。ハチスンが、グラスゴウ大学「道徳哲学」講座の教授として講述した授業の内容そのものは、実際には彼の倫理思想が中心というよりも、所有論と社会契約説をその根幹とする一七世紀の近代自然法学の基本的枠組み（フレームワーク）を前提としつつ、それに改良を加えながら、新たなイギリス国制と市民社会を指向するための政治学と経済学に関わる諸問題がむしろ講義のメインテーマであったのである。彼の倫理思想は、彼の道徳哲学体系のなかでは、倫理学⇓自然法⇓経済学と政治学という形で、体系の中核である近代自然法学の前半部分に新たに付け加えられるという体裁をとっている。[3] このことは、ハチスンの道徳哲学が、近代の自然法学体系（とくにプーフェンドルフの自然法学）をほぼそのまま自らの体系の基礎に置いていたことの証左に他ならない。ハチスンはそのことを『道徳哲学綱要』の冒頭部分で次のように示唆している。

「学識ある者は、〔私の著書である〕この綱要が、他の著述家たち、すなわち〔古代では〕キケロとアリストテレス、そして近代では言うまでもなくプーフェンドルフの簡易な著作である『人間および市民の義務について』から、いかに多くのものを得ているか、ただちに理解するであろう。[4]」

すなわち、ハチスンは、「道徳哲学」講座の前任者カーマイケル教授に倣って、道徳哲学を学生に講義する際には、そのテキストとしてグロティウスやプーフェンドルフに代表される大陸系の自然法学者の著作に主に依拠しながら、それに注釈を加えることで自らの講義の体系の骨格部分を構築していたのである。

したがってハチスンは、大陸との交流が深いスコットランドという特殊な思想的環境のなかで、イングランドの政変（名誉革命）後に成立した体制を擁護しつつも、ホッブズやロックに代表されるイングランドの自然法思想とはやや異なる大陸自然法学に接近しながら、自らの自然法学を構想するという独特の思想形成を行っていたといえよう。

後述するように、ハチスンの道徳哲学の著作（『道徳哲学綱要』と『道徳哲学体系』）は、プーフェンドルフの自然法学を思想的母体としつつ、それに改良を加え、その注釈（コメンタリー）を批判的に行うことで自らの体系を完成している。その自然法体系の構成そのものは、プーフェンドルフの自然法体系をモデルとしていることは明らかなのである。[5]

しかし、自然法体系の構成そのものの類似性にもかかわらず、その政治理論の展開においては、ハチスンは、プーフェンドルフの自然法学を基礎としつつも、特殊イギリス的な政治社会状況を背景としながら、プーフェンドルフとは異なる政体論や抵抗権理論を論じている。その際、ハチスンが主に依拠したのは、プーフェンドルフと同時代人のジョン・ロックの政治理論であった。その結果、ハチスンの政治理論は、プーフェンドルフとロックの社会契約説の折衷ともいえる性格を有することとなるのである。

政治理論のみならず、そもそもハチスンの自然法は「プーフェンドルフのロック的焼き直し（Lockian revision of Pufendorf）」であると主張するバックルのような論者も存在するが、[6] 日本においても田中正司教授は「彼〔＝ハチスン〕の社会理論にはそれ自体としては何らみるべきものがなく、あえていえば、プーフェンドルフとロックの焼き直しにすぎない」と指摘している。[7] ハチスンの政治理論がはたしてプーフェンドルフとロックの折衷あるいはプーフェンドルフのロック的焼き直しであったのか否かを検証するためには、ハチスンの政治理論の構造的解明が必要であろう。

本稿では、以上のような問題関心に基づきながら、ハチスン政治理論の基本的性格をより明確に把握するために、プーフェンドルフとハチスンのテキストの比較と分析を中心に、ハチスンがプーフェンドルフの自然法学に依拠しつつも、ドイツとイギリスとの政治社会状況の相違に影響されつつ、プーフェンドルフの政治理論をスコットランドにどのように受容して適用しようとしたのか、その思想的プロセスを追ってみることにしたい。そのなかでハチスンの政治理論の特性も自ずと明らかになるであろう。

一　プーフェンドルフとハチスンの自然法学体系

本章の主題は、プーフェンドルフとハチスンの政治理論の比較であるが、両者の政治理論はそれぞれの自然法論を構成する一部として構想されており、社会契約説という形態をとって展開されている。政治理論の部分だけを抽出して考察することも可能ではあるが、自然法論者の思想を研究する際には、自然法体系の全体像について概観することも必要であろう。そこでこの節では、プーフェンドルフとハチスンの自然法学体系の構成について見ておきたい。両者の自然法論の類似性はその体系のなかにも見受けられるからである。

プーフェンドルフとハチスンの自然法体系を比較する前に、まず、ホッブズやロックのイングランドの自然法とグロティウス、プーフェンドルフに代表される大陸系の自然法の違いについて簡単に言及しておきたい。ハチスンの道徳哲学＝自然法学を分析する上でこの二つの自然法の違いを認識しておくことはきわめて重要であるからである。

ホッブズやロックの自然法とグロティウスやプーフェンドルフの自然法との決定的な違いは、一言で言えば、前者が人びとが遵守すべき自然法の原理や精神を一般的・抽象的に論じているのに対して、後者は、人間の社会的本性を第一原理として、その演繹としての自然法の内容を市民社会や市民生活に関わるさまざまな諸問題にまで敷衍し、私法、公法、国際法などの実定法と関連させつつ、個別具体的に踏み込んで展開しようとしている点にある。大陸自然法学が実際の法典（たとえばプロイセン一般ラント法）のモデルとして研究された所以はそこにある。[8]

自然法という抽象的な原理を扱いつつも、大陸自然法は法規範としての体系性と現実的な法問題にある程度対応できる具体性とを併せ持っていたのであった。そのことは、プーフェンドルフ自身が、『自然法と万民法』の序文で、ローマ法のなかに見受けられる特殊ローマ的な法の要素とあらゆる国家に普遍的に適用される法の要素＝自然法とを区別することが自らの自然法論執筆の動機の一つであると述べ、[9] 市民生活に実際に適用されたローマ法を自然法のモデルとして想定していることからもうかがえよう。

それに対して、ホッブズやロックの自然法は、自然法の一般原理を提示はするが、市民生活に関わる自然法の具体的な内容をそれほど詳細に展開することはなかった。たとえばホッブズは『リヴァイアサン』の第十四、十五章において、十九の自然法を挙げているが、いずれも国家の秩序や安全を維持するための一般的な心構えや方策であり、人びとの経済活動や所有のルールに関わるような市民生活の具体的な諸問題に踏み込んだ自然法は論じていない。[10]

ロックの場合も同様である。実はロック自身は自然法の具体的内容に言及することを明確に避けているのである。彼は『統治論二篇』のなかで、自然法は「すべての人類に、万人は平等であり独立しているのであるから、何人も他人の生命、健康、自由あるいは財産を侵害してはならない、ということを教える」と、自然法の最大公約数的な一般命題は提示しつつも、[11]自然法の具体的内容を個別的に展開することを事実上放棄している。「自然法の詳細……にまで立ち入ることは、私の差し当りの目的以外であるが、しかしこのような法の存在すること、そうしてまた理性のある者やその法の研究者にとっては、この法は国家の実定法と同様に明瞭平明なものであることは確かである。[12]」（傍点筆者）

つまり、ロック自身は市民生活を規制する自然法が具体的にどのようなものであるか、という問題に関心がないか、あるいは自然法の個別の条項を証明することは不可能であると考えていたように思われる。[13]このようにロックが、その詳細な内容を具体的に論ずることを放棄した自然法を実定法とも関連させながら、個別具体的な内容にまで踏み込んで展開しようとしたのがプーフェンドルフの自然法学である。ホッブズやロックの自然法とプーフェンドルフの大陸自然法とは基本的にこのような相違点があったのである。

こうした大陸自然法学の特質は、一八世紀スコットランドの諸大学における法学や政治学の学風に比較的受け入れられやすかったようである。ハチスンが、学生の講義用のテキストとしてプーフェンドルフの大陸自然法学に注目したのは、スコットランドの法体系がイングランドのコモン・ローとは違い、ローマ法に近かったことや、スコットランドの法学研究者たちが留学などを通じて、大陸との交流を深めていたことなどが考えられるが、[14]最大の理由は、グラスゴウ大学「道徳哲学」講座の前任者であるカーマイケルの講義スタイルを基本的に継承したということであろう。[15]カーマイケルはプーフェンドルフの自然法学を講義用のテキストに指定しつつも、それに注釈を加えることで自らの道徳哲学を構築しようとしたのである。ハチスンはこうしたグラスゴウ大学「道徳哲学」講座の伝統にしたがって、プーフェンドルフの自然法学を基本的に受容したのである。

それでは、本題に戻ってプーフェンドルフとハチスンの自然法学体系の構成を比較してみることとしたい。ここでは両者の比較を容易にするために、プーフェンドルフは『自然法に基づく人間および市民の義務』（以下『義務論』と略記）を、ハチスンは『道徳哲学綱要』（以下『綱要』と略記）を取り上げ、その自然法体系に注目したい。というのは、まず、『義務論』と『綱要』が執筆された理由が共通しているからである。プーフェンドルフ、ハチスンとも主著はそれぞれ『自然法と万民法』、『道徳哲学体系』（生前には出版されていない）であるが、両著ともボリュームがかなりあり、学生用あるいは初学者用のテキストとしては、難解で不十分であった。また、分量が多すぎるために両著ともやや文体等に冗漫な部分も見受けられ、より整理され簡易化された自然法体系を明示する必要性があった。したがって、『義務論』、『綱要』とも、両者の自然法体系をよりコンパクトにするために執筆されたものであった。そういう意味において、『義務論』と『綱要』は両者の自然法体系がより明確に整理されている点で比較の対象として適しているといえよう。

『義務論』と『綱要』を比較するもう一つの理由としては、ハチスンが『綱要』を執筆する際に、多分にプーフェンドルフの『義務論』を意識している点が挙げられる。というのは、カーマイケルはプーフェンドルフの『義務論』を道徳哲学のテキストに指定し、それに注釈を加えるという形で講義を行っているが、[16]プーフェンドルフの自然法体系そのものの変更を行ってはいないからである。ハチスンは『綱要』の序文で、自らの師をたたえて、カーマイケルがプーフェンドルフの『義務論』につけた注釈は「テキストよりもはるかに価値がある（*much more value than the text*）」と述べて、[17]プーフェンドルフへの対抗心と独自の自然法体系＝道徳哲学を構築する意欲を示している。

それではまず、プーフェンドルフとハチスンの自然法学体系の構成を見てみることとしよう（以下、表1・2を参照）。この節では、自然法の体系の比較を中心主題としているので、各章別の内容の詳細な比較にまでは言及しないことをお断わりしておく。

プーフェンドルフは、社会契約論者が一般にとった「分解―統合の方法（analytical-synthetical method）」に基づき、まず国家をその構成単位である個人にまで分解し、自然状態における人間の権利と義務の考察を経て、自然状態から国家がいかにして形成されるかを説明する。

ただし、ホッブズのように人間本性（Human Nature）論から自然法論を始めることはなく、人間の行為の分析から入り、人間の行為を規制する法の必要性を説き、そこから自然法とは何かという主題に移行する。プーフェンドルフ自身は、人間本性の考察を基本的自然法（第一巻第三章）を導出するためと、国家設立の理由（第二巻第五章）を説明するためにのみ行っており、人間本性の哲学的考察は独立の章としては存在しない。

それに対して、ハチスンは『綱要』第一巻「倫理学の諸原理」の第一～三章に人間本性論と徳性論を置いており、人間の認識能力や知覚能力（内的感覚⇒道徳感覚）について詳細に分析しているが、人間の行動を内面的に規制する倫理の必要性が強く主張されている。プーフェンドルフは、『義務論』の序文で自然法と道徳神学を峻別しているように[18]、人間の内面倫理と人間の外面的行動とを分離して考察する傾向があるため、ハチスンのように人間の内的感覚（道徳感覚）や同感（sympathy）から人間の行動を規制する倫理学を構築するという観点は希薄である。このように自然法体系の導入部分では両者は大きな違いを見せているといえよう。

しかし、ハチスンの自然法学の独自性もこの倫理学の部分につきるといっても過言ではない。というのは、ハチスンの道徳哲学体系のこの前半部分（倫理学）を除いては、両者の自然法体系にはさほどの相違点はなく、むしろ類似点の方がより多く見受けられるからである。年代的にはプーフェンドルフの自然法学がハチスンのそれよりも七十年ほど前の著作であることを考えると、ハチスンがプーフェンドルフの自然法体系をほぼそのまま踏襲したという言い方がより的確であろう。

表1を見てもわかるように、プーフェンドルフは、自然法の義務を（一）神に対する義務、（二）自分自身に対する義務、（三）他者に対する義務に分類し、この（三）の他者に対する義務が、自然状態あるいは市民社会における市民生活を規制する具体的な義務に該当する。この他者に対する義務の項目には、ホッブズやロックにも見られる自然法の一般的な命題である絶対的義務（侵害の禁止、人間の平等の承認など）と人びとの置かれた状況に対応して、人間のコンヴェンション（暗黙の合意）によって決定される条件的義務（言語、所有、事物の価格、貨幣など）がある。前者はいかなる時代・状況でも人間が遵守しなくてはならない絶対的自然法であり、後者は人類や社会の状況にあわせて人びとのコンヴェンションによって決定される条件的自然法である。[19]

ハチスンの場合は、プーフェンドルフとは違って絶対的自然法と条件的自然法とが章立てでは明確に区分されていないが、基本的な構成はほとんど同じである。ハチスンは、第二巻の自然法論において、第四章以降、自然状態において人間が有する権利と義務を考察しており、第四章において展開されているいわゆる自然権（private natural rights）が、プーフェンドルフの『義務論』における絶対的自然法に相当している。[20]また、プーフェンドルフの条件的自然法に該当するのが、第五章以降の所有権、契約、言語、貨幣などに関する部分である。

このなかで最も重要なのが所有権であるが、ハチスンは、所有権は人間の行為と制度（human deed or institution）によって決められる権利（adventitious rights）であるとしている。[21]所有論に関して、ハチスンがプーフェンドルフと同様にコンヴェンショナリズムの立場をとっていたか否かについては議論があろうが、[22]少なくとも、所有権の社会的な承認を必要としないロックの排他的な労働所有論とは違って、対他的な道徳関係として所有の概念を捉えていたことは間違いないであろう。

(表1) プーフェンドルフ『義務論』の体系

第1巻

人間の行為について（第1章）――法とは何か（第2章）――自然法とは何か（第3章）

- 自然法
  - 神に対する人間の義務（第4章）
  - 自分自身に対する人間の義務（第5章）
  - 他者に対する人間の義務（第6章〜）

- 他者に対する義務
  - 絶対的義務（絶対的自然法）
    - 侵害の禁止（第6章）
    - 人間の平等性の承認（第7章）
    - 仁愛（第8章）
    - 契約（第9章）
  - 条件的義務（条件的自然法）
    - 言語の使用（第10章）
    - 誓約（第11章）
    - 所有権（第12章、13章）
    - 事物の価格と貨幣（第14、15章）
    - 合意から生じる義務の解消法（16章）
    - 解釈（第17章）

第2巻

人間の自然状態について（第1章）（→家族社会→政治社会）

- 家族社会論
  - 婚姻から生じる義務（第2章）
  - 両親と子供の義務（第3章）
  - 主人と奴隷の義務（第4章）
- 国家論
  - 国家設立を促す原因（第5章）／国家の内部構造（第6章）――国家形成論
  - 最高権力の機能（第7章）／統治の形態（第8章）――政治機構論
  - 政治権力の性質（第9章）／権力の獲得方法とくに君主政のそれについて（第10章）／最高権力者の義務（第11章）――政治権力の性質と限界
  - とくに市民法について（第12章）
  - 生殺与奪の権力について（第13章）
  - 名声について（第14章）
  - 国家の資産に対する最高権力の権限について（第15章）
- 国際法
  - 宣戦と講和について（第16章）
  - 同盟について（第17章）
- 市民の義務について（第18章）

（表2）ハチスン『綱要』の体系

第1巻　倫理学の諸原理（The Elements of Ethicks）

人間本性論（第1章）――至高の善について（第2章）――徳性の区分（第3章）
- 神に対する義務（第4章）
- 人類に対する義務（第5章）
- 自分自身に対する義務（第6章）

徳性の研究のための実践的考察（第7章）

第2巻　自然法の諸原理（Elements of the Law of Nature）

自然法について（第1章）

諸権利の本質とその区分について（第2章）

美徳と悪徳の程度とそれらを決める状況について（第3章）

自然状態における個人の権利と義務
- 個人の自然的諸権利について（第4章）
- 所有権について（第5〜8章）
- 契約について（第9章）
- 言語における義務について（第10章）
- 宣誓と誓約について（第11章）
- 事物の価格と貨幣について（第12章）
- 契約のさまざまな種類について（第13章）
- 契約に準ずるものの義務について（第14章）
- 損害から生ずる諸権利と戦時の法について（第15章）
- 緊急時の臨時的諸権利について（第16章）
- 権利と義務の停止、自然的自由の状態における紛争の解決法、解釈について（第17章）

第3巻　家政と政治の諸原理（The Principles of Oeconomicks and Politicks）

家族社会論
- 婚姻について（第1章）
- 両親と子供の諸義務について（第2章）
- 主人と奴隷の諸権利について（第3章）

国家論
- 市民政府の起源について（第4章）
- 国家の内部構造と最高権力の諸部分について（第5章）
- 政体のさまざまなプランについて（第6章）
- 最高権力の諸権利と最高権力の獲得方法について（第7章）

市民法とその執行について（第8章）

国際法
- 戦時の法について（第9章）
- 条約、使節および政治社会の解体について（第10章）

自然状態、言い換えれば市民社会における主要な権利と義務を絶対的自然法と条件的自然法に分けて考察し、人類や社会の状態に応じて、人間の行為によって作られるさまざまな制度（所有権、言語、貨幣など）を近代自然法が扱うべき主要な問題として提示している点においては、プーフェンドルフの自然法学とハチスンの自然法学は、基本的に同じ構造と構成をとっていることが以上のことから理解されよう。

プーフェンドルフの『義務論』の第二巻とハチスンの『綱要』第三巻では政治社会論が展開されている。まず、婚姻から家族社会が構築され、こうした家族社会が独立して存在し、相互に結合する以前の自然状態からいかにして国家が設立されるかを説き、さらには国家の構造や最高権力の性格と制限が論じられているが、その構成そのものはほとんど同じである。しかし、その内容に関しては少なからず相違点が存在する。それを検討することが次節以降の主題である。

二　自然状態と社会契約

前節において、プーフェンドルフとハチスンの自然法学体系（とくに『義務論』と『綱要』）には、自然法論における構成上の類似性が見受けられる点を確認したが、第二節以降では、両者の政治理論の内容について比較することにする。

ハチスンの道徳哲学体系は、プーフェンドルフの自然法学の構成を基本的に継承しつつも、プーフェンドルフの自然法学には希薄であった人間の行為の倫理的動機の問題を追究し、人間の内的感覚＝道徳感覚が人間の行動を規制する主要な要因であるとして、プーフェンドルフでは人間の外面的行為をもっぱら規制するものとされた自然法をより内面化したものであったが、両者の自然法学の政治理論の部分に関しては、ハチスンがプーフェンドルフの自然法に全面的に依拠している部分と、名誉革命後のイギリスの国制に適合させるためにそれを大きく変更している部分の両方の側面が見受けられる。

この節では、プーフェンドルフとハチスンの政治理論を比較するために、両者が国家論を構築する上でともに採用している社会契約説の構図、すなわち自然状態⇓社会契約⇓国家の設立という図式に従いながら、とくに自然状態と社会契約に関する彼らの議論に焦点を合わせて考察を進めていくことにする。

(1)　自然状態

まず、自然状態の叙述についてであるが、一般に社会契約論者は、国家設立以前の自然状態を設定し、自然状態の特徴および不便宜を説明することによって、共通権力（common power）の必要性と国家を構築する目的とを導出しようとするが、ホッブズに典型的に見られるように、自然状態は人びとに混乱と闘争を招く無秩序な状態であるがゆえに、国家権力の必要性が認められるというのが基本的な図式である。ところが、ホッブズ以降の自然法論者たちには、自然状態をたんなる戦争状態と捉えない主張が一般化してくるのである。

すなわち、ホッブズのように人間の自己保存の欲求や利己性を前提としつつも、それを規制する人間の理性能力や社会的本性を強調することによって、自然状態は単純な戦争状態ではなく、不安定な平和状態であるとする論調が強まってくるのである。たとえば、プーフェンドルフは『自然法と万民法』のなかで、争いの原因となる人間の情念を抑制する理性と自然法の存在を指摘することで「人間の自然状態は戦争状態ではなく、平和状態である」と主張しているが、(23) ロックやハチスンにも同様の考え方が見受けられる。(24) 次のようなハチスンのホッブズ批判も基本的にはプーフェンドルフの考え方に同調しているものといえよう。

「自然状態は平和と善意、無垢と善行の状態であって暴力、戦争そして略奪の状態ではないということは明らかである。[25]」

「この万人の万人に対する普遍的な戦争状態は、想像しうる最も破壊的なものに違いないが、避けることのできるものでもある。……理性は、人類に平和を維持し、あるいは取り戻すのに適した、ある明確な行動規則を示しているのである。……絶対的な孤立状態を人類に対する自然状態と呼ぶのも言葉の愚かな濫用であろう。というのは、このような条件の下では、奇跡が起こらなければ、いかなる人類も存在することができないし、あるいは数日たりとも生き続けることができないからである。[26]」

さらにハチスンは、後述するように、ホッブズとは違い自然状態を人間の孤立した状態ではなく、人びとが社会的な関係をすでに形成している状態、あるいは形成しつつある過程として捉えていくが、こうした見解もすでにプーフェンドルフの自然状態論に見受けられる。プーフェンドルフは『自然法と万民法』のなかで、ホッブズの自然状態論を批判しつつ次のように述べている。

「自然状態を社会的生活と対置するのは適切ではない。というのは、自然状態で生きている人びとでさえ、相互に社会的生活を送ることは可能であるし、そうすべきであり、またしばしばそうしているからである。[27]」

自然状態を人びとの孤立状態ではなく、相互に社会的な生活を営んでいる状態として捉える傾向は、ホッブズ以降の近代自然法思想の一つの大きな流れといえよう。自然状態が戦争状態ではなく、基本的に平和な状態であり、そこに生きる人びとが孤立しているのではなく、相互に助け合いながら協同して社会的生活を送っているとすれば、自然状態の性質や自然権の内容、そして国家の目的も自ずと異なってくることは言うまでもなかろう。

プーフェンドルフやロック、ハチスンらの自然状態論に共通して見受けられる特徴は次の点に存する。(一) まず、自然状態において人間の社会的本性(socialitas)に基づく共同社会の形成を認めていること、(二) 次に、所有権に代表される自然権を想像上の権利ではなく、現実に有効な権利として確定し、人びとの所有の交換によって行われる経済活動や商取引に一定の自立性を与えようとしていること、(三) さらに、国家設立以前に存在する市民的社会は、人間の生来の弱さ(imbecillitas, weakness)を克服するための相互依存体系であることを主張していること、以上の点である。

ホッブズの場合には、たとえば自然権は「万物に対する万人の無制限・無制約の権利」として個人の主観的権利にとどまり[28]、自然権を社会的に承認する契機を欠いていたために、自然権は実際には無効で有名無実であるばかりか、自然状態を戦争状態に陥らせる根本的な要因となってしまい、人びとの現実の権利の確定には国家権力による承認を必要としたが[29]、プーフェンドルフやハチスンは自然状態において、所有権などの自然権を国家権力を介さず人びとが相互に取り決めた制度として社会的に承認しようとする。つまり、換言すれば自然状態論のなかに、現実に施行されている市民社会の基本的なルールを自然法として読み込もうとしているのである。

したがって、プーフェンドルフとハチスンが想定する自然状態のなかには、ホッブズ的な仮想的な純粋な自然状態と、人びとの諸行為によって作られた、いわば人為的な制度を含む、実在する自然状態の二つのレヴェルが存在しているといえるのである。プーフェンドルフは自然状態を「虚構によって描写される (per fictionem repraesentatur)」自然状態と、「実際に存在する (revera existit)」自然状態があると二つの自然状態を区別しているが、前者の例としてギリシア神話の英雄カドモスの話を挙げていることからもわかるように、ホッブズ的な虚構(フィクション)としての自然状態ではなく、実在する自然状態をプーフェンドルフ自身が描こうとしていたことは確かである。[30]

換言すれば、プーフェンドルフとハチスンの自然状態論は、実際には自然状態のなかに、いかなる人為をも排した純粋な自然状態と、人間の行為やコンヴェンションによって後天的に形成された制度を前提とする人為的な状態(status adventitius) の二つのレヴェルを包摂していたのである。

自然状態のなかに、いわば人為的な状態を読み込むことは形容矛盾のように思われるが、プーフェンドルフもハチスンも人間の社会的本性を主張しており、国家という最も人為的・作為的な制度の前に、言語や所有権、貨幣などの人間のコンヴェンションによって作られるプレ国家的な諸制度は、人為的ではあっても国家とは根本的に性格の違う、人間本性=人間的自然の自然的な産物にすぎないと捉えていたのであろう。[31]

こうした考え方をとっているのはプーフェンドルフ、ハチスンばかりではない。たとえば、ロックは所有権を人間のコンヴェンション、すなわち人びとの暗黙の合意の産物としては捉えていないが、貨幣発生の説明には同意(consent)理論を用いており、ロックの自然状態も純粋な自然状態というよりも、人為的な制度を前提とした状態とされている点でプーフェンドルフ、ハチスンと共通しているのである。[32] 純粋な自然状態における人間の生活は、確かにホッブズの言うように「孤独で、貧しく、険悪で、残忍でしかも短い」ものではあるが、[33] プーフェンドルフやハチスンにとって、実在する自然状態は、共同生活を営む人びとがさまざまな制度を構築しながら経済活動を行う、一定の秩序ある状態あるいは物質的には比較的豊かな状態として構想されていたのである。

人びとが戦争状態ではなく、不安定ではあるが平和な状態のなかで日常の経済生活を行っているとされる、プーフェンドルフやハチスンの自然状態論は、人間が生来の弱さを克服するために、相互に依存し合っているという主張によってさらに理論的に補強されている。

たとえば、プーフェンドルフは次のように述べて、自然状態において人間が生来の弱さを克服するために社会的生活を営むことの必要性を強調している。

「自然状態は、自由とあらゆる服従からの免除によって、人びとにきわめて魅力的な状態に映るが、すべての人びとがその状態に孤立して存在していると想像するにせよ、あるいは離れ離れになっている家父という状況を考えるにせよ、人びとが共同体へと統合されるまではなお、それ以上の多くの欠点を有しているのである。というのは、成年に達している人でさえも、この世界に一人だけ放置され、快適さと援助――それによって人間の発明が生活をより文明的で安楽なものにしているのだが――がまったくない状態を想定すれば、裸体でもの言わぬ、ひどく困窮した動物を見出すことになろう。彼は植物の根と葉で飢えをしのぐのが精一杯であり、たまたま見つけた水で渇きをいやし、荒天の時には洞穴に逃げ込み、野獣にいつ襲われるかわからず、それらに遭遇するたびに震えあがるのである。〔それよりも〕いくらか文明的な生活は、散在する家族社会のなかで生活する人びとの間で可能であった。ところが、そこでの生活は、どのようにしても市民生活と比較することができない。それは、その家族が欲望を抑制しつつ、かなりの程度しのぐことが可能な欠乏のためというよりも、安全性が十分には確保できないためである。(34)」

つまり、プーフェンドルフは、自然状態では国家におけるほどの治安のよさは確保することができないものの、人間の孤立状態における貧困や経済的困窮は、家族社会を形成することで、あるいは複数の家族社会が相互に結合することによって十分に克服することが可能であると考えていたのであった。

ホッブズの自然状態論は、強力な国家権力を正当化する理論的仮説としての性格を強く有していたために、国家設立以前の状態において、人びとが相互に共同しながら商業的・経済的活動を行っているという側面は後退しているが、プーフェンドルフとハチスンの自然状態論は、まさしく人びとの経済的交流と協働が人間の生来の弱さを克服し、彼らの文明的生活の維持に不可欠であるという、相互依存体系としての市民社会を描いている点でホッブズ以降の近代自然法の流れの一つの範型（モデル）を示しているといえよう。

以下、ハチスンの『道徳哲学体系』における自然状態の説明を例にしてこの問題を考察していくことにする。ハチスンにおいて相互依存体系としての市民社会は、分業と協業によって数多くの家族社会が結合した大規模社会として描かれている点が特徴的である。

まず、ハチスンは人間の生来の弱さを指摘し、孤立した状態では人間の生活は不可能であることを強く主張している。

「人間の生活を維持するためには、……食糧、衣服、住居、多くの家庭用品そしてさまざまな家具といった、きわめて多くの外的な事物が必要不可欠であることが明白であるが、それらは相当量の技能と労働そして同胞の友好的な援助なくしては得られないものである。……さらに人間は、絶対的な孤立状態では、成人としての能力を持ち、生活をする上でのあらゆる技能に十分習熟しているとしても、最低限の生活必需品を調達することもほとんどできないことが明白である。[35]」

こうしてハチスンの主張する実在する自然状態は、人間の孤立状態を否定し、自然状態でも人びとは社会的生活を営んでいることを示唆しているのである。その最小の単位となるのが家族社会である。

「小規模な家族社会における少数の人びとの相互的な援助は、生活必需品のほとんどを調達し、〔外敵からの〕危険を減じ、洗練された快楽ばかりでなく社交の喜びも生み出す余裕を与えるのである。同じ利点は、近隣地域に居住するいくつかの家族社会の相互援助によって、より一層効果的で豊富に得られよう。というのは、彼らは万人の共通善のためのより労力のかかる企図を達成でき、我々の社会的性向をより喜びに満ちて実現するからである。[36]」

人間の生来の弱さを克服し、日常の必需品を獲得するためには、家族社会内そして家族社会間の協働が必要であったが、こうしたハチスンの主張はやがて、少数の家族社会が集合した小規模社会から、多数の家族社会が結合した大規模社会における分業の効用の強調へと移行する。

「生活に必要なものあるいは便益を供給する際に、たとえば、二十人の人びとの労働生産は、二十人がそれぞれ自らの生存に必要なあらゆる種類の労働を、どの労働にも十分に習熟することなく次々と一人で行わなくてはならない場合よりも、短期間で技術と技能を身につけることができる特定の仕事を一人一人に別々に割り当てるほうが、飛躍的に増大するのである。その方法〔＝分業〕により、各人は特定の種類の商品を大量に手に入れるが、必要に応じて、その一部を他者の労働によって得られた商品と交換することができる。ある者は農作業に、他の者は放牧と牛の飼育に、三人目は石工に、四人目は狩猟に、五人目は鉄工に、六人目は機織りの技術に、このように残りの人びとも〔それぞれの分野の〕エキスパートになるということである。こうしてすべてのものが完璧な技能を持つ人びととの仕事とともに、交換によって供給されるのである。[37]」

分業と協業（concert）なくしては豊かな文明生活を送ることができないことを認識した人びとは、自然状態において散在していた家族社会を相互に統合する。

「〔複数の家族社会の〕より大きな結合は、我々の享受（enjoyment）の手段をさらに拡大し、我々のあらゆる種類の能力をより広範囲に、より快適に行使することを可能にする。多くの人びととの発明、経験、技術が伝えられ、知識は増大し、社交的な気分がより広められよう。大規模な社会（larger societies）は、より持続的でより大きな利益をもたらす壮大な計画を達成する力を有するのである。こうしたことを考えると、まさしく我々の生存のためには、社会の中で生活し、同胞の助けを得ることが必要であることは十二分に明らかであろう。すなわち、生活を改善し、あらゆる我々の享受を増大させるには、人びとのより大きな結合が大いに役立つのである。[38]」

こうしてハチスンは、自然状態においてすでに家族社会が存在していること、その家族社会同士が相互に結合することによって大規模な社会を形成し、そこでは分業と協業が行われ、相互に助け合うことによって、比較的豊かな生活を人びとが送っているということを指摘するのである。その結果、自然状態は秩序のある平和な状態となり、所有権などの社会的諸権利が人びとの取り決めにより制度として定着していくことになるのである。

プーフェンドルフ、ハチスンの自然状態論は、ホッブズには見られなかった国家設立以前の市民的社会、すなわち、多くの家族社会が結合した比較的規模の大きい社会の存在を認めることによって、国家ではなく市民相互のコンヴェンションによって作られた諸制度（所有権、貨幣など）が一定の秩序ある平和状態のなかで社会的に機能していることを主張している点で、大きな類似性を示しているといえよう。

(2)　社会契約

自然状態において、商業的あるいは経済的利益のために結合した人びとによる市民的社会の形成を主張することによって、プーフェンドルフとハチスンの自然状態論は、ホッブズの自然状態論とはその理論的性格を大きく異にしていたが、国家＝政治社会（societas civilis）の必要性を説く論理においては、ホッブズ的な自然状態を彼らは完全には否定できていない。

というのは、国家設立の理由を説明するには、自然状態における不便宜や欠陥を指摘せざるをえず、何らかの原因で自然状態が戦争状態あるいは混乱状態へと転化する危険性を示唆せざるをえないからである。

しかしながら、プーフェンドルフ、ロック、ハチスンのような、自然状態を不安定ながらも基本的に平和な状態と捉える論者たちに共通しているのは、自然状態がホッブズのような「万人の万人に対する全面的な戦争状態」に転化することで、強力な国家権力の必要性を主張するのではなく、むしろ、自然状態が不安定な理由の説明とその不便宜性を指摘することで、国家が安全性の点でより優れているという論理を採用している点にある。

その結果、ホッブズ的なリヴァイアサン（国家）に比べると国家権力そのものの絶対性がより緩和され、国家権力の及ぶ範囲が限定されることとなる。このような共通点を持ちながらも、プーフェンドルフとハチスンの社会契約説は、政体と抵抗権に対する見方において違いが見受けられる。それは両者が生きていた時代と政治社会状況の違いの必然的結果ともいえるが、その論点については次節に譲るとして、以下両者の社会契約の論理の相違点を見ていくことにしよう。

まず、自然状態の不便宜性と国家の必要性の議論に関して、プーフェンドルフとハチスンにはその論理構成に違いが見受けられる。それは人間本性の捉え方がプーフェンドルフとハチスンでは微妙に異なっているからである。

プーフェンドルフは、人間の社会的本性（socialitas）を主張しつつも、アリストテレス的なゾーン・ポリティコンを否定して、ホッブズ的な自己保存の本能（self-preservation）＝自己愛（amor sui）の強さを認め、自己保存をはかるための手段としての社会性の概念を持ち出してくる。すなわち、プーフェンドルフによれば、人間は利己的ではあるが、生まれながらに無力（imbecilitas）な存在であり、社会を形成して他者の援助・助力を得ることが必要であるために、自己愛を抑制し、可能なかぎり他者の利益を促進しなくてはならないとされる[39]。したがって、プーフェンドルフが主張する社会性とは、ア・プリオリで生得的なものというよりも、本性的には利己的である人間が、自らの自己保存をよりよく実現するために目指すべき当為（Sollen）としての性格を強く有していたといえよう。

しかし、ハチスンはアリストテレス的なゾーン・ポリティコンの概念を、ホッブズ的な人間の利己的本性を強調することによって否定するようなことはせず、基本的に容認することから議論を始めているのである。

「すべての人びとが、自らの諸義務を忠実に履行すれば、すでに説明したように〔自然状態で家族社会は〕結合しているのだから、人びとの生活は十分裕福であり、快適であるに違いない。したがって、人びとを政治権力(civil power)に服従するようにさせるのは、人間の弱さあるいは欠陥から生ずる害悪に対する懸念のためであったのである。しかし、だからといって、政治社会(civil society)を不自然である(*unnatural*)とか、自然に反する(contrary to nature)とか見做してはならないのである。というのは、自然が我々に与えた理性が、我々が自然に望む利益を得たり、それとは反対の害悪を避けるために必要であり、あるいはそれに大いにつながると示しているものは何であろうと、理性と予見能力を自然に授けられた神の創造物〔＝人間〕にとって、自然であることは明白に違いないからである。したがって、人間は『生まれながらにして国家（civil polity）に適した生き物』であると言われるのも当然なのである。[40]」（傍点筆者）

このようにハチスンは、政治社会をアリストテレス的なゾーン・ポリティコンの延長線上に捉えようとしている点で、他の社会契約論者たちとは一線を画しているが、[41]後述するように社会契約による国家の作為性までも否定していない点で政治的保守主義者ではないことがわかる。

プーフェンドルフは国家設立の理由として、人間にのみ見受けられる情念の存在を強調し、所有の発生に伴う余剰物への飽くことなき人間の欲望や名声の追求・羨望などが侵害の原因になりうること、また、侵害が生じた場合に自然状態では紛争を解決する裁判官が存在しないことなどを指摘しているが、[42]自然状態に付随する不便宜のこうした説明の仕方は他の社会契約論者たち〔たとえばロック〕とさして変わるものではない。

これに対して、ハチスンは国家設立の理由として、以上のような自然状態の不便宜を指摘するとともに新たな論点を加えている。それはすぐれたリーダーの必要性と彼らの存在の社会における効用である。

「すべての人間が公正であり、人に害を及ぼすと考えている行為はどのようなものであれ、他者に対してなさないと仮定してみても、彼らは自らの強い利己的欲望と激しい情念という性向を持つために、自らの諸権利と他者の諸権利に関して錯誤を起こす傾向をきわめて強く有している。このことによって、しばしば人びとの間には紛争が生じるのである。さらに、多くの実直な人びとが、あまりに猜疑心が強すぎるために、彼の敵対者が仲裁者と結託しているのではないかとか、あるいは仲裁者をそそのかす術を彼が有しているのではないかと懸念して、争議を他者の仲裁に付さないと仮定してみよう。これに加うるに、〔紛争の〕両当事者が自らの力に過剰の自信を持っていたり、意見を頑迷に譲らなかったりすると、自然的自由の状態〔＝自然状態〕における彼らの紛争は、暴力と戦争のあらゆる災厄以外のいかなる方法によっても解決されることはなくなるのである。ところが、我々の本性のなかにも、我々をより直截的に政治権力〔を設立するよう〕促すものが存在する。我々の種〔＝人間〕のなかには、凡庸な大衆よりも知性の点で明らかにすぐれている人びとが存在する。……これらのすぐれた賢人たちは、すべての人びとが認めていることだが、多くの人びとの共通の効用（common utility）のために重要な多くの事柄を考案し、発明することができ、もし彼らの指示に従えば、各人が自らの利益を促進するためのより効果的な方法を見つけ出すことができるのである。これらの能力に、卓越した道徳的能力、美徳、正義、剛毅が加われば、そうした人物の出現はすべての人びとの信頼と信任を獲得し、その人を名誉と権力のある地位へ就かせるよう人びとは熱望するであろう。なぜなら、彼らの指導の下であれば、すべての人びとがあらゆる種類の繁栄を得られるに違いないと考えるからである。したがって、侵害に対する恐怖ばかりでなく、卓越した能力とそれらに対して我々が自然に抱く高い是認も、政治社会を設立するよう我々を動かす最初の〔原因〕となったことは大いにありうることなのである。(43)」（傍点筆者）

他の社会契約論者たちが人間の能力の平等性を説き、主権者に関しては政治機構上の位置づけにしか関心を持たず、さらには支配者の権力濫用に対して一般に強い懸念を有していたのに比べると、ハチスンはプラトンの哲人政治を思い起こさせる議論を展開し、社会契約の論理性ばかりでなく、すぐれた政治的リーダーに従うことが社会全体の繁栄と幸福につながるという効用性に着目している点は近代的というよりも、ある意味において古典古代的であり、そこにハチスンの政治理論の特徴があらわれているといえよう。

しかし、ハチスンはこうした論点を展開しつつも、基本的には社会契約説そのものを否定したり、破壊するような論理を支持することはない。たとえば、当時の人類学者や社会学者が行ったような社会契約の歴史的事実そのものを否定して、国家の起源は社会契約ではなく征服や暴力にあるとする主張にハチスンは与することはないのである。(44)なぜならば、ハチスンは「我々は正当な権力の正しい原因（just causes of just power）について探求しているのだ」として、社会契約説を擁護しているからである。(45)

ハチスンの社会契約説はやや複雑で折衷的である。基本的には社会契約の論理としてはプーフェンドルフの二重契約説をほぼそのまま採用しているが、当時の名誉革命後のイギリスの政治体制を念頭において、ロックの信託理論もこれに接合させているからである。すなわち、政府に対する抵抗権の理論的根拠として二重契約説だけでは不十分と感じ、それを補完するために信託（trust）の理論も採用しているのである。これによりハチスンの社会契約説はプーフェンドルフとロックの社会契約の完全な折衷となっており、論理的に一貫したものになっているのかいささか疑問が残るのである。

ハチスンの社会契約説を説明する前に、プーフェンドルフの二重契約説について簡単に見ておこう。[46] プーフェンドルフは、国家設立の手続きを厳密に言えば三段階に分けて考えている。まず、国家設立の前段階としての人民の結合体（coetus）を形成するための結合契約（pactum primum）、次に国家形態を決める決定（decretum）がなされ、最後に主権者と人民の間で統治契約（pactum alterum）が交わされる。[47] こうした社会契約の手続き自体はロックのそれに近いと思われるが、ロックの場合は最後の統治契約が信託に置き換えられている。統治契約は双務契約であり、主権者が義務づけられるばかりでなく、人民の側にも服従の義務が生じるが、信託の場合は片務契約であり、人民の福祉のための政治を行うべしという主権者側の義務の側面のみが強調され、それに違反した場合には委託者(trustor)である人民が主権者を解任し、主権を取り戻すことができる。ハチスンは社会契約の手続きとしては完全にプーフェンドルフの二重契約説をそのまま採用している。彼はそのことについて次のように述べている。

「通常の方法で国家あるいは政治体を構築するには、以下の三つの行為が必要である。まず、全員が一つの合議体によって統治される一個の社会に結合するという、各人とすべての人びととの間で交わされる契約である。次に、統治のプラン（the plan of government）と統治者の指名に関する、人民による決定あるいは布告である。そして最後にこれらの統治者たちと人民の間で交わされるもう一つの信約あるいは契約があり、これにより支配者たちは人民の信頼に忠実にこたえる政治を行うように、人民は服従をするように義務づけられる。権力が最初に構築される時に、粗野で軽率な群衆が、〔彼ら〕より卓越した人物のすぐれた徳性を大いに賛美して、これら三つの正規の段階をふんでいたかどうかは疑わしいことは確かである。しかし、権力の正当な構築が行われる時はいつでも、これら三つの〔手続きが〕なされたのとまったく同じ効力を明らかに有する何かが始めに行われていたのである。

というのは、この権力の構築に際して、あらゆる方面から熟知され明言されたその目的とは、全体の共通善だったからである。(48)」

こうしてハチスンはプーフェンドルフの二重契約理論に全面的に依拠しながらも、名誉革命後のイギリス国制により適合した社会契約理論に仕上げるために、ある改良を施している。それはプーフェンドルフの契約理論にロックの信託理論を接合させることであった。ハチスンは、プーフェンドルフの第二契約＝統治契約では、主権者の権力濫用に対する抵抗権の理論的根拠づけが不十分であると考え、信託理論を採用することによって主権者が人民の共通善を実現するための代理人＝受託者（trustee）であることを明確にし、信託に違反した際の抵抗権の存在を強調しようとしたのであった。主権者は、あくまでも委託者である人民の信託に基づく受託者にすぎないことをハチスンは次のように主張している。

「為政者は〔人民の〕代理人（*Mandatarius*）として行動するが、〔もし権力を濫用し人民の利益を損なうような行為をした場合には〕その代理人は、全般的な委任によって特定の重要な職務を行うために他者にいったん雇われた後で、彼を雇った人びとからの特別な指図あるいは制限を受け入れるのを後になってから拒絶し、あるいは彼の最初の任務を放棄しているようなものなのである。為政者は自らの行為に対する見解を正当化し説明することで、人民を納得させることができない場合には、困難を伴う職務を辞するのが当然のことなのである。(49)」（傍点筆者）

実際ハチスンは、彼の思想形成の初期の段階からロック的な信託概念を支持していたことがわかる。すなわち、処女作である『美と徳の観念の起源についての論究』のなかですでに、ハチスンは主権は為政者に一方的に譲渡されたものではなく、人民の信任に反した場合には、主権は人民の下に返還されると主張しているのである。

「君主か合議体かの、あるいは両者が結合しての絶対的な支配とは、全人民の自然的な力と財産を、それらが本来譲渡し得る限りにおいて、君主、合議体あるいは結合した両者の慎慮に従つて、国家の公共善のために処置する権利であり、ただし、支配者が要求する財産の量、賦課の方法あるいは臣民の労働の配分については、いかなる保留もない、と我々は解する。しかしあらゆる国でこの暗黙の信任(*tacit Trust*)には、『譲渡された権力が支配者の最善の判断に従って、公共善のために行使されるであろうこと』が前提されている。したがって、為政者たちが公然と国家を破壊する意図を表明し、あるいはそれが必然的に起こるようなやり方で行為する時には、市民的政府のあらゆる形態において想定されている、本質的な信託(*essential Trust*)が侵害されているのであり、その結果として〔主権の〕譲渡は無効となるのである。……〔為政者が人民の権利を侵害する〕場合の唯一の救済策は、このような背信行為をなした受託者(*perfidious Trustees*)に対する全面的な反乱なのである。[50]」

ハチスンは、プーフェンドルフの二重契約理論を自らの社会契約説の根幹に据えながらも、特殊イギリス的な政治的事情を考慮して、第二契約=統治契約にロックの信託理論を結合させることによって、人民の公共善を顧慮しない専制君主に対する抵抗権の理論的裏付けをより強固にしようとしたのである。しかし、ロックがプーフェンドルフとは違い、統治契約を信託に置き換えたのは、抵抗権を実際に行使するには統治契約よりも信託の方がより有利であると考えたからであり、抵抗権の根拠を磐石のものとするためであった。すなわち、統治契約は双務契約であるが、信託は片務契約であり、人民の利益を最大限に優先できるからである。ハチスンのようにプーフェンドルフの二重契約理論にロックの信託理論を簡単に接合させてしまうことは理論上いささか無理があり、このことは政治理論家としてのハチスンの未成熟さを示しているように思われる。

したがって、ハチスンの社会契約説は、社会契約理論としてはその論理的一貫性と整合性を欠いていると言わざるをえず、学説史上のその価値を減じることとなってしまったのである。つまり、ハチスンの社会契約説は独自性がないばかりか、プーフェンドルフとロックの思想の完全な折衷となってしまったのである。

ハチスンの社会契約説の意義と評価について検証するためには、一七世紀における社会契約説の発展をホッブズ、プーフェンドルフ、ロックに着目して概観しておく必要があるだろう。社会契約説の学説史上におけるプーフェンドルフの二重契約理論の意義は、ホッブズの社会契約批判にあった。すなわち、ホッブズの社会契約では人民が国家へと結合する際に、自然権を主権者に一方的に譲渡してしまうため、いったん主権者を設立してしまうと、主権者が人民の代理として統一的意思を代弁するために、人民はもはや集団として存続することはできず、ばらばらの群衆(multitude)に解消されてしまい[51]、主権者が人民の福祉を損ねた場合に、その失政を集団で追及しその責任をとらせるという観点が希薄であった。この欠点を是正するために、プーフェンドルフはホッブズの社会契約を二段階に分け、主権者の任命後も人民の集合体（coetus）を残存させ、主権者が暴君と化した際に主権をいったん人民の集合体に取り戻す道を切り開いたのである。また、統治契約を主権者と人民の間に結ばせることで、主権者の契約違反の際には抵抗権を行使できる理論的根拠も明確にしたが、後述するようにプーフェンドルフの場合には、主権者の契約違反を判断する主体と基準をあいまいにしたため、実際には抵抗権の行使には消極的とならざるをえなかった[52]。このプーフェンドルフの限界を超えたのがロックである。ロックはプーフェンドルフの第二契約を人民の主権者に対する信託に置き換えることで、人民の利益にならない場合にはいつでも主権を人民の下に返還させ、主権者を交替させることができるようにしたのである。

このように近代自然法論者たちが構築した社会契約説の理論的展開をたどると、ホッブズ→プーフェンドルフ→ロックへと社会契約そのものがその内容を止揚させ、進化していることがわかるが、ハチスンは結局のところ、プーフェンドルフとロックの契約理論を折衷させることで新たな論理を構築することもなく、社会契約説の学説史上の発展に大きく貢献することはなかったのである。その意味において、ハチスンの社会契約説そのものには独創性がなかったといえよう。

むしろ逆説的な意味において近代自然法的な政治理論を批判的に乗り越えようとしたのがヒュームとスミスである。彼らは社会契約説の根本的な原理そのものを否定し、新たな支配―服従の原理を構築しようとしたのであった。ハチスンの弟子であるヒューム、スミスの時代になると、社会契約そのものの虚構（フィクション）性が問題視されるようになり、スコットランド啓蒙思想の政治理論の本流から社会契約説は除外され、やがて衰退していくこととなるのである(53)。

三　政体論と抵抗権

社会契約説そのものにおいては折衷的であり、独創性のなかったハチスンの政治理論だが、政体論においてはきわめてユニークな議論を展開している。ハチスンは政体論において、混合政体である名誉革命後のイギリス国制を前提としつつ、最善の国家形態とはいかにあるべきかについて原理的な考察を行っている。政体論においてハチスンとプーフェンドルフの政治思想は最もきわだった違いを見せており、それぞれの生きた時代の政治社会状況の相違がその理論にも反映していることがうかがえる。

政体論については、アリストテレス以来の六政体論がよく知られているが、ホッブズ、プーフェンドルフ、ロックなどの近代の自然法論者たちにおいては、一般に主権者の数によって政体の種類は区分されている。すなわち、ロックが「立法権がどこに置かれるかによって、国家の形態は定まる」と述べているように、(54)主権を有する為政者の数によって基本的に君主政、貴族政、民主政の三つの主要な形態に区別される。アリストテレスの場合には、さらにそれぞれの政体の堕落形態が想定されていたため政体の種類が倍加するが、ホッブズやプーフェンドルフにおいてはこうした政体の統治の質による区分を廃止しようとする動きが看取される。ホッブズは『リヴァイアサン』第十九章のなかで次のように述べている。

「歴史や政治に関する書物のなかには、僭主政や寡頭政といったような、何か別の統治の名称が見られる。しかし、それらは何か異なった統治の名称ではなくて、同一の統治形態について不満を持った時の名称なのである。つまり、君主政の下で、それに不満を持つ人びとは、それを僭主政と呼び、貴族政を喜ばない人びとは、それを寡頭政と呼ぶのである。同様に、民主政の下で苦しめられていると思っている人びとは、それを無政府状態（それは統治の欠如を意味する）と呼ぶが、しかし、私は統治の欠如が何か新しい種類の統治だと考える人があろうとは思わないし、また、同じ理由から、人びとがある統治を好む時と好まぬ時、あるいは統治者に抑圧されている時とで、統治の種類が異なると考えるべきだとも思わないのである。(55)」

プーフェンドルフもまたこうしたホッブズの考えを基本的に支持しつつ、政体の種類の統治の質による区分をなくすべきだと主張する。

「〔統治がうまくいっている〕健全な国家と病いにかかった国家とではきわめて大きな違いがあるが、しかし、だからといってそれが理由で国家の種類が増えるということにはならないのである。……なぜなら、そのような〔国家の〕欠陥は権力の本質それ自体を変えることはないし、その本来の対象を変えることもないからである。(56)」

こうしてホッブズとプーフェンドルフは、統治の質による政体の区別を否定したが、それは彼らが為政者による悪政を看過したり許容したのではなく、統治の質の問題以上に重要な問題があると考えていたからである。それは主権と呼ばれうるものがはたして当該の国家に存在しているのか否かという問題である。ホッブズが生きていた内乱時代のイングランドもプーフェンドルフが体験した三十年戦争時代の神聖ローマ帝国も、まさしくこの時期に国家を統一する主権そのものの存否が問われていたのである。彼らにとっては、正しい統治が行われているか否かという問題以前に、自らが生きている国家はそもそも国家としての体裁を整えているのかということが最大の関心事だったのである。したがって、統治の質に関しては二次的で派生的な問題とならざるをえなかったのである。ホッブズとプーフェンドルフにとって統治の質と国家主権の存否はまったく別次元の問題であったのである。

ホッブズもプーフェンドルフも主権の分割や複数の機関による主権の共有を認めず、国家主権の不可分性と最高性を主張している点で共通しているが、政体論に関して言えば、彼らの関心は統治の質にではなく、主権論との兼ね合いで国家がはたして正常な状態にあるのか否かという問題にあった。すなわち、統治の質による区分に変わって登場するのが、規則的な政体と変則的な政体の区別である。

ホッブズは『リヴァイアサン』第二十二章のなかで、次のように述べている。

「団体（Systems）とは、ある利益や仕事のために結合した人びとの集まりをいうのである。団体には、規則的な（*Regular*）ものもあれば、変則的な（*Irregular*）ものもある。規則的なものとは、一人の人か、人びとから成る一つの合議体が、全員の代表として構成されているものである。その他はすべて変則的なものである。(57)」

つまり、規則的な団体と変則的な団体の根本的な違いは、統一的な意思を形成する機関が一元化されているか否かにあるのである。(58) ホッブズは規則的な団体が正常な状態であると主張することによって、主権が分割されたり、共有されたりしている混合政体を暗に批判しているように思われるが、ホッブズと同じ問題意識で神聖ローマ帝国の国制を分析したのがプーフェンドルフである。

プーフェンドルフは、セウェリヌス・デ・モンツァンバーノという匿名を使って『ドイツ帝国国制論』という当時ではベストセラーとなった書物を著している。そのなかで彼は、政治的分裂状態にある神聖ローマ帝国の惨状を嘆いて、ドイツ帝国の政体は「変則的な政体であり、怪物に似ている（irregulare aliquod corpus et monstro simile）」と述べているが、『自然法と万民法』第七巻第五章「国家の形態について」においても、変則的な政体の例として東西分裂後のローマ帝国とドイツ帝国（神聖ローマ帝国）を挙げている。彼はその問題を次のように論じている。

「〔変則的な政体が見られる有名な〕実例として、我々はローマ帝国について論じようと思うが、もう一つの実例としてドイツ帝国を取り上げたのがセウェリヌス・デ・モンツァンバーノなる人物〔＝プーフェンドルフ自身のこと〕である。ここでは古代ローマ帝国の例において認められる、その変則性（irregularitas）について所見を述べることで十分であろう。古代ローマ帝国では、一人のローマ皇帝が東〔ローマ帝国〕を所有し、他の皇帝が西〔ローマ帝国〕を所有していた時には、一度に二個の胴体を持ち、三人の皇帝が分割によってローマ社会を所有していた時には、一度に三個の胴体を持っていたように思われる。……〔その場合には〕二人の皇帝が帝国を所有し、一人は東ローマ帝国をもう一人が西ローマ帝国を所有していたなら、国家は分割されており、それぞれが独立していたのであるから、実際には「ローマ帝国」の名称を冠する二つの異なる王国が存在していたことが認められなくてはならないだろう。……総括すると、そのような分割された主権はセリムの次のような見解によって十分に説明されるであろう。すなわち、彼はドイツ帝国を竪琴《ハープ》（testudo）にたとえているが、〔調律するのに〕大変な労力が使われてやっとハーモニーが奏でられるのだが、それは少しも長続きしないのである。」(59)

このようにプーフェンドルフ自身もホッブズと同様に、主権の分割が行われていたり、国家的統一のなされていない政治共同体を変則的な政体と見做し、正常な状態から逸脱した「病」におかされた形態だと考えていたのである。したがって、名誉革命後のイギリス国制のような混合政体に関しては、プーフェンドルフは批判的に捉えていたと考えられるのである。

これに対してハチスンは、ホッブズやプーフェンドルフが否定的に捉えていた主権の分割や共有を認め、まさしく混合政体こそが人民の幸福を実現する上で最善の政体であると主張することによって、純粋な単一政体を規則的で正常と考えるホッブズやプーフェンドルフの政体論とは著しい対照を示すこととなるのである。

さて、その論点に移る前に、政体に関するハチスンの基本的な考え方を確認する必要があろう。ハチスンは、『綱要』第三巻第六章「政体のさまざまなプランについて」のなかで政体論を展開しているが、まず政体の区分について次のように述べている。

「統治の純粋な形態は、権力が一人の人物か一個の合議体に委ねられるのに応じて、三つの種類に区分される。それが一人の人物に委ねられれば君主政と呼ばれ、少数の高い身分の市民から成る合議体に委ねられれば貴族政と呼ばれ、すべての自由な市民か、あるいは彼らの代表となる信頼に足るべき人びとから成る人民議会に委ねられれば民主政と呼ばれる。(60)」

主権を有する為政者の数によって政体を区分する方法は、ホッブズやロック、プーフェンドルフとまったく同じである。さらにハチスンは、採用された政体がすぐれたものかどうかを見極めるための判断基準を六つに分けて提示している。そしてこの基準は、三政体の優劣を判断する上で決定的な意味を持っているのである。

それは、(一)「国家を構築する上で四つの目標が存在すること」、(二)「主権の諸部分が異なる主体に置かれる場合は、対立を起こさないような政治的結束が必要であること」、(三)「権力はその基盤に大きな財力を有していないと安定しないこと」、（四）「一部の階級に特権が認められると争いが絶えなくなること」、（五）「いかなる政体であろうと政権内に善良で賢明な人物が存在しないと大きな成果は得られないこと」、（六）「国家の最適な人口数は正確には決められないこと」、である。[61]

これら六つの基準は政体を構築する上で留意しなくてはならない心構えであるともいえるが、これらの基準のなかでも最も重要でありかつ注目すべき項目が（一）の四つの目標である。ハチスンはこれについて次のように述べている。

「国家を構築する際に、以下の四つの点が目標とされなくてはならない。まず、国家にとって何が最善のことであるかを判断するための十分な賢智（*wisdom*）が政府に存在することである。それから最善のものを選択するための忠義（*fidelity*）〔が必要であり〕、次には政治的一体性（*concord*）が維持されなくてはならない。そして最後に〔挙げられるのが〕機密的で迅速な執行（*secret and speedy execution*）である。[62]」

そしてハチスンはこれらの四つの目標（wisdom, fidelity, concord, secret and speedy execution）を充たしているかどうかに基づいて、三政体のそれぞれの長所と欠点を分析していくのである。まず君主政については、ハチスンは、これをいくつかのタイプに分類して考察している。

「君主政体（monarchy）は、それが政治的一体性（concord）を保持し、いかなる計画でも機密的で迅速な執行（secret and speedy execution）を行うのに適しているという特別な利点を有している。しかし、世襲的な君主政では君主の賢智（wisdom）あるいは忠義（fidelity）に関しては保証があまりない。選挙王政では、賢智の点では確実性が増すであろうが、忠義はむしろ危うくなろう。どちらの〔君主政体の〕君主も死去した際には、内乱に発展する可能性がある。世襲的な絶対君主政では〔四つの〕どれも確かではない。世襲的な制限〔君主政〕の下では、賢智にはそれほど警戒しなくてよいが、忠実に行政を行っているか警戒を強めるべきだろう。というのは、君主が基本法を犯すか、あるいは基本法によって彼の権力に課された制約を破ると、明らかに彼は自らが専制君主と化したことを宣言することとなり、自らの権利を失うことになるからである。[63]」

このように君主政体に関しては、基本的にハチスンは四つの目標の二つしか充たしていないと考えており、三政体のなかでも最も厳しい評価を下している。名誉革命体制を支持しているハチスンが、このような見方をしていること自体は当然ともいえる。次に、貴族政と民主政については次のように分析している。

「純粋な世襲的貴族政では、賢智にはそれほど警戒しなくてもよく、忠義、政治的一体性あるいは機密的で迅速な執行にはあまり警戒する必要はない。選挙による〔貴族政〕では賢智と忠義には警戒心を強めなくてはならないが、政治的一体性と〔迅速で機密的な〕執行には警戒心を強める必要はない。民主政では、人びとが彼らの財産の額に応じて投票を行う場合か、あるいは議会が人民によって選ばれた代表によって構成されている場合には、忠義に関してはつねに心配する必要はないが、賢智についてもある程度は期待できよう。しかし、〔全人民が直接政治に参加する〕純粋な民主政では、政治的一体性あるいは迅速で機密的な執行は保証されないであろう。[64]」

君主政ほどではないが、貴族政と民主政にもそれぞれ欠点はあり、とくに直接民主政にはハチスンは強い懸念を示していることがわかる。三政体に限定して言えば、ハチスンは相対的に貴族政に政体としての優位性を与えているように思われる。しかし、三政体のいずれも四つの目標を完全に達成することはできないのである。以上のような三政体の四つの観点からの分析を通じて、ハチスンは単一の純粋な政体では理想的な政体としては不十分であると主張する。

「純粋な統治形態のいずれも、国家を幸福な状態に保つのに十分には適していないということを証明するために、我々は周到な説明を行ってきた。……それぞれの純粋な形態につきまとう、いくつかの大きな不便宜は、混合的で複合的な〔形態〕を用いることの必要性を示しているのである。それぞれの純粋な〔形態〕に特有ないくつかの大きな利点は、これら三つの種類が巧みに合成される場合には、こうした混合的な形態が最善であることを示しているのである。そしてこのことは古代の賢人たち〔＝プラトン、アリストテレス、ゼノン、キケロ〕の意見でもあった。(65)」

ハチスンはこのように混合政体の優位性を主張した後で、理想的政体の具体的説明に移行するが、彼がそのモデルとしたのはまさしくイギリス国制、すなわちイギリスの混合政体だったのである。イギリスの混合政体は、庶民院、貴族院の二院から成る議会と君主によって構成されているが、ハチスンは庶民院、貴族院、君主が、前述した四つの目標をそれぞれ分担して達成すべきだと考えているのである。

「一般的な人民の利益によって正規に選ばれた代表あるいは代理から成る合議体〔＝庶民院〕は、忠義（fidelity）あるいは誠意に欠けることは決してなく、賢智（wisdom）が足らないということもほとんどないのであるから、政治権力の大部分がそうした集合体に置かれることは当を得ているといえよう。……国家の重大な職務を遂行する際に、能力と忠義を有する少数の人びとから成る貴族院も存在する場合には、人民議会〔＝庶民院〕のために、要件を慎慮し、討論し、発議する権利だけを〔貴族院に〕委任しておいて差し支えないであろう。……最後に、予期せぬ緊急事態あるいは脅威の発生に備えて、さらには公共の利益が必要とすることを機密的に迅速に執行する（secret and speedy execution）ために、ある種の王的なあるいは独裁的な権力が必要である。しかし、その権力はその効力に関して法以外のいかなる根拠も有してはいないのである。この権力に対しては、戦時での指揮権と法の執行が委任されよう。この第三の部門〔＝君主〕は、貴族階級と平民との間に激しい抗争が生じた場合に、国制を担う二つの部分〔＝庶民院と貴族院〕のバランスを保つ、調停者として存在するのである。あらゆる種類の職務を促進するための権力は、なんらかの方法でこれら三つに共同して与えられ、あるいはそれらの間で分割されるのである。〔たとえば〕優れた才能と賢智が要求される職務は、貴族院にまかせることで果たされるであろうし、迅速な執行を行うために雇用される官吏は、君主によって任命されるであろう。人民の諸権利を守り、彼らの間で正義を執行する官吏は、人民によって選ばれるであろう(66)。」

ハチスンの場合、国家に求められる四つの目標をすべて充たすことが、人民のために必要不可欠であると考えられており、そのためには庶民院、貴族院、君主がそれぞれの得意分野でその役割を分担する混合政体が最善の政体であるという結論になろう。これはまた名誉革命で決着した当時のイギリス国制の最終的な形態でもあったのである。したがって、ハチスンはホッブズやプーフェンドルフとは違って、主権の共有や分割を認めているため、前述した変則的な政体の議論もまったく出てこないのである。ましてや混合政体やイギリス国制に対する批判はまったく行われておらず、むしろ理想的政体のモデルとなっているのである。

社会契約説の根幹部分ではプーフェンドルフの理論をほぼそのまま踏襲したハチスンが、政体論においてはまったく対照的な結論をとらざるをえなかった背景は、彼らの生きた時代の政治社会情勢の相違にあるといってもいいであろう。三十年戦争後の荒廃した国土とヴェストファーレンの講和条約によって実質的には領邦国家による国家連合と化した神聖ローマ帝国の惨状を深刻に受けとめていたプーフェンドルフは、祖国に対して批判的な見方をとらざるをえず、ボダン・ホッブズ的な主権論を掲げることでドイツにおける近代的統一国家の成立を願望していたのに対して、ハチスンは、二度の市民革命を経て、君主による横暴な専制政治を議会が防止する混合政体をすでに確立したイギリス国制に基本的な信頼をよせており、そのためには主権の共有や分割にも反対しない立場に立っていたのである。こうした両者の理論的相違は抵抗権に関する考え方においても見受けられる。最後にこの問題について触れておきたい。

近代における抵抗権の基本的スタンスは、近代初頭にヨーロッパに登場した絶対主義国家のシンボルである強大な権力を持つ君主の専制政治に対する、主に市民階級の側からの自由と平等を求める抵抗運動であったといえよう。しかし、絶対主義はネガティブな意味においてだけ捉えられてはならず、神聖ローマ帝国のような中世的な広大な宗教的紐帯から各地域の領邦国家が主権を主張して独立していくという、近代国家の成立にとっては必要不可欠な過渡的な形態でもあったのである。

したがって、近代の政治思想家たちは、それぞれの置かれた歴史的局面のなかで思想的営為を行わざるをえないという制約も課されていたのである。その点において、ドイツとイギリスとでは根本的に政治的事情が異なっていたといえよう。また、イギリスにおいても、市民革命の内乱期と名誉革命後とでは政治思想家たちの思想的課題は大きく違っていたこともまた事実である。すなわち、ホッブズは内乱状態を沈静化するための強い国家権力を標榜することが重要な理論的課題であり、ロックやハチスンは君主と議会がバランスを取り合う立憲君主制の確立したイギリス国制を理論的に正当化する必要性があったのである。一方、プーフェンドルフは、国家としての体裁を失っていた神聖ローマ帝国の批判と再建が最優先の理論的課題であり、そのためにはホッブズとはやや異なるもの(67)の、やはり国家統一のための強力な主権の重要性を強く認識していたのであった。こうした政治的状況の違いが各思想家たちの抵抗権思想に微妙な影響を与えていくのである。

まず、ホッブズについてであるが、彼は抵抗権の根拠を国家設立の理由から導き出している。すなわち、社会契約によって各人は主権者の行為を自らの代理的行為であると認めているため、基本的にこれに逆らうことはできないものの、[68] 国家＝コモンウェルスはそもそも自然状態で各人が有する自己保存の権利を守るために設立されたものであるから、主権者がその個人の自己保存を奪うような行為に対しては個別的に防衛行為を行ってもよいということになろう。しかし、ホッブズはこうした個別的な自己防衛としての抵抗権は認めてはいるが、国家の秩序を最優先させているために、主権者の不正を糾すための集団的抵抗権については消極的である。しかし、その例外としてホッブズが認めているのが、死刑の宣告を受けたり、あるいは死刑に値する重罪を犯した人びとが共同して自分たちの自己保存を守るという行為である。[69] これは権利としての集団的抵抗権は認めないが、事実としての集団的抵抗はありうるということをホッブズ自身が黙認したということになろう。このようにホッブズは、主権者の契約違反に基づく集団的抵抗権への道は閉ざしているが、自己保存を守るための不可避的行為としての抵抗は認めるというアンビヴァレントな態度をとっているのである。

これに対してプーフェンドルフは、自らの二重契約理論に基づき抵抗権の理論的基礎づけを明確に示している。すなわち、第二契約＝統治契約により、主権者は人民の福祉を実現しなくてはならないという義務を負っているため、これに違反した場合には主権者に抵抗し、彼を交替させる権利を人民が有しているということになろう。ただし、プーフェンドルフはこうした人民の主権者に対する抵抗権が実際に発動されることを危惧し、抵抗権の具体的ケースを個別的な自己防衛権（jus defensionis）に限定させようとする意図が見受けられる。[70] つまり、抵抗権を発動するためには、主権者が明確な契約違反を行ったという判断が必要となるが、プーフェンドルフは、主権者が不正を行った場合にそれを審判する主体が人民であるということをロックのように一貫して主張することができないため、事実上集団的抵抗権は行使できなくなっているのである。

これは、人民が主権者に対する集団的抵抗権を実際に行使することになれば、神聖ローマ帝国の政治的分裂状況がさらに深刻になるというプーフェンドルフ自身の警戒心のあらわれと見ることもできよう。さらに、プーフェンドルフは、実際の抵抗権の行使は個々の市民が主権者に対して行う個別的なものに限定しようとする傾向も見受けられる。個々の市民の主権者に対する個別的抵抗は国家全体として見ればさして脅威とはならないからである。このようにプーフェンドルフもホッブズと同様に、基本的に国家の安寧と秩序維持を最優先させている傾向が強くうかがえるのである。(71) プーフェンドルフが生きていた当時の弱体化した神聖ローマ帝国において抵抗権を積極的に認めていくことは、まさしく国家の破壊を招く危険な行為であったといえるのである。

ホッブズやプーフェンドルフが生きていた時代に比べると、ハチスンが執筆活動を行った名誉革命後のイギリスでは、抵抗権を声高らかに唱導する社会的背景が十分に整っていたといえよう。(72) なぜなら、名誉革命そのものが専制君主に対する抵抗権の発動そのものだったからである。したがってハチスンは、ホッブズやプーフェンドルフとは違って、人民の福祉を顧慮しない専制君主に対して集団的抵抗権を行使することには躊躇しないのである。

ハチスンの抵抗権に対する考え方は『綱要』よりも『道徳哲学体系』でより詳細に展開されている。したがって、ここでは、『道徳哲学体系』第三巻第七章の「統治者の諸権利について」における記述に従いつつ、ハチスンの抵抗権思想を跡づけることにしよう。

ハチスンはまず、指導者としてはそれほどすぐれてはいない統治者に対する心構えを次のように説いている。「徳性がとくにすぐれているわけでもなく、あるいはその公共的な行動についてもさまざまな欠陥が見受けられるような統治者たちであっても、彼らが誠意をもってやる気を出し、彼らの統治がなんとかそれなりに公共の利益を推進できているうちは、我々は〔そうした統治者たちが〕その高い地位にあることの難儀さと〔彼らが〕きわめて誘惑にかられやすいことを考慮しつつ、彼らの弱点を大目に見てやらなくてはならない。〔というのは〕彼らはそれでも公共の利益にとってなおきわめて重要な人びとであるからである。……〔統治者たちによる〕危害が、暴力による〔統治者たちの〕すげ替えの際に生じるであろうと懸念される害悪よりひどくない場合、そして〔彼らの〕すげ替えによって、〔その時に生じる〕害悪にまさる、すぐれた善が得られるであろうという見込みがない場合は、〔その統治者たちに対する〕服従を続け、内乱による害悪を避けることは、臣民の祖国に対する神聖な義務であろう。しかし、そうではなく、いかなる穏便な方法でも国家を悲惨な状態から救済し、あるいは保護することができないような場合には、プランを変更し、あるいは不埒な統治者たちが権力の座から退くよう全力を尽くすのは、万民に課せられた祖国に対する義務である。[73]」

このようにハチスンは、道徳的に劣っている為政者たちや暴君を交替させる代替手段がない場合には条件付で暴力的な抵抗権を行使することを認めているのである。そしてハチスンは第二節で述べたように、社会契約の際に主権者と人民の間で成立する信託の理論を持ち出して抵抗権を理論的にさらに補強していくのである。彼は『道徳哲学体系』第三巻第七章第三節「抵抗権はいかなる〔政体の〕プランにも存在する」において、次のように述べている。

「憲法によって自らに与えられていない権力を簒奪し、あるいは最高権力の一部を分有している政治的な合議体あるいは議会に与えられた諸権利を侵害する、制限君主あるいは貴族院に抵抗する権利が存在することはきわめて明白である。しかし、そうした抵抗は、何らかの基本法、あるいは統治者たちが任に就くのを承認する際になされた契約あるいは誓約が、人民に特定の諸権利を留保させ、統治者たちの権力から免れさせていることが明白である、制限された政府においてのみ合法であると想定してはならない。このような場合には、抵抗権は疑問の余地が少ないであろう。そしてその国民ばかりでなくすべての人類も、抵抗権が正当であることとそれを行使すべき適切な時機について直ちに合意するであろう。しかし、あらゆる政府において、最も絶対主義的な政府においてさえも、信託（trust）の本来の目的は、全社会（the whole body）の繁栄と安全にあるということは広く知られている。したがって、支配者たちのとてつもなく専制的な意図あるいはそれと同等の効果を有する支配者たちの愚かな行為あるいは不正によって、権力がこの目的からそれて、人民の破滅へと悪用される場合には、信託に違反しているのであるから、その国民は抵抗権を持たなくてはならないのである。……再び述べるまでもなく、あらゆる抵抗権を排除して君主あるいは貴族院に絶対的権力を全面的に譲渡することは、本来無効な行為なのであり、そうした契約において、何が最も重要なことであり、一般的な善のためにそうした権力がいかにあるべきかを誤解してなされたものと言わざるをえないのである。(74)」（傍点筆者）

したがってハチスンの主張に従えば、彼は人民の福祉に反する統治を行う為政者に対して抵抗する理論的根拠を、人民と主権者の間に存在する信託の違反に求めていると考えることができる。こうした思想はロックの抵抗権理論ときわめて近いといえよう。しかし、前節でも指摘したように、ハチスンはプーフェンドルフの二重契約理論をそのまま自らの社会契約説に採用しているために、抵抗権の根拠も一貫して信託に求めることはせず、プーフェンドルフの第二契約＝統治契約にも求めるという、理論的あいまいさを残しているのである。それは彼の次のような言説にもあらわれている。

「最高の地位にいる政治的な為政者たちあるいは支配者たちは、神と自然の法に服し、彼らが権力の座につくことを承認される際に取り結ぶ、明示的なあるいは黙示的な何らかの契約〔＝統治契約〕によって拘束されているのである。彼らは憲法が彼らに与えた範囲を超える権力を持つことはできない。あらゆる政治権力は、公共善のためだけに認められ、受け入れられていることは明白なのであるから、それを正反対の目的に用いる者は、彼の側の背信行為によって他方〔＝国民〕をあらゆる義務から解放し、その結果、国民は諸悪に対抗して自らを守る自然権を有することとなるのである。[75]」（傍点筆者）

統治契約は、モナルコマキの抵抗権理論に典型的に見受けられるように、君主が載冠を受ける際に、人民の福祉と自然法を守ることを約束し、その義務を負う契約である。その代わりに人民の側には彼に服従するという義務が生ずる双務契約である。しかし信託の場合には、君主はあくまで委託者である人民の利益を最大限実現するための受託者にすぎず、人民の側に服従の義務は生じない。君主の側だけが義務を負う片務契約なのである。したがって、統治契約と信託とでは義務と権利の関係において、その理論的性格が大きく異なるのである。ハチスンは統治契約と信託を明確に区別することなく、混在させてしまっているために、理論上は相容れない二つの契約理論を併存させてしまったのである。この点にハチスンの抵抗権理論の根本的欠陥があったといえよう。

しかし、それ以外の点では基本的にロックの抵抗権の考え方をそのまま踏襲していると言っていいであろう。たとえば、プーフェンドルフにおいてはあいまいであった、為政者の失政の審判者は誰であるのかという論点には以下のような明快な解答を与えている。

「あらゆる憲法において、政治権力は公共善のための信託であると認められている。したがって、政治権力が〔支配者から〕剝奪されるような背信行為によって、それが濫用されたのか否かという問題が生じてこよう。……権力の濫用が〔支配者の国民に対する〕忠実な意図と矛盾するのかどうか、あるいは権力の濫用があまりにひどすぎて、そのままだと人民にとって破滅的であるのかどうかという問題が生じた場合に、〔我々はどうすればいいであろうか〕？　抗争する当事者同士のどちらもその論争の最も公平な審判者たりえないと思われるかもしれない。しかし、支配者は審判者に対して最悪の抗弁をする可能性がある。というのは、その問題の核心は彼が自らの権力を放棄するか否かにあるからである。〔彼が審判者であれば〕自らに不利となる判決は決して下さないことは明白である。……人民か、あるいは彼らが信頼でき、彼ら自身によって選ばれた、英知ある代議士から成る合議体〔こそ〕が、この問題を解決する権利を最も要求することができよう。なぜなら、あらゆる政治権力が設立される目的は、彼らと彼らを選んだ人びとの利益にあるからであり、彼らの支配者の利益にはないからである。……〔支配者の〕審理に際して、人民は、彼らが明らかに自分たちの利益（good）のために構築した権力のプランが実際には彼らにとって危険なものだとわかれば、それを変更する権利を有するのである。(76)」（傍点筆者）

人民が為政者の失政の審判者であるということを一貫して主張することによって、ハチスンは、イギリスの名誉革命後の体制を抵抗権理論によって完全に正当化したといえよう。こうした抵抗権思想はロック以来、保守的な反動勢力に対抗する市民階級にとって最も重要な政治的イデオロギーとなったのである。

以上見てきたように、プーフェンドルフの社会契約説を基本的に踏襲したハチスンの政治理論も、政体論と抵抗権の捉え方においては、両者が生きていた政治社会状況や取り組んでいた思想的課題が大きく異なっていたため、プーフェンドルフとは対照的な思想を展開することとなったのである。とくに抵抗権思想においては、ハチスンはプーフェンドルフよりもロックの思想の影響をより強く受けていたように思われる。

一八世紀のスコットランドにおいて、一七世紀に最も成熟した近代自然法学あるいは社会契約説を受容し、その思想をヒュームやスミスに伝え、それを新たな啓蒙の時代の思想的酵母にしたハチスンの役割は決して過小に評価されてはならないであろう。しかしながら、プーフェンドルフの自然法学とハチスンの道徳哲学の構成と内容を詳細に比較し、分析していくと、倫理思想の部分を除いた政治理論の根幹的部分ではハチスン自身の独創性はそれほど見出すことはできないのである。したがって、倫理思想家ではなく政治思想家としてのハチスンに敢えて評価を下すとすれば、ハチスンに特段の独創性や独自性はなく、プーフェンドルフとロックの焼き直し、あるいは両者のほぼ完全な折衷であったといえるのではなかろうか。

おわりに

一七・一八世紀における近代自然法は、ホッブズ、ロック、ルソーへと発展する、いわゆる「社会契約論」の流れと、グロティウス、プーフェンドルフ、トマジウス、ヴォルフらに代表される大陸自然法学の流れの二つの系譜に分類されることが多いが、(77) この性格のやや異なる二つの近代自然法が合流した場所がスコットランド啓蒙思想であった。すなわち、グラスゴウ大学で教鞭をとったカーマイケルとハチスンは自らの自然法学を構築する際に、二つの近代自然法を区別したり、一方を排除するというようなことはせず、大陸自然法を思想的基盤にしつつも、それにイギリス哲学やホッブズ、ロックの自然法を柔軟に融合させることで、新たな自然法学＝道徳哲学を完成させようとしたのであった。カーマイケルやハチスンは、それぞれスコットランド啓蒙思想の拠点となったグラスゴウ大学「道徳哲学」講座の担当教授であったという点で、スミスやヒュームに与えた影響は計り知れないものがあろう。オランダやドイツで生まれた大陸自然法学は、その後カントやヘーゲルが登場するまで自国においては著名な思想的後継者にめぐまれなかったという点においては、本国よりもむしろスコットランドの地で新たな生を享けたともいえよう。

しかしながら、大陸自然法学をスコットランド啓蒙思想に受容したという、ハチスンの思想史上での貢献は高く評価されるべきものの、本章で指摘したように、ハチスンの自然法学は前半の倫理学の部分を除くとそれほど独創性のあるものではないことが確認されるのである。すなわち、自然法学体系の構成、自然状態論、社会契約説、抵抗権理論などの最も根幹的な部分において基本的にはプーフェンドルフの自然法学とロックの政治理論に依存しているからである。さらには、社会契約説を展開する際に、プーフェンドルフの二重契約理論とロックの信託理論を結合させるという、理論上やや無理のある思想的折衷を行っている点で、政治思想家としてのハチスンには未成熟さも見受けられるのである。政治理論に限定して言えば、ハチスン自身は一七世紀の近代自然法の枠内にとどまっており、それを思想的に止揚することはなかったといえよう。

こうしたハチスンの限界を乗り越えようとしたのがヒュームとスミスである。スコットランド啓蒙思想のハチスン以降の思想的課題としては、まさしくこの近代自然法の根幹である社会契約説をいかに批判的に超克するかにあったといえるであろう。それはまた社会契約説の虚構性の暴露でもあった。しかしながら、その問題は本章の課題ではない。最後に、ハチスンがプーフェンドルフの自然法学をスコットランド啓蒙思想に受容したことで、ヒュームやスミスがそうした新たな思想的課題に取り組むきっかけと道筋を与えたことだけは確かであることを指摘しておきたい。

（1）　Donald Winch, *Adam Smith's Politics* (Cambridge : Cambridge University Press, 1978), p. 47. 永井義雄・近藤加代子訳『アダム・スミスの政治学』（ミネルヴァ書房、一九八九年）、五六ページ。ただし訳文は同一ではない。

（2）　Cf. W. R. Scott, *Francis Hutcheson* ; H. Jensen, *Motivation and the Moral Sense in Francis Hutcheson's Ethical Theory* (Hague : Martinus Nijhoff, 1971) ハチスンの倫理思想に関する研究文献については、ハチスン『美と徳の観念の起原』（山田英彦訳、玉川大学出版部、一九八三年）、二八四―二八六ページに挙げられている参考文献リストも参照されたい。

（3）　ハチスンは、道徳哲学は「徳性の本質を教え、〔人間の〕内的性向を規制する、狭義の倫理学の部分と自然法の知識を授ける部分を含む」と述べ、道徳哲学が（狭義の）倫理学と自然法学の二つの部分から構成されると説く。自然法の内容としては、（一）

「私的な諸権利あるいは自然的自由の状態で通用する法に関する教義」（二）「家政学、すなわち、家族の複数の構成員に関わる法と諸権利」（三）「市民政府のさまざまなプランと国家相互間の諸権利を教える政治学」を含んでいると主張している。Cf. *Short Introduction*, p.i. おそらくハチスンは、人間の外面的行為の規制を目的とした、規範的性格を強く有する近代自然法学（とくにプーフェンドルフの自然法学）には、人間の内的感覚に根ざした倫理学が欠けている、あるいは不十分であると感じていたのであろう。アダム・スミスの思想形成が、『道徳感情論』（倫理学）⇒『法学講義』（自然法学）⇒『国富論』（政治経済学）へと発展していったことは、近代自然法学をベースにしながらも、それに道徳感覚に基づく倫理学を付け加えたハチスンの道徳哲学の体系と構成に影響を受けていることは間違いないであろう。田中正司『アダム・スミスの自然法学』（御茶の水書房、一九八八年）も参照されたい。

（4）*Short Introduction*, p.i.

（5）Cf. Michael Brown, *Francis Hutcheson in Dublin, 1719-30* (Printed in England : Four Courts Press, 2002), p. 16.

（6）Stephen Buckle, *Natural Law and the Theory of Property* (Oxford : Oxford University Press, 1991), p. 223.

（7）田中正司「アダム・スミス『法学講義』研究序説――ハチスン『道徳哲学体系』との対比的考察――」（『横浜市立大学紀要』社会科学編　新シリーズ　第一号、一九八三年）、三三ページ。

（8）「彼〔＝プーフェンドルフ〕は、理性法論が実定法学に対して影響を及ぼすことを、はじめて可能ならしめたのである。一八世紀初頭以来、ドイツでの彼の弟子たちが、中欧官憲国家の啓蒙主義に対して影響を及ぼし、かつ理性法論的な教養を具えた法律家たちが、最初の近代的諸立法を委託された。それ以降、上に述べた実定法学に対する理性法論の影響が、あらわれはじめたのである。さらに、プーフェンドルフの体系的業績は、理性法論の時代を超えて、存続した。というのは、それは民事法学によって永続的に採用されたからである。」フランツ・ヴィーアッカー『近世私法史』（鈴木禄弥訳、創文社、一九六一年）、三七八ページ。

（9）Cf. S. v. Pufendorf, *De Jure Naturae, Praefatio 1684*, p. 11.

（10）ホッブズが自然法の内容として具体的に挙げているのは、（一）平和に向かって努力せよ、（二）他人もそうする場合には平和のために自らの権利をすすんで放棄せよ、（三）信約は履行せよ、（四）恩には報いよ、（五）他者に自らを適応させるよう努力せよ、（六）犯罪者が罪を悔いている場合は許しを与えよ、（七）復讐は抑制せよ、（八）傲慢であってはならない、（九）自惚れてはならない、（十）尊大であってはならない、（十一）衡平でなくてはならない、（十二）共有物は平等に使用しなくてはならない、（十三）共同で使用できない場合はくじで決めよ、（十四）共有で使用できない物は最初に生まれた者か、最初に占有した者に与えられなくてはならない、（十五）仲裁者の安全は保証されなくてはならない、（十六）仲裁者の判決には服従しなくてはならない、（十七）自らの訴訟事件の仲裁者になることはできない、（十八）判決の結果次第で利益を得る可能性のある者は仲裁者となってはならない、（十九）利害当事者以外の証言を信用しなくてはならない、以上の十九の項目である。ホッブズの場合一貫しているのは、第一の基本的自然法（平和を求めよ）を実現するために、残りのすべての自然法が導き出されていることであり、自然法の最大の目的は市民生活に秩序と安定をもたらすことであることがわかる。Cf. Thomas Hobbes, *Leviathan*, pp. 189-214. 邦訳、八七―一〇五ページ。本文中の訳出にあたっては訳文とは必ずしも同一ではない。

(11) John Locke, *Two Treatises of Government*, p. 289. 邦訳、一二ページ。ただし、訳文は必ずしも同一ではない。

(12) *ibid.*, p. 293. 邦訳、一八ページ。

(13) ロックは、初期の著作である『自然法論』(*Essays on the Law of Nature*, 1664) において、自然法の認識方法や存在証明に大きな関心を寄せているが、ここでも自然法の具体的な内容についてはほとんど言及していない。一般論的に「自然法の命令のうち、絶対的で、窃盗とか淫乱とか中傷とか、あるいは他方、宗教や慈善や誠実などをふくむもの、その他これに類するものは、世界中のすべての人を、国王でも臣民でも、貴族でも平民でも、親でも子でも、野蛮人でもギリシア人でも、すべての人を拘束する」と述べているにすぎない。Cf. J. Locke, *Essays on the Law of Nature* (Oxford : Oxford University Press, 1954), p. 197. 浜林正夫訳『自然法論』(河出書房新社、一九六二年)、一七五―一七六ページ。

(14) この点については第三章を参照されたい。

(15) Cf. M. Brown, *op. cit.*, p. 22.

(16) カーマイケルは、プーフェンドルフの『義務論』に自らの注釈を加えた版を一七一八年と一七二四年にそれぞれグラスゴウ、エディンバラで出版している。

(17) Cf. *Short Introduction*, p. i.

(18) Cf. S.v. Pufendorf, *De Officio*, *Lectori Benevolo Salutem*, p. 6.

(19) 絶対的自然法と条件的自然法については、第五章を参照されたい。

(20) ハチスンは private rights を natural なものと adventitious なものに分けているが、前者は人間の行為や制度によって人為的に作られるものではなく、自然状態において誰もが有している絶対的な自然権であるといえる。private natural rights はさらに perfect なものと imperfect なものに分類されている。perfect な private natural rights としては、（一）生命を守る権利　（二）貞操を守る権利　（三）自らが清廉潔白であることを主張する権利　（四）自然法の範囲内で自らの判断に従って行動する権利（五）公共善のために自らの生命を捧げる権利（六）とくに宗教に関しての自己判断の権利などが挙げられている。imperfect な private natural rights とは、我々の良心が自らに課す義務と同義であり、たとえば大きな災禍に見舞われた人が援助を乞う権利などが挙げられている。Cf. *Short Introduction*, pp. 141-145.

(21) *Short Introduction*, p. 147.

(22) この点については、田中正司『前掲論文』、とくに一〇二―一〇四、一五〇ページを参照されたい。ハチスンは所有権や政治権力の具体的な在り方については神が決めるのではなくて、人間が自らの英知を使って決定すべきものだと主張している。したがって、所有権や政治権力はその社会の置かれている状況に合わせて、人間のコンヴェンションによって決められていくということになろう。こうした論理そのものはプーフェンドルフの条件的自然法とまったく同じである点が注目される。「神はあるべき統治の形態や委任されるべき権力の大きさ、あるいは〔権力の〕継承の方法について、啓示によって定めてはおらず、現在、世界に存在しているいかなる国家の統治者も任命していないのである。神の法〔=自然法〕は、統治をなさしめよと求めている〔だけ〕である。……政体の形態と委任されるべき権力の程度は人間の英知（prudence）に任せられているのである。神の法は同じように所有権（property）が〔確立されるべし〕と要求し、すべての人間の生来の（natural）そして後天的な（acquired）諸権利を認めている。しかし、それらをどのように扱うかは人間の英知に任せられているのである。」（*Moral Philosophy* Volume II, p. 269.）

(23) Cf. *De Jure Naturae*, II, ii, §9.

(24) ロックはホッブズ的な戦争状態としての自然状態の観念を明確に否定し、人間は理性を使って自然法の範囲内での自由を行使するから、自然状態は平和状態であると主張している。ただし、自然法に関する解釈や意見の相違を調停する裁判官が自然状態では存在せず、損害が生じた場合に賠償が得られるかは予断を許さない。さらに所有権をめぐるトラブルが自然状態を戦争状態へと転化させる可能性も否定していない。こうした自然状態論はプーフェンドルフのそれときわめて類似している。Cf. J. Locke, *Two Treatises of Government*, pp. 287-294. 邦訳、一〇―一九ページ。

(25) *Short Introduction*, p. 139.

(26) *Moral Philosophy* Volume I, pp. 282-283.

(27) *De Jure Naturae*, II, ii, §5.

(28) Cf. T. Hobbes, *Leviathan*, pp. 189-190. 邦訳、八七―八八ページ。

(29) Cf. *ibid*, p. 234. 邦訳、一一九―一二〇ページ。

(30)　Cf. *De Officio*, II, i, §§ 1-6.
(31)　こうした考えはデイビッド・ヒュームの自然法に対する考え方とも共通している。この点については第五章を参照されたい。
(32)　Cf. J. Locke, *Two Treatises of Government*, pp. 311, 319-320. 邦訳、四二、五四ページ。
(33)　Cf. T. Hobbes, *op. cit.*, p. 186. 邦訳、八五ページ。
(34)　Cf. *De Officio*, II, i, § 9.
(35)　*Moral Philosophy* Volume I, p. 287.
(36)　*Moral Philosophy* Volume I, p. 288.
(37)　*Moral Philosophy* Volume I, p. 288.
(38)　*Moral Philosophy* Volume I, pp. 289-290.
(39)　Cf. *De Officio*, I, iii, §§ 3, 7-9. ; *De Jure Naturae*, II, iii, §§ 14-15.
(40)　*Short Introduction*, p. 279.
(41)　バックルの指摘するように、ハチスンは基本的には一七世紀の社会契約説の主張に則っており、ハチスンの思想形成に大きな影響を与えたシャフツベリのように国家が自然に生ずるとする説は採用していないことに注意する必要はあろう。「ハチスンは、国家（civil polity）は国家設立以前の状態から人間によって構築されなくてはならないことを認めている。この点で彼は、道徳感覚を政治理論に関連づけようとするシャフツベリの解釈とは明確に異なっている。シャフツベリは人間本性に自然に〔備わった〕社会的愛情が政治社会そのものをその性質上、自然現象にするのであり、〔政治社会は〕作為の結果ではないと考えていたのである。したがって、彼〔＝シャフツベリ〕は国家設立以前の起源的な状態という観念を含む理論にはきわめてそっけなかったのである。これに対してハチスンは、道徳感覚の仁愛的な感情が及ぶ範囲をもっと限定的に解釈している。仁愛的な感情は確かに社会性の基礎ではあるが、それは国家の本性的な基礎を提供することはできないのである。市民政府は合理的な作為によって生み出されるのであり、したがって、それは起源的な自然状態からやがて生じるに違いないのである。」（S. Buckle, *op. cit.*, p. 229.）
(42)　Cf. *De Officio*, I, iii, § 4.
(43)　*Short Introduction*, pp. 279-280.
(44)　Cf. *Short Introduction*, p. 282.
(45)　Cf. *Short Introduction*, p. 282.

(46)　二重契約説については、ディヴィッド・バウチャー／ポール・ケリー編、飯島昇藏／佐藤正志他訳『社会契約論の系譜』（ナカニシヤ出版、一九九七年）、とくに一三二―一三三ページを参照されたい。
(47)　Cf. *De Jure Naturae*, Ⅶ, ii, §§ 7-8.
(48)　*Short Introduction*, p. 286.
(49)　*Moral Philosophy* Volume II, p. 273.
(50)　F. Hutcheson, *An Inquiry into the Original of our Ideas of Beauty and Virtue* (Hildesheim : Georg Olms Verlagsbuchhandlung, 1990), pp. 303, 305. 邦訳、二四三―二四四ページ。ただし訳文は同一ではない。
(51)　Cf. T. Hobbes, *De Cive*, pp. 109, 111, 151. ホッブズはここで人民（People）と群衆（Multitude）の区別をしている。ホッブズによれば、主権者に服従する臣民は、人民ではなく群衆とされる。
(52)　この点については第一章を参照されたい。
(53)　Cf. David Hume, *A Treatise of Human Nature*, Second Edition, with text revised and notes by P. H. Nidditch (Oxford : Oxford University Press, 1978), p. 493. 大槻春彦訳『人性論（四）』（岩波文庫、一九五二年）、六七―六八ページ。id. *An Enquiry concerning the Principles of Morals*, edited by Tom L. Beauchamp (Oxford : Oxford University Press, 1998), pp. 17-18. 渡部峻明訳『道徳原理の研究』（哲書房、一九九三年）、二六―二八ページ。ヒューム『原始契約について』（世界の名著32、中央公論社、一九八〇年）、とくに五三七―五四一ページ。Adam Smith, *Lectures on Jurisprudence, Report dated 1766*, edited by R. L. Meek, D. D. Raphael and P. G. Stein (Indianapolis : Liberty Press, 1982), pp. 398, 401-404. 高島善哉・水田洋訳『グラスゴウ大學講義』（日本評論社、一九八九年）、八九、九八―一〇五ページ。
(54)　J. Locke, *op. cit.*, p. 372. 邦訳、一三四ページ。
(55)　T. Hobbes, *Leviathan*, pp. 239-240. 邦訳、一二四ページ。
(56)　*De Jure Naturae*, Ⅶ, v, § 11.
(57)　T. Hobbes, *op. cit.*, p. 274. 邦訳、一四九ページ。
(58)　ホッブズやプーフェンドルフは変則的な政体をもっぱら主権の概念から捉え、政治機構上の問題として扱おうとしているが、ハチスンは、変則的な政体とは「社会の利益に合致しない」政体であるとして、統治の質の観点から捉えようとしている。したがって、人民の利益に適う政体であれば、主権の分割や共有が行われていてもハチスンにとっては「規則的な政体」なのである。Cf. *Moral Philosophy* Volume II, pp. 240, 258.

(59) *De Jure Naturae*, Ⅶ, v, § 15.
(60) *Short Introduction*, p. 292.
(61) *Short Introduction*, pp. 294-297.
(62) *Short Introduction*, pp. 294-295.
(63) *Short Introduction*, pp. 297-298.
(64) *Short Introduction*, p. 298.
(65) *Short Introduction*, pp. 299-300.
(66) *Short Introduction*, pp. 300-301.
(67) 主権論に関して言えば、プーフェンドルフはおそらくホッブズを意識しつつ、絶対的な主権（absolutum imperium）と最高の主権（summum imperium）を区別していることが注目される。すなわち、プーフェンドルフ自身は主権者が恣意的に諸権利を行使することを肯定してはおらず、自らの唱える最高の主権という概念が絶対君主の下で行使される主権とは異なることを強調しているからである。「最高の〔主権〕と絶対的な〔主権〕は決して同一の事柄ではない。というのは、前者は同じ地位に同等なものか上位のものが存在しないことを意味しているが、後者はあらゆる権利を自分自身の判断と選択に基づいて行使する権能を〔意味している〕からである。」（*De Jure Naturae*, Ⅶ, vi, § 10.）
(68) Cf. T. Hobbes, *op. cit.*, p. 232. 邦訳、一一八ページ。
(69) Cf. *ibid.*, p. 270. 邦訳、一四六―一四七ページ。
(70) この点については第一章を参照されたい。
(71) プーフェンドルフ自身は、国王の専制政治は認めないにせよ、安易な抵抗権の発動によって国内が混乱することにも深い憂慮を抱いていた。そのことは、『ヨーロッパの偉大な諸帝国および諸国家の歴史序説』（*Einleitung zur Historie der vornehmsten Reiche und Staaten so itziger Zeit in Europe sich befinden*, 1682）のなかで、市民革命期のイギリスにおいて、抵抗権の発動に伴って内乱が頻発し、政情が不安定な状況に対するプーフェンドルフの次のような不快感にもよくあらわれている。「イングランドではだらしのない遊民たちが公道で盗みと略奪に耽り、死刑執行人たちはいつも休む暇もないほどである。インググランドほど宗教に関するさまざまな意見と愚かな見解が衝突し合っている国は世界中どこにも存在しないであろう。……彼ら自身の歴史が次のことを十分に証明している。すなわち、彼らはつねに〔為政者たちに〕反抗し、国内の暴動を起こす癖があるのである。したがって、国王たちは、人民の不安定な精神状態を用心深く見張っていないと決して安全でいることができないのである。」〔S. v. Pufendorf, *An Introduction to the History of the Principal Kingdoms and States of Europe* (London : Printed for Tho. Newborough at the Golden Ball, 1702), p. 153.〕

(72)　ハチスンの祖父と父親は、長老派の牧師であったと言われているが、水田洋氏はこうしたカルヴァン派＝非国教徒としての彼の政治的・宗教的立場が彼の抵抗権思想をより強固にしていると指摘している。水田洋『アダム・スミス研究』(一九六八年、未来社)、三〇〇ページを参照されたい。また、板橋重夫氏は、「〔社会〕契約説は統治権の濫用に対する抵抗の根拠として、常に革新と反抗のエネルギー源として留保されていたと言ってよい。伝統的な自然法観、契約説との明白な断絶を宣言しなかったハチスンの方が、リアリズムの立場に立ったヒュームよりも、より革新的な立場に立ち得たということは偶然ではあり得ないという感がする」と指摘し、ハチスンの政治的革新性は社会契約説を否定しなかったことでより高められていると主張している。板橋重夫『イギリス道徳感覚学派――成立史序説――』(北樹出版、一九八三年)、二三八ページ。

(73)　*Moral Philosophy* Volume II, pp. 269-270.

(74)　*Moral Philosophy* Volume II, pp. 270-271.

(75)　*Moral Philosophy* Volume II, p. 271.

(76)　*Moral Philosophy* Volume II, pp. 272-273.

(77)　この点については、補論一を参照されたい。

第五章　プーフェンドルフとヒューム
――自然法の道徳的拘束力の根拠としての公共的効用について――

一　はじめに――問題の所在――

一七・一八世紀を通じて、ヨーロッパ近代の政治・社会思想の形成に多大の影響を及ぼした思想潮流の一つが自然法思想であったことに異を唱える者は誰もいないであろう。グロティウス、ホッブズ、ロック、プーフェンドルフ、ライプニッツ、ハチスン、スミスらに代表される自然法思想を思想母体として(1)、近代の哲学(とくに認識論)、倫理学、政治学、経済学が生誕・成立したといっても過言ではないからである。彼らは独自の問題意識に基づいて自らの自然法学を展開したといえるが、彼らが自然法学を構築する際に共通して直面した、ある難解な思想的課題が存在していた。それは彼らが自然法を神学から解放し、世俗化する上で避けられない課題であったともいえる。

その思想的課題とは、「人はなぜ自然法を遵守しなければならないのか」という問いに対して明快な解答を与えることであった。この問いは換言すれば、自然法＝正義の基礎をどこに置くのかという問題でもある。この課題に対しては、当時においては大きく分けて二つの解答が可能であった。自然法＝正義の基礎を、人間本性の創造者としての神の命令あるいは神の理性に置く方法と、現世において自然法が有する公共的効用性に置く方法である。すなわち、端的に言えば、前者は、「神の命令だから」自然法に従わなくてはならないという論理であり、後者は、社会生活を送る上で「有益で便利だから」自然法に従うという論理である。

さて、この思想的課題がなぜ難解であったかというと、中世的なスコラ的・神学的自然法に対する批判をその思想的出発点としていた近代の自然法論者たちではあったが、自然法の道徳的拘束力の有力な根拠となっていた神学的基礎については彼らは容易には否定しえなかったからである。むしろ、後に論じるように、一七世紀の自然法論者たちは、聖書を典拠とする啓示神学から自然法を解放しようとしつつも、人びとが自然法に従う道徳的拘束力を強固にするために、自然法は神の命令あるいは神の理性であるという自然神学的基礎づけを残存させようとする傾向が強かったのである。[2] 事実、一七世紀の自然法論者のなかで自然法の拘束力の神学的基礎を完全に否定した思想家はほとんどいない。[3]

そういう意味においては一七世紀の自然法学は、厳密に言えば、自然法の世俗化を完全には達成できなかったのである。[4] この自然法の完全な世俗化という課題に徹底した論理で挑んだのが一八世紀スコットランドの思想家デイビッド・ヒューム（一七一一―一七六）であった。ヒュームは、近代自然法論者たちが、自然法の道徳的拘束力の根拠を自然神学的な基礎に依拠してはいても、最終的にはその基礎を「公共的効用性（public utility）」に求めざるをえなくなることを洞察していたのである。彼は『道徳原理の研究』（*An Enquiry concerning the Principles of Morals*, 1751）のなかでその点を次のように指摘している。

「自然法に関する著述家たち〔＝近代自然法論者をとくに指していると思われる〕を調べてみるならば、諸君は常に、彼らがいかなる原理をもって論述を始めようとも、最後には必ずここで終結し、彼らが確立するすべての諸規則に対する究極の理由として、人類の便宜（convenience）と必要（necessities）〔＝公共的効用〕とを挙げるのを見出すであろう。[5]」

ヒュームはこのように近代自然法論者たちが、その避けることのできない最終目標である自然法の「世俗化」を達成するためには、自然神学的基礎を放棄して、「公共的効用性」をその道徳的拘束力の基礎とせざるをえないという点を鋭く見抜いていたのであった。さらに、ヒュームは、自らの論理によって自然法を効用⇒コンヴェンション（暗黙の合意）を基礎にした道徳規範として再構築するなかで、自然法＝正義の起源は自然ではなく、人為のなかに求められるべきものであると主張する。その結果、自然法の「人為的性格（artifice）」もクローズアップさせることとなるのである。

しかし、こうした自然法の世俗化の動きは一七・一八世紀になってから初めて開始されたものではない。古典古代の論者でありながら、近代の自然法思想家たちの法と倫理に関する共通の教養となっていたキケロ（前一〇六―四三）において、すでに自然法の拘束力の根拠を効用に求める端緒が見受けられる。なぜなら、キケロは自然法には効用（utilitas）が必要不可欠であることを強調していたからである。

また、一七世紀の自然法論者プーフェンドルフも、効用から自然法が導かれることを強く否定しつつも、市民社会における所有権をその主内容とする条件的自然法（leges naturales hypotheticae）〔＝「条件つきの」自然法という意〕を展開するなかで、彼のエンティア・モラリア論との整合性を保つためには、最終的には彼の自然法体系の主要部分をなしている条件的自然法の「公共的効用性」と「人為性」とを認めざるをえなくなるのである。

キケロからプーフェンドルフ、ヒュームへと至る、自然法の世俗化に関する思想史的プロセスをたどることによって、ヒュームによって完成される自然法の世俗化の基本構図が、すでにキケロとプーフェンドルフの自然法思想のなかに萌芽的に準備されつつあったことを指摘することが本章の目的である。

一　キケロにおける正義と公共的効用

自叙伝によれば、ヒュームは、少年時代に古代ローマ共和政末期の著名な道徳哲学者キケロの書物に熱中し、彼の著作を愛読していたようである。(6) 哲学的にはストア派の流れを汲んでいるといわれるキケロ(7)は、数多くの哲学的著作を残しているが、その主著である『義務について』(*De Officiis*, B. C. 44) のなかで、すでに自然法の世俗化に取り組み始めていた。

それは、まず自然法を通俗化して、自然法を賢人 (sapiens) のための卓越した徳性ではなく、万人のための「月並な義務」とすることであり、自然法＝正義 (justitia) の基礎を神の命令ではなく公共的効用 (utilitas) に置くことであった。こうした思想は、後述するようにヒュームの正義論にも相通ずるものがある。

ヒュームは、彼の『人間本性論』(*A Treatise of Human Nature*, 1739-40) に対する感想を寄せたフランシス・ハチスンに返答の書簡を送っているが、そのなかで、「全体として、私は徳の要覧 (catalogue) をキケロの『義務について』から引き出すことを望んでいますが、実際のところ、私のあらゆる論究においてこの書物を意識しています……あなたはキケロを大いに賛美していますが、私もそうです」と告白している。(8) 神学にほとんどとらわれない、古代ローマ時代特有の柔軟な世俗性によって正義を考察したこの書物にヒュームが魅せられたことは想像にかたくない。

たしかに、キケロは自然法に関して著したもう一つの論稿『法律について』(*De Legibus*, B. C. 51) のなかでは、自然法は、「自然本性に内在する最高の理性であり、なすべきことを命令し、その反対のことを禁止」し、「すべてを理性によって命令し禁止する神の精神である」として、自然法を神の理性とし、その基礎を人間本性のなかに求める、きわめてオーソドックスなストア派的な自然法論を展開している。[9]

しかし、キケロは、晩年の著作『義務について』のなかでは、神概念をほとんど用いることなく、フルーの指摘するように「徹底して世俗的で現世的な」論理を展開し、[10]自然法＝（とくに所有に関する）正義が世俗社会に有益なことを「効用（utilitas）」をキー概念として説明しようとしている。こうした違いがなぜ生じたかについてはいまだ不明な点が多いが、『法律について』が彼の生前に出版されなかったこと、彼は『法律について』を自らの哲学的著作として公的には認めなかったことなどを考慮すると、[11]キケロ自身のなかに自然法に対する見解の微妙な変化があったことが推察される。したがって、『義務について』のなかで展開された自然法論が彼の公式な思想と考えてもよいのではないかと思われる。

キケロの自然法思想は、良き市民を育成するための義務論という形態をとりつつ、その道徳論は広く人民一般を対象としたものであった。そのことは『義務について』第三巻において、この書物で自らが論じようとしている義務の性格についてキケロが次のように述べていることからも看取される。

「この書で私が論じている義務をストア派は月並な義務（officia media）と呼んでいる。この義務は誰もが共有し、広く通用する。善良な素質を備え、学習を進めていくなら、多くの人びとが達成できる。これに対し、同じストア派が真正義務（officium rectum）と呼ぶ義務は完璧にして絶対である。ストア派の言葉によると、すべての数をそろえており、賢人（sapiens）以外のどんな人間も手に入れられない。……それゆえ、本書で私が論じている義務をストア派は徳性の点でいわば第二級であるとし、賢者にのみ固有のものではなく、全人類が共有する義務であると言っている。そこで、このような義務は美徳に向かう生来の資質を持つすべての人びとを動かすの

である。[12]」(傍点筆者)

このようにキケロは、一部のエリート階層のための卓越した徳性ではなく、万人に通用する一般的義務を取り扱おうとしていることをここで強調しているのである。それではキケロにおいて正義がどのような徳性として捉えられていたのかということが問題となろう。

キケロによれば、徳性(honestum)は知恵、正義、勇気、節制の四つの部分から構成されるが、[13]正義については、「人と人との社会関係の維持、すなわち、各人が自分の務めを果たし、引き受けた事柄について信義に違わぬこと」に関わる徳性のこととされている。[14]キケロは、「正義にこそ美徳(virtus)の最も大きな輝きがあ」り、[15]「正義こそが唯一すべての美徳の君主であり女王なのである」と主張する。[16]すなわち、徳性のなかでも正義に最も高い価値が置かれていることがわかる。正義の根本原理は「第一に誰にも損害を与えないこと、第二に公共の利益を維持すること」であるとキケロが述べているように、[17]正義が行うべき最も重要な役割は、人間が他者を侵害するのを防ぐことであり、とくに他人の所有物を侵害しないよう監視することである。

「正義がなすべき務めは、まず、不当な攻撃を受けた場合を除いて他人に害をなす者がないように、次に、公共のものを公共のものとして、個人のものを自分のものとして使用するようにさせることである。……各個人の所有物は、自然の状態では公共のものであったもののうち、たまたま各人の手に入ったものであるから、その分は各人が保持しておけばよい。それを他人が自分のものにしようとすれば人間社会の法を侵すことになろう。[18]」

キケロは、人間の生活に必要な財やサービス(たとえば医療、船舶業、農業、貿易、鉱業など)は、その大部分が人間の労働(opus)によって産出されたものであり、人間が手を動かし(ars)、技術(mannus)を用いた結果であると主張している。[19]したがって、こうした労働によって得られた成果は当然その本人に帰すべきものなのであり、「自分の所有物を増やすのは、誰をも傷つけないかぎり、非難されるべきではない」のである。[20]

こうした理論的前提からキケロは、各人にその所有を保証することが公共的な観点から見ても必要であるという論点へと移行するが、ここにおいて本章でとくに重要となる「正義」と「公共的効用」の関係が取り上げられている。すなわち、正義の基礎を神学的な概念ではなく、社会にとって有益であるという公共的効用性に置くという考え方である。つまり、正義を遵守するということは、共同社会における市民生活を守るということに他ならないことをキケロは強調するのである。

「実に馬鹿げた考えだが、自分は親兄弟から自分の利益のために何一つ奪い取りはしないが、他の市民たちへの対処はまた別だ、と言う者たちがある。このような者たちの立場は、自分と他の市民との間には共通の利益(communis utilitas)をはかる、いかなる法の定めも社会的連帯もない、というものであり、このような見解は市民社会(societas civitatis)全体を引き裂くものである。[21]」

キケロによれば、正義の目的は「人びとの安寧、つまり、人間社会の安寧をはかること」にあり[22]、効用(utilitas)とは、「人生の幸福や喜び、また、物質的充実や富、財力や権力など、自身と身のまわりの人たちの助けとなるものへと役立つ」ことを意味し[23]、「国家の利益をはかること」だとする。[24]すなわち、キケロにおいては正義も効用も「人類の利益」や「公共性」を抜きにしては語れないものなのである。

つまり、キケロの正義論は、「神の命令」や「神の理性」による道徳的拘束力の基礎づけから、その議論が始められることはなく、現実に存在する世俗社会の制度や秩序を、効用という観点からストレートに是認していこうとする、きわめて世俗的な道徳論なのであった。こうした世俗的な道徳論は、神学から完全には脱却しきれていない一七世紀の自然法論においては受け入れがたいものであり、自然法の世俗化という観点から見れば、むしろ古代ローマ時代のキケロの正義論はいまだ未成熟であるとはいえ、理論的には先駆的なものであったともいえるのである。それでは、キケロが『義務について』において、自然法＝正義と効用との関係をどのように捉えていたのかを見てみると、「徳性を有するものは同時に有益（utile）であり、徳に反するものは決して有益ではない」という彼の言葉からも窺えるように[25]、正義と効用とが不可分であることが一貫して主張されている。

「これから我々が取り上げるのは『有益な（utile）』と呼ばれるところのものである。この言葉については慣用が崩れて本道からはずれ、徐々に行き着いた先は、徳性（honestum）を効用から切り離し、徳性とは有益でないものの、有益であるなら徳性ではない、と決めつけるに至っている。が、この慣用以上に人びとの生活に入り込みえた有害な考えはない[26]。」

つまり、徳性と効用は一体のものとして考えられるべきであり、正義は人類や社会に有益であるから広く人びとの支持を受けているのだという、効用⇓コンヴェンション的な思想がキケロのなかには萌芽的に見受けられるのである。こうした考え方は、神の命令だから自然法＝正義は正しいのだという近代自然法の硬直的な主張に比べると、きわめて柔軟で世俗的であるが、現代社会に生きている我々にはより説得的でもある。世俗社会を正面から見据えて正義論を構築しようとする、こうしたキケロの姿勢はヒュームにも受け継がれていくのである。たとえば、次に挙げるキケロの言葉は、美徳の持つ効用は人びとを心地よくさせると主張する、ヒュームの『道徳原理の研究』のなかの一節を連想させる。

「効用を徳性から引き裂く人びとは自然が据えた基盤を覆している。というのも、我々は誰もが効用を希求し、そこへと引き寄せられる。そうする以外にどうすることもできないからである。有益なことを避けるような者が誰かあるだろうか。あるいは、有益なことを最も熱心な追求対象としないような者が誰かあるだろうか。しかし、我々は誉れ、適正さ、徳性以外のどこにも有益なことを見出しえないのであるから、これらを我々は第一位にして最高のものと見做し、効用という言葉を輝かしいもの、というより、不可欠のもの、と理解する。」[27]

このようにキケロにおいては、正義と効用とが一体のものとして、あるいは不可分のものとして捉えられていたことがわかる。効用と結びつけられた正義は、市民社会の秩序を維持する最も重要な役割を与えられていたのである。正義と効用との不可分性を説くキケロは、社会秩序を破綻させないために必要な公共の利益という概念を繰り返し強調している。そしてこの公共的効用が正義＝自然法の道徳的拘束力を支えているのである。なぜならば、人びとが自然法を守ることによってはじめて社会の制度と秩序が安定するからである。

キケロは、自然法の道徳的拘束力の根拠を徹底して「公共的効用」のなかに求めた先駆的な思想家であったのである。したがって、キケロの正義論の思想史的意義は、まさしく自然法と公共的効用との不可分性を主張した点にあったといえるが、こうした論理は、後述するようにヒュームの効用⇓コンヴェンション論の基本的素地をなすものでもあった。

ところが、ヒュームが克服の対象とした一七世紀の近代自然法思想は、キケロにおいては調和的に結合していた正義＝自然法と効用との密接なつながりを切り離し、むしろ、効用によって自然法を基礎づけることを避けようとしたのであった。その具体的ケースをグロティウス、ライプニッツ、プーフェンドルフの三人を例に挙げて検討することが次節の課題である。

二　自然法の基礎としての効用を否定する近代自然法論者たち

さて、古典古代から近代に至るヨーロッパ政治・社会思想史のコンテキストのなかで、自然法を市民社会の現実に適応させようとする世俗化の端緒は、すでにキケロの道徳哲学のなかに先駆的に見受けられることは前節において指摘したが、中世・近代初頭の自然法論者の多くは、神学をほとんど意に介さないキケロのような世俗的道徳哲学からは一線を画していた。

近代自然法論者たちが、自然法が市民社会において有する「公共的効用性」を認めつつも、その概念によって自然法を基礎づけようとしない理由は、一七・一八世紀のヨーロッパにおける自然法学の標準的なテキストとして広く普及していた、プーフェンドルフの『自然法に基づく人間および市民の義務』のなかの次の一節に集約されていよう。

「〔自然法の〕戒律には、明らかに効用（utilitas）があるといえるが、それでも、それらが法の効力を持つには、神が存在し、神はその摂理によって万物を支配しているということを想定することが必要である。[28]」（傍点筆者）

キリスト教神学に基づく中世的な自然法論からの脱皮をはかる近代自然法論者たちも、その内実を見れば、確かに啓示神学から自然法を解放させようとする意図はうかがえるものの、自然法の自然神学的基礎は残存させようとする傾向は根強く存在する。

たとえば、前述したプーフェンドルフの場合には、法とは上位者の命令であり、[29]自然法の作者は神であるという主意主義がとられていたわけであるが、同じく一七世紀の自然法論を代表するグロティウスとライプニッツの場合にも観点は違うものの、自然法の拘束力を自然神学によって基礎づけようとしている点では大きくは変わらない。[30]むしろ、神の権威によって自然法の基礎を強化しようとする姿勢は中世の自然法以上に強いともいえる。その理由として考えられるのは、グロティウス、プーフェンドルフとも人間の契約ばかりでなく、政治権力でさえも絶対的権威を持ちえなかったヨーロッパの宗教戦争＝三十年戦争が行われた特殊な時代に生まれ育ったという社会的背景である。ライプニッツも三十年戦争後の分裂した神聖ローマ帝国の政治的統一という大きな課題を背負っていた。[31]こうした政治・社会状況のなかでは、道徳規範としての効力の根拠を神学的な絶対的な規準に頼らざるをえなかったともいえる。それではまずグロティウスの自然法から見てみることにしよう。

グロティウスは、『戦争と平和の法』(*De Jure Belli ac Pacis*, 1625) の第一章のなかで、自然法とは何かについて次のように述べている。

「自然法は正しい理性の命令であって、ある行為が、理性的な本性そのものと合致しているか否かに基づいて、道徳的に恥ずべきものであるのか、あるいは道徳的に必要なものであるのか、したがってまた、そのような行為が自然の創造主たる神によって禁止されているのか、あるいは命令されているのか、を示すものである。……自然法は不変のものであって、神でさえこれを変えることができないほどである。確かに神の力は測りしれないものではあるが、しかし、神の力も及ばないものが存在するということはできる。なぜならば、そのように〔神の力も及ばないと〕言われるものは、たんに〔言葉の上で〕言われるだけであって、何ら実体を示す意味を持たず、それ自体に矛盾があるからである。そこでたとえば、神でさえ、二の二倍が四にならないようにすることができないのと同じように、内在的な性質により悪であるものを悪ではないとすることはできないのである。[32]」(傍点筆者)

こうしたグロティウスの主張は、自然法の世俗化という観点から見ると、アンビヴァレントにも聞こえる。すなわち、グロティウスははたして自然法を神学から解放させようとしているのか、その逆なのか判然としないということである。

たとえば、「たとえ神が存在しなくても自然法はその効力を失わない」ことを示唆した『戦争と平和の法』のプロレゴメナの有名な一節はあまりに印象的であって、(33) グロティウスは、神学から自然法を解放させたように解釈されることが多い。(34) ところが、彼が実際に意図していたところはむしろその反対であって、神によって作られた理性は何者によっても動かされえない、すなわち、神によっても変えることができないほど確固としたものであるということを婉曲的に表現したものにすぎないのである。したがって、グロティウス自身は、自然法の基礎を「神自身によっても変えられない」ほど強固な神の理性のなかに置くことで、自然法の普遍性を不動のものにしようとしていたのである。

それでは、ライプニッツの場合はどうであったであろうか。神学を排除しようとしている近代的な世俗的自然法〔＝とくにライプニッツがターゲットにしたのは、彼の師ヴァイゲルの下で共に学んだ兄弟子のプーフェンドルフの自然法である〕に懐疑的であったライプニッツは、神学に基づく中世的・キリスト教的自然法を復活させようとしている。その際に彼は、神学的色彩を強く帯びた正義論を展開し、自然法をキリスト教神学に従属させようとしていた。ライプニッツは正義について次のように述べている。

「神の摂理と不可分に結びついている、未来の生活〔＝来世〕の考慮を無視し、無神論者にさえ有効でありうる低級な自然法に満足することは、〔法〕学の最も重要な部分を削除することを意味し、そればかりか現世における多くの諸義務を抑圧することを意味するであろう。……法学においては、人間の正義をある源泉から、すなわち神から導き、それを完全にすることが最も善いことである。真実と善の観念と同様、正義の観念は疑いもなく、神に関わるものである。神は万物の尺度なのである。〔神の正義と人間の正義に〕共通する諸規則は確かに自然法学の一部となり、普遍法学のなかで考察されねばならない。そしてその諸規則は自然神学がこれを同様に用いるであろう。[35]」（傍点筆者）

このようにライプニッツの場合も、グロティウスとは別のやり方ではあるが、自然法＝正義の神学的な基礎づけに腐心しているのである。それでは、なぜ彼らはそれほどまでに、そのことにこだわったのかということが次に問題となろう。

その理由として考えられるのは、自然法の「普遍性・恒久性」を保証するものとして神の権威が必要であったこと、そして何よりも人びとに自然法を守らせる「拘束力の裏付け」を神に求めようとしていたことである。つまり、自然法によって示された正義は、神の命令あるいは神の理性として人びとに義務づけられたものだから、それに従うのは当然であるという論理を彼らは自然法理論の基礎に据え、理論的出発点にしていたということである。そういう意味では一七世紀の自然法論者たちは、厳密な意味においては「神からは離れられない」、したがって、「自然法の完全な世俗化はまだ視野に入っていない」と言わざるをえないのである。

(1)　グロティウスのカルネアデス批判

こうした近代自然法論者の「神頼みな」態度は、自然法の拘束力の根拠としての「公共的効用性」を彼らが正面から見据えることを妨げていた。たとえば、前述したグロティウスは、効用によって自然法を基礎づけることは、最終的には自然法そのものを否定することになるのではないかという警戒心を強く持っていた。そのことがよくあらわれているのは、『戦争と平和の法』で展開された、懐疑主義者カルネアデスに対するグロティウスの批判である。[36]彼は自然法と正義を相対化するカルネアデスを論破することによって、効用⇒自然法の否定という論理を批判しようとしたのである。

「カルネアデスは〔自然法の〕正義（justitia）……に対して攻撃を企てたが、それは次のような議論の域を出るものではない。それは、人間はその利益（utilitas）のために自らに法を科したが、その法は習慣によって多様であり、同じ民族の間でも、時間の経過によって変化を受けるものである、ということであった。さらに、自然法（jus naturale）なるものは存在しない、なぜなら人間も、動物も、生きとし生けるものはすべて、自然に導かれて、自己の利益へと（ad utilitates suas）駆り立てられるからである、したがって、正義は存在しないか、あるいは存在したとしても、それは最も馬鹿げたものである、というのは、他者の利益（commodum）を顧慮すれば、自らの利益の損失となるからである、という議論である。[37]」（傍点筆者）

グロティウスは、正義は所詮「自らの利益」に基づき、「時代によって変化する」から自然法は存在しないと自然法の存在と普遍性を否定したカルネアデスを執拗に攻撃する。なぜなら、そうした思想は、自然法が人びとに対して強い道徳的拘束力を持つことを阻害し、正義の規準をあいまいにさせるからであった。ヨーロッパにおける三十年戦争を終結させるために『戦争と平和の法』を執筆したグロティウスにとっては、[38]自然法は相対的であってはならず、国際平和を実現するための絶対的な規準とならねばならなかったのである。

自然神学による基礎づけによって自然法の道徳的拘束力を強化しようとしたグロティウスは、効用という概念によって自然法と正義を相対化するカルネアデスを批判し、自然法は人間本性から導かれる客観的で普遍的な道徳規範であることを強調したが、グロティウス自身は自然法が公共的効用性を有していることを完全には否定できていない。それは次の一節からも明らかである。

「それゆえ、カルネアデスのみならず、他の論者が『効用（utilitas）は、いわば正義と衡平の母である』と言ったことは、正確に言えば、正しくない。なぜならば、たとえ我々が何の不足もない状態であったとしても、我々を社会の相互関係へと導く人間の本性そのものが、自然法の母であるからである。しかし、国法（jus civile）の母は、相互の合意（consensus）より生ずる義務自体であって、この義務はその効力を自然法から引き出すのであるから、人間本性はいわば国法の曾祖母と考えられよう。しかしながら、自然法には効用（utilitas）というものが付け加えられる。なぜならば、自然の創造者は、我々が個としては弱く、正しい生活を営むためには我々は多くのものを必要とすることを望まれたからである。その目的は、我々が社会生活を洗練するように、より一層の努力をさせることにあった。しかし、効用は国法にも役立つのである。というのは、我々が論じてきた結合（consociatio）あるいは従属（subjectio）は、その基礎を効用のなかに持っているからである。したがって、このことから、他人のために法を制定する者は、そうするにあたって、通常ある種の効用を考慮し、あるいは考慮すべきである、ということが当然のこととなってくるのである。[39]」（傍点筆者）

このようにグロティウスは、自然法の普遍性と恒久性を守るために、「効用⇓自然法の否定」という論理を強く批判しつつも、自然法が公共的効用性を有していることまでは否定できなかったのである。

(2)　「効用⇓自然法の否定」論に対するプーフェンドルフの批判

グロティウスは、現世における効用を自然法の基礎に据えると、自然法そのものを否定することにつながるとして、「効用⇓自然法の否定」の論理を明確に批判したが、それは論理的に一貫したものではなかった。すなわち、自然法が市民社会において有する効用性をグロティウスもある程度は認めていたのである。それでは次に、プーフェンドルフにおいてはこの自然法と効用との関係はどのように考えられていたのであろうか。

　プーフェンドルフは、『自然法と万民法』第二巻第三章のなかで、「効用は〔自然〕法の基礎となりうるのか *An utilitas fundamentum Juris*」というテーマを取り扱っているが、そこではグロティウスと同様の論理が展開されている。すなわち、効用を基礎とした自然法は、自然法そのものの存在を否定する危険性があるという指摘である。

　まず、プーフェンドルフは、自然法を否定する論者たちの主張の類似性を説明する。すなわち、彼らによると、民族や国民によって法（lex）や習慣（mores）が異なり、その違いは「それぞれの国家の効用（utilitas）〔の相違〕から生じ」るのだから、諸国家に普遍的に妥当する自然法など存在しないとされる[40]。しかしプーフェンドルフは、こうした論法は馬鹿げていると批判する。そして自然法の真の基礎は人間の状態と性向(hominis conditio & inclinatio)、すなわち人間の本性(hominis natura)のなかに見出されるべきだと彼は主張する[41]。「効用⇒自然法の否定」論を批判するプーフェンドルフのこうした主張自体は、グロティウスと何ら変わるところはない。

　しかし、プーフェンドルフの議論には、グロティウスよりもさらに深められている論点が存在する。それは自然法における効用と道徳的拘束力に関する議論である。プーフェンドルフは、なぜ効用が自然法の基礎となりえないかを人びとの間の合意の持続性という論理で説明している。すなわち、プーフェンドルフは、自然法の道徳的拘束力の原理としての公共的効用の重要性は認めつつも、自然法の普遍性と恒久性を支えるだけの持続性を効用は持ちえないと考えていたのである。そのことは、次の彼の言葉から看取することができる。

　「この理性の命令〔＝自然法〕が法の効力を持つには、より高次の原理が必要であろう。というのは、〔自然法の〕効用（utilitas）はきわめて明白であるが、人びとがこの効用を無視することに満足するか、あるいは何か別の方法で彼ら自身の効用をより考慮できる場合に、それ〔＝自然法の持つ効用〕のみで、そうした命令を破棄しないだけの確固とした拘束力を人びとの精神に持たせることは決してできないからである。……たとえ、自然的自由を与えられた多くの人びとが、それらの命令〔＝自然法〕を守ることに同意したとしても、それにもかかわらず、それらの人びとの同意が効力を持ち続ける間だけ、これら〔＝自然法の命令〕は持続するにすぎない。また、そのことに同意したすべての人びとが、それを放棄することを決定した時にのみ、その義務は終了するのではなくて、……その契約が有効である間でさえも、それを強要するいかなる力も存在しないであろう。なぜなら、取り決めを持続させる、上述の理性の命令〔＝自然法〕は、いまだに法の効力を獲得していなかったからである。[42]」

つまり、自然法の持つ効用は、人びとに自然法を恒久的に遵守させるだけの拘束力がないとプーフェンドルフは確信していたため、その拘束力の根拠を「神の命令」に求めることとなったのである。しかし、プーフェンドルフの議論ではグロティウスに比べて、効用と道徳的拘束力の関係がより注目されていることが特徴的である。効用は人びとが自然法を遵守するという合意を恒久的に持続させえないから、自然法の基礎としては不十分であるというプーフェンドルフの論理が明確にあらわれているといえる。

さて、プーフェンドルフがここで論じている効用については、もう少し注意深い考察が必要であろう。なぜなら、プーフェンドルフは効用を巧みに二種類に分けて、自らの論理展開をしやすくしているからである。効用⇒自然法（⇒自然法の相対化）の論理を否定し、人間本性⇒自然法（⇒自然法の普遍化）の論理の正しさを強調するために、ここではもっぱら「特殊的・一時的利益」、すなわち「見かけだけの目先の利益」としての効用が取り上げられ、批判の対象となっているからである。プーフェンドルフはこのことについて次のように述べている。

「効用は、違った観点から見ると二種類の使い方がある。一つめの種類は、不道徳な感情から出た、劣った判断のために有益と思われるもので、たいていは刹那的ではかないものであり、将来のことなどほとんど考えていないのである。もう一つの種類は、健全な理性によって有益であると判断され、当座のことを精査するばかりでなく、将来起こりうるであろう結果についても考察するのである。したがって、それ〔＝後者の効用〕は、（マルクス・アウレリウスが、……『自然法に従って行動することは、それ自体が利益なのである』〔と言っている〕ように）、いかなる状況においても、いかなる時でも有益なものを、本当に有益なものと見做すのである。たび重なる不幸を導く、一時的な効用を得ることは、望ましくないのである。」[43]（傍点筆者）

このように自然法を相対化あるいは否定してしまう「偽りで、一時的な（spuria et momentanea）」効用に焦点を合わせることで、[44]プーフェンドルフは自然法の基礎を効用に置くことの間違いを指摘するのである。

それでは、人間の社会あるいは人類全体に一般的に有効と思われる、公共性の高い効用についてはどうであろうか。実はプーフェンドルフはこうした種類の効用に触れることを慎重に避けているのである。それは自らの論理の一貫性を守り、その破綻を回避しているためと考えられる。その証拠にプーフェンドルフは、効用には「健全な理性によって有益と判断されるもの」もあると指摘しているが、ここではこうした公共的な効用（public utility）については扱われていないのである。そうした種類の効用であれば、自然法を守るという人びとの合意もより持続性が増すことになろう。つまり、プーフェンドルフは暗に公共的効用によって自然法を基礎づける方法がありうることを、皮肉にも「効用⇒自然法の否定」論に対する批判のなかで示唆しているのである。そのことは次節において検討する彼のエンティア・モラリア論とも深く関連してくるのである。

さて、グロティウス、プーフェンドルフ、ライプニッツに共通しているのは、効用によって自然法を基礎づけることは、自然法を相対化し、その道徳的拘束力を弱めると考えていたということであった。したがって、彼らは自然法の道徳的拘束力の根拠を一貫して神の権威に依存してきたのである。

しかし、自然法の世俗化とは、神学に一切依拠しない世俗的な道徳哲学を完成させることであった。そのためにはこうした論理を放棄して、古典古代の論者キケロが行ったように、公共的効用性という観点から正義論を再構築する必要性があったのである。確かに、グロティウスが指摘したように、効用だけを軸として自然法論を展開すると、自然法そのものの普遍妥当性と拘束力が弱められる可能性はありうる。それを防ぐ方法としては、効用をキー概念としつつも、自然法そのものが人びとの合意によって幅広い支持を獲得していることを明確にしなければならない。これがヒュームに課せられた新たな道徳哲学構築の最大の課題であった。

しかし、こうしたコンヴェンショナリズムによる自然法の再定義という思想的モメントはヒュームの独創のみによって成し遂げられたわけではない。その直接の思想的淵源はプーフェンドルフのエンティア・モラリア論にあったと考えられる。このことを次節において明らかにしたい。

三　プーフェンドルフとヒュームにおけるコンヴェンションの構図

――エンティア・モラリアと道徳の基礎としてのコンヴェンション――

「目先の一時的な」効用性しか持たない自然法は、当然人びとに対する道徳的拘束力を持ちえないことは自明であるが、たとえ、公共的効用性を有する自然法であっても、人間社会の確固とした道徳規範となるには、ある手続きが必要である。すなわち、自然法＝正義が規範として人びとの承認と是認とを獲得する契機が必要不可欠であるということである。それが、プーフェンドルフのエンティア・モラリア論における「附加」(impositio) であり、ヒュームの正義論におけるコンヴェンションである。プーフェンドルフのエンティア・モラリア論における「附加」と、ヒューム道徳哲学におけるコンヴェンションは、市民社会における正義としての自然法を徳として人びとに是認させるモメントであるという点において、実際のところほとんど同じ機能と構造とを有していたのである。

(1) プーフェンドルフのエンティア・モラリア（entia moralia）論

プーフェンドルフは、『自然法と万民法』の第一巻（Liber Primus）において、第二巻（Liber Secundus）以降の自然法論を展開する大前提として、人間の行動を規制する道徳規範とは何かという議論から出発している。なぜなら、自然法それ自体が正義を中心とした道徳規範の体系であるからである。その道徳規範について論じられたものがエンティア・モラリア（道徳的存在）論である。[45] その際プーフェンドルフは、人間のみが構築する道徳世界というものがどのように形成されるのかを主に心理学的な観点から論じている。まずエンティア・モラリアとは何かについて、プーフェンドルフは次のように述べている。

「我々はエンティア・モラリアを次のようにきわめて適切に定義できるであろう。エンティア・モラリアとは、知的存在（entia intelligentia）によって、物理的な事物あるいは運動に付け加えられた、ある様態（modus）のことであり、その目的は主として人間の意思作用（actus voluntarius）の無拘束（libertas）を方向づけ、抑制し、それによって人間の生活における秩序と礼節を確保することなのである。」[46]

すなわち、エンティア・モラリアとは、人間が従うべき行動規範のことを指しており、人間の社会に秩序（ordo）と礼節（decor）そして徳（mos）と文明（cultus）をもたらすことをその目的としていることが説かれている。[47] 物理的な事物や運動に対して人間はさまざまな意識や意思を持つが、それは本来無制約のものであり、放置しておくと無秩序の状態に陥る。それを防ぐためにエンティア・モラリアは、物理的な事物や運動に対して人間が抱く意識を規制し、ルールづけしようとするものなのである。

たとえば、事物の所有に対する人間の意思は無制約であり、抑制しないかぎり所有の確定は不可能である。その際エンティア・モラリアは、事物に対する人びとの無制約な意思を規制して共通のルールを設定して、幅広い人びとの合意を形成しようとするものなのである。すなわち、その行動規範とは、事物をめぐる人間相互間の関係を確定することであり、その代表的な例が所有をめぐるコンヴェンションの形成なのである。

プーフェンドルフは、事物をめぐる人間相互の関係がいかに形成されるのかという課題を解決するために、神によって創造された物理的世界（エンティア・フィシカ entia physica）と人間の知性（mens, intellectus）によって作り出される道徳的世界（エンティア・モラリア）とを区別し、価値的には中立な、あるいは意味を持たない物理的な事物や運動が人間によっていかに「意味」を与えられていくのかを説明しようとする。この本来意味を持たない事物の物理的運動に、意味を付与する人間知性の作用こそが「附加（impositio）」と呼ばれるものである。人びとの間における所有のルールがこの附加によって決定されることをプーフェンドルフは主張している。

「所有権（proprietas）と共有（communio）は、道徳的性質（qualitas moralis）であり、事物それ自体に対するいかなる物理的なそして内在的な効力も有しておらず、ただ他者との関係における道徳的な効力（effectus moralis）を生み出すだけである。これらの性質は、他の同種のもの〔＝言語、貨幣、支配権〕と同じく、その起源を附加（impositio）に負っているのである。したがって、事物の所有権が自然に由来するのか、制度（institutum）〔＝合意された取り決めのこと〕に由来するのかという問いをたてることは無駄である。というのは、〔所有権〕が、人間の附加から発生することは明らかであり、所有権が事物に附加されようが、あるいは取り除かれようが、

事物の物理的な実体にはいかなる変化も生じないからである。[48]」（傍点筆者）

さて、ここで重要となるのは、この附加、すなわち事物に対する意味の付与がなされる際には、当然のこととして「公共的効用」を意識した人びとのコンヴェンション（暗黙の合意）が根底にあるという点である。たとえば、「私のもの、あなたのもの」を区別することが人間の社会において都合がいいと人びとが暗黙の合意の下で判断すれば、私的所有権という「附加」が事物に対して「人のものに手を出してはならない」という意味を与えるのである。こうした人びとのコンヴェンションに基づく共通のルール作りと自然法との関係をプーフェンドルフは次のように説明している。

「すべての人間に、彼自身の区別された個別の分け前を与えることで、すべての事物が人間に固有なものになるよう命じる、〔すなわち所有に関する〕自然法の規則など存在しない。自然法は明らかに、それが人間社会の利益(usu societatis humanae) となるのに応じて、人びとがコンヴェンション (conventio) によって、そうした事物が個々人に割り当てられるようにせよと勧告していたが、それは次のような条件の下であった。それは、すべての事物が各人に固有なものとして割り当てられることを彼らは望んでいるのか、あるいはすべての事物ではなく一部のものなのか、それとも特定の事物は分割しないで、残りのものはすべての人びとに解禁するのか、それらはすべて人間の判断に任せるということであった。……このことから、自然法は、人間が反目し合ったり、あるいは社会を混乱させないかぎり、事物に関して人間によって導入されたあらゆるコンヴェンション (conventio) を是認するということがさらに理解されるのである。したがって、事物の所有権は、暗黙であれ、明示されたものであれ、人間のコンヴェンションの直接の結果なのである。[49]」（傍点筆者）

すなわち、プーフェンドルフによれば、私的所有とは、公共的な利益を意識した人びとのコンヴェンションによって構築された制度であり、自然法が、いかなる状況の下でも通用すべしと絶対的に規定した事項ではないということになる。すなわち、私的所有に関するルール＝正義は、自然法の絶対的な規則ではなく、人間のコンヴェンションによって産み出された徳性を自然法が是認したものにすぎず、自然的なものではなく人為的に作られた徳性であるということである。つまり、人間の社会の状況に応じて柔軟に変化しうる徳性なのである。こうした所有論は、私的所有の絶対性・排他性を確立しようとするロックの労働所有論とは明らかに性格が異なっている。

すなわち、ロックは、『統治論二篇』の第五章「所有権について」において、人類社会に所有権（property）という制度がどのようにして導入されたのかを説明しているが、所有権の不可侵性・絶対性を守るために、私的所有権は「共有者全員の明示された同意（the express consent of all the Commoners）」ではなく、労働（labour）に基づくものだと主張する。(50) すなわち、労働とはそれを行う人間に固有（proper）なものであって、その労働が加えられた事物は、その人自身が加えられたのと同じであるから、労働を行った人間の排他的な所有となるという考えである。(51) さらにロックは、自らの理論を磐石のものにするために、労働は「神が命じた」ものであるという神学的前提まで持ち出してくるのである。つまり、神が命じた労働によって、人びとは人間の生活に必要な事物を産み出すのであるから、自らの労働を加えたその事物に対する絶対的な所有権を彼らは獲得することができるというロジックである。

「神が、この世界を全人類共有のものとして与えた時、彼は同時に人に労働を命じた。そうして人間の欠乏状態のゆえに、人間は労働をすることを必要としたのである。神と人間の理性とは、地を征服することを人間に命ずる。すなわちそれを生活に役立つように改良し、そこに彼自身のものであった何ものかを、すなわち労働を、つぎ込むことを命ずるのである。(52)」（傍点筆者）

ロックは、私的所有権を確固としたものにするために、人びとの明示された同意といった不確かなもので根拠づけることは避け、神が人間に命じた労働という絶対的な規準によって正当化しようとしているのである。[53]しかし、市民社会における所有権の絶対性を確立しようとして、神による人間に対する労働の命令を説いたロックは、理論的に見れば、神学的要素を排除しようとする世俗化の流れに逆行するような論理に頼ることともなったのである。所有に関する自然法は、人間のコンヴェンションによって作られた人為的な徳性であるとするプーフェンドルフの主張は、まさしく神学に依拠しない世俗的な論理であり、自然法の世俗化という点ではロックよりも徹底しており、一八世紀のヒュームの思想に接近するものであるとさえいえる。

プーフェンドルフは、所有論に関して、コンヴェンションに基づく人為的な自然法論を展開したが、こうした思想はヒュームの正義論と強い親近性を持つものである。たとえば、事物は価値的には中立であって、所有の区別をするのは人間による価値付与＝附加であるとするプーフェンドルフの主張は、「自然は本来無知(uninstructed)であって、人びとの所有の区別をしておらず、事物は我々から分離されており、社会の一般的利益以外の何物も、その結合〔＝人と事物の結合〕を形成することはできない」とするヒュームの考え方ともほぼ一致するものである。[54]私的所有権の設立そのものがエンティア・モラリアにおける「附加」であり、附加は公共的効用性を意識した人びとのコンヴェンションによって行われるのならば、その所有権を規定している自然法は、社会の安定と秩序のために人びとが作り出した「人為的な」法ということにもなろう。事実、プーフェンドルフは前述したように、所有権が「自然」に基づくという考えを明確に否定しているのである。プーフェンドルフの自然法にはこのように、ヒュームの正義論のキー概念である「公共的効用」「コンヴェンション」「人為の徳」の思想的萌芽が明らかに看取され、ある意味ではヒュームの思想の先駆けともなっているのである。

さらに、プーフェンドルフは、人間の人為的なコンヴェンションによって構築された、所有権(dominium rerum)、言語（sermo）、事物の価値〔＝貨幣〕（pretium rerum）、人的支配権〔＝政治権力の樹立〕（imperium humanum）を「制度（institutum）」と呼び、いかなる状態の下でもすべての人間を義務づける絶対的自然法（leges naturales absolutae）と区別された条件的自然法（leges naturales hypotheticae）のなかに含めている。[55] そしてコンヴェンションによって導入された条件的自然法は、人間の社会の状況に対応した自然法の規則の一部として付け加えられていくのである。ただし、プーフェンドルフが条件的自然法と実定法を慎重に区別しているように、条件的自然法といえども、特定の地域や時代を対象としたものではなく、ましてや特定の国家の効用のために作られたものではなく、「全体としての人類の状態（conditio humani generis in universum）」をふまえたものであることに注意する必要があろう。[56] したがって、条件的自然法は、人類の状況に応じて変化する可能性はありつつも、人類の状態が急速に変わらないかぎりは、かなりの程度の普遍性を維持できるものなのである。

このように条件的自然法は、まさしく人間のコンヴェンションによって形成される「人為的な」自然法なのであった。しかし、プーフェンドルフは「神の命令としての自然法」「合理主義的な自然法体系」という自らの哲学的一貫性を守るために、自然法の「公共的効用性」と「人為性」の議論に大きく踏みだすことはなかった。それは前述したように、完全に世俗化することで自然法が相対化されることをおそれた近代自然法論者の一人としての限界であったと言ってもよいであろう。その限界を超えたのがまさしくヒュームその人であった。[57]

(2)　ヒュームにおけるコンヴェンションと正義の人為性（『人間本性論』におけるヒュームの正義論）

前述したように、プーフェンドルフは、公共的効用を意識した人びとのコンヴェンションによって制定された条件的自然法が、自然に基づくものではなく、状況に応じて作られた人為的なものであることをすでに示唆していた。

しかし、「いついかなる状況の下でも変わらず、人間によって作られたいかなる制度も前提としない」絶対的自然法（＝他者に対する侵害の禁止、仁愛の実践、契約の遵守などがその主内容である）そのものは、[58]人間の本性に基づく普遍的な戒律であると主張することで、プーフェンドルフは、ストア派的な自然法を基本的に擁護していたといえる。その意味ではプーフェンドルフも一七世紀の近代自然法の範疇から大きく出るものではなかったのである。

こうした近代自然法の限界を超え、プーフェンドルフによって確立されつつあったコンヴェンションとしての自然法論をさらに発展させ、完成させたのがヒュームである。[59]ヒュームは、プーフェンドルフの自然法論のなかに補足的に登場した「全体としての人類の状況に応じて決められる」条件的自然法を、市民社会におけるメインの自然法として捉え直し、その条件的自然法＝所有に関する正義が、人間のコンヴェンションによって人為的に決定されるプロセスを明らかにしようとしたのであった。

ヒュームは、所有に関する正義は、(一) 人間のコンヴェンションから生ずるということ、(二)「人類の状況と必要から生ずる」[60]人為的な徳であるということ、を明確に指摘する。プーフェンドルフは、エンティア・モラリア論のなかで、人類が選択する所有の形態は人間自身が決定すると主張することによって、条件的自然法の人為性を事実上認めていたが、こうした人間のコンヴェンション＝「附加 (impositio)」に基づく、所有に関する条件的自然法の「人為性」はヒュームにおいて自明のものとなるのである。

こうしたヒュームの正義論は彼の生涯を通して基本的には一貫しているが、若干の注意を要する点もある。すなわち、ヒュームは道徳論に関して『人間本性論』（一七三九―四〇年）と『道徳原理の研究』（一七五一年）という二冊の書物を著しているが、この二冊では、彼の主張の力点の置き方に微妙な違いが見受けられるからである。すなわち、『人間本性論』では、正義の人為性とコンヴェンションに、『道徳原理の研究』では正義の持つ公共的効用性により焦点が合わされているのである。

別の言い方をすれば、『人間本性論』では正義の起源、つまり正義を発生させる原因についての分析が中心的テーマであり、『道徳原理の研究』では正義の公共的効用性とそれに対する道徳的是認とが主に論じられているのである。こうした違いがなぜ生まれたのかということは本章の課題ではないが、「印刷機から死んで生まれた」と本人が振り返るほど不評だった『人間本性論』への反省から、『道徳原理の研究』は形式と趣向を変えて執筆されたことがその理由の一つとして考えられている。(61)

それでは、まずはじめに『人間本性論』において論じられた正義の人為性とコンヴェンションに関するヒュームの議論を見てみよう。すでに指摘したようにヒュームによれば、正義とは人間のコンヴェンションから生ずる、人為的な徳である。

「正義と不正義の感覚は、自然から得られるものではなく、人為的に起こるものであるが、それは教育と人間のコンヴェンション（human conventions）から必然的に起こるのである。(62)」（傍点筆者）

ヒュームは、なぜ人間の社会に正義が必要とされるのかということ、すなわち正義の発生原因から議論を始める。ヒュームによれば、人間は「利己心（selfishness）」を有しているが、これは無制約であって社会にとっては有害である。ところが、それを抑制する「気前のよさ（generosity）」は、人間の能力ではきわめて限定されたものにすぎない。さらには、人びとの欲望の対象である事物の豊かさには限りがあり（the scanty provision）、こうした人間社会に特有な状況が人びとに共通のルール＝正義を遵守させる必要性を生じさせているという。(63) したがって、正義＝自然法は生得的なものではなく、神によって作られた人間本性から自然に導かれるものでもないのである。正義とは、世俗社会に生活する人びとがその置かれた状況のなかで意識的に制定した、人為的な徳性なのである。また、正義の発生原因は世俗的なものであって、神と人間との関係から生ずるのではなく、市民社会に生活する人と人との関係から生成するものなのである。所有権の発生を例にとって、ヒュームはそのことを次のように説明している。

「人間の所有とは、その人間に関係するある対象のことである。ところで、この関係は自然的関係ではなく、道徳的関係で正義を根底とする。それゆえ、正義の本質を十分に理解しないで、すなわち、正義の起源が人間の人為（artifice）と工夫（contrivance）とにある点を明示しないで、所有に関する何らかの観念を持つことができる、このように想像することは本末転倒なのである。正義の起源が所有の起源を解明する。同じ人為が両者を生むのである。[64]」（傍点筆者）

ヒュームにとって所有という観念は、ロックのように神と人間との関係から形成され、他者を排除する排他的な観念ではなくて、人と人との関係から導かれる、すなわちプーフェンドルフのエンティア・モラリアのような、対他的に形成される観念だと考えられたのである。

さらにヒュームは、こうして人為的に作られた正義がどのように人びとに徳として認められるのかという議論に進んでいく。その議論の前提として、プーフェンドルフにおいては、明確に定義づけられていなかったコンヴェンションの機能について、ヒュームは精緻な哲学的・社会学的分析を行っている。ヒュームは、コンヴェンションとは「共通利益の感覚（a sense of common interest）」であるとする。

「コンヴェンションは共通利益の感覚のことにすぎない。社会の全構成員は互いにこの感覚を表示し合い、この感覚に誘導されて、自らの行為を特定の規則によって規制するのである。私は、もし他人が私に対して、私の所有物を所持するようにさせてくれるのなら、他人に対しても同じようにふるまうことが私の利益となることに気づく。他人〔もまた〕自分の行為を規制することに同様の利益を感じるのである。この共通利益の感覚が相互に表示され、お互いによくわかると、それに適合する決意と行動とが産み出されるのである。これは、約束というものが介在しなくとも、我々の間のコンヴェンションあるいは合意と呼ばれても、十分に正しいのである。なぜなら、我々一人一人の行動は、他の人の行動と関連しており、あることが他人の側で〔こちらの想定通りに〕行われるはずだと見做して、実行されるものだからである。[65]」(傍点筆者)

このようにコンヴェンションは、社会生活を有益にし、快適にするために人びとが作り出した間主観的なシステムなのである。換言すれば、公共的効用を意識した人びとが暗黙の前提として共有している利益感覚であるともいえる。コンヴェンションは、人びとの社会関係を支え、社会の秩序を維持するために必要不可欠なものなのである。[66]共通利益の感覚とともに、正義が徳として成立する上で、重要な役割を果たしているものが、人びとの共感(sympathy)作用である。ヒュームは、正義がなぜ社会に必要となるのかについては、人間の利己心と限定された気前のよさ、そして自然の事物の寡少性という論理によってすでに説明していたが、正義が徳として認められるにはそれだけでは十分ではないのである。そこで登場するのが人びとの道徳感覚である共感作用である。

人びとは美しいものを見れば快楽を感じ、醜いものを見れば不快を感じるが、道徳においても同じことがいえるのである。すなわち、人びとは社会にとって有害な不正義に対しては、不快(uneasiness)の感情を抱き、それを共感によって分かち合っているが、同様に、人びとは正義に対しては、その公共的効用性に共感し(sympathy with public interest)、それを是認しようとする気持ちが起こってくるのである。[67]正義と不正義に対する人びとの共感作用の結果として、正義は徳としての道徳的是認(moral approbation)を受けるのである。こうして正義は徳として成立する。

こうした正義の徳のなかでも重要でありかつ中核をなしているものが、言うまでもなく所有に関する正義である。

ヒュームによれば、事物の所有を安定させる唯一の方法は、「社会の全成員が結ぶコンヴェンションによって、〔不安定な〕物財の所持に安定性を付与し、各人が幸運と勤勉とによって獲得できたものを平和に享受させておく」ことであるとする。(68) こうして公共的利益に合致した正義は人びとの共感を集め、道徳的に是認されるという手続きを経て、徳として社会に受け入れられるのである。以上が『人間本性論』のなかで展開されたヒュームの人為的な徳あるいはコンヴェンションとしての正義論の主要なフレームワークである。

(3)　ヒュームにおける効用と道徳的是認（『道徳原理の研究』における正義論）

すでに述べたように、『人間本性論』では正義の発生原因とコンヴェンションとしての正義の人為性に焦点が合わされていたが、『道徳原理の研究』では、正義の持つ公共的効用性の議論が前面に出て、この効用が人びとの道徳的是認を喚起するプロセスが中心テーマとなっている。一七世紀の近代自然法学、すなわち理性主義的な自然法論を批判しようとしたヒュームの意図は、この書物のなかでも明瞭にあらわれている。

すなわち、近代自然法論者たちは、ホッブズやプーフェンドルフに代表されるように、幾何学をその理論モデルとし、第一公理からの演繹的な道徳体系を構築することを標榜していたため、(69) 人間の理性能力を重要視し、道徳的判断の規準となるのは理性であると主張していた。しかし、ヒュームは『道徳原理の研究』のなかで、そうした人間の理性を重視する近代自然法学を批判し、道徳的判断や道徳的是認は理性ではなく、人間の感情によって決定されることを明らかにしようとしたのであった。

確かに『人間本性論』においてもヒュームは、「理性は、道徳的善悪の区別の源泉となることができない」と明言し、(70) 人びとは正義の持つ公共的効用性に共感して、正義を徳として是認するようになると論じていたが、『道徳原理の研究』ではさらに人間の持つ道徳感情が強調され、正義の有する公共的効用性が、人びとにそれを道徳的規範として認めさせる感情を喚起するという点が主張されているのである。そのことは、「有用性(usefulness)は快く、我々の是認を引きつける」[71]とか、「社会の利益を促進するすべてのものは人に快楽を伝え、有害なものは不快を与えるにちがいない」[72]というヒュームの言葉からも看取できるが、それは効用が人びとの心に快さの感情を生み、それを是認させる傾向を有していることを明確にあらわしたものである。

　こうして『道徳原理の研究』では、ヒュームの議論は正義の持つ効用性とそれに対する人びとの道徳的是認という論点に収斂していくのである。なぜなら、ある人間のとる行為が社会にとって有益であるかどうかを判断するのは理性であるが、「効用性はある目的への傾向性にすぎない」ので、その効用に対して道徳的是認を与えるには、感情の表出、すなわち、「人類の幸福を願う気持ちと彼らの不幸に対する憤慨」が必要となるからである。[73]それゆえ、「道徳は感情によって決定される」のである。[74]

　理性ではなく道徳感情によって道徳＝正義が決定されるというヒュームの主張は、思想史的に見れば、道徳感覚学派とも呼ばれるスコットランド啓蒙思想に一般的に共通する思想的特徴として、それ自体きわめて重要ではあるが、キケロの道徳論との類似性という本章の主題に立ち戻れば、『道徳原理の研究』において顕著に見受けられるのは、正義と効用の不可分性の議論であろう。ヒュームは次のように述べている。

　「あらゆる主題において効用という事情が賞賛と是認の源泉である。……〔効用〕は、正義に対して払われる高い尊敬の唯一の源泉である。」[75]

ヒュームは、まるで正義と効用に関するキケロの主張を思い起こさせるような論理で、『道徳原理の研究』において、自然法＝正義の道徳的拘束力の根拠としての公共的効用性という議論に傾注していくのである。たとえば、次に挙げるヒュームの主張は、基本的にはキケロの『義務について』のなかで展開された論理とほとんど同じ内容である。

「道徳性のあらゆる決定においては、公共の効用性(public utility)という事情が、つねに主として考慮される。[76]」
「社会的美徳は、決してそれらの有益なる傾向性抜きには考えられないし、……我々はそれらの価値のいかに多くの部分を効用性に帰すべきであるかは、……明らかになるであろう。[77]」
「〔正義〕が社会にとって有用であること、したがってその価値の少なくとも一部は、それを考慮することから生ずるに相違ないことを立証するのは、余分な企てであろう。公共の効用性(public utility)が正義の唯一の起源である……[78]」

「公正あるいは正義の規則は、人びとが置かれている特殊な状態と条件とにまったく依存しており、それらの起源と存在とを、それらの厳格で規律正しい遵守から公衆にもたらされる効用性に負うのである。[79]」

こうしたヒュームとキケロの正義論の類似性は、正義の目的に関するヒュームの議論を考察するとさらに明確となる。キケロは、正義の目的を人類の利益の擁護と人類社会の維持に置いたが、ヒュームにおいても、正義は「人類の福祉と社会の存続のために絶対に必要である」と言われているように、[80]その目的は同じである。
「人類の善(the good of mankind)が、〔所有権を規定する〕あらゆる法律および規制の唯一の目的である。人びとの所有物を区別することは、社会の平和と利益にとって必要であるばかりでなく、その区別に際して我々が従う諸規則は、社会の利益を増進するために工夫されうる最善のものである。[81]」

このように近代自然法を超える、新たな市民社会の道徳哲学を構築しようとしていたヒュームは、その議論の根底において、道徳と効用とを結合させた、古典古代のキケロの世俗的な道徳論を思わせる論理を展開していたのである。

以上のことを要約すると次のようになろう。まずヒュームは『人間本性論』において、自然法＝正義が人間本性に基づく自然的なものであると主張する近代自然法のフレームワークを批判し、正義が人間のコンヴェンションに基づく人為的な徳性であることを明らかにしようとした。さらに『道徳原理の研究』では、正義の有する公共的効用性がその道徳的拘束力の根拠であることを指摘し、その効用性が人びとの感情に与える快さが正義に対する道徳的是認を生み出すと主張することで、人間の道徳的判断は理性ではなく感情によってなされることを明確にしようとしたということである。そしてヒュームの道徳哲学の根底においては、古典古代の論者キケロの正義論と、近代自然法論者でありながらコンヴェンション論の基礎を構築したプーフェンドルフの自然法論が継承されているのではないかと考えられるということである。道徳論に限定して言えば、ヒュームは古典古代の道徳哲学と大陸自然法学〔＝とくにプーフェンドルフの自然法〕を一つの重要な思想母体として、一八世紀の新たな道徳哲学を構築したといえるのではなかろうか。

それでは、近代自然法の批判者ヒュームは、正義を人為の徳性とすることで近代自然法を完全に破壊し、効用によって自然法を基礎づけることで、自然法の普遍性を否定してしまったのであろうか、このことを最後に検討しておかなくてはならないであろう。

まず問題となるのは、グロティウスやプーフェンドルフが危惧したように、効用から導かれる自然法は相対的なものとなって、結局のところ、自然法の存在そのものを否定することになるのかという点であろう。換言すれば、公共的効用性に基づくコンヴェンションとしての自然法は、はたして「時代」や「状況」によって容易に変化し、相対化されてしまうものなのかどうかということである。

結論的に言えば、ヒュームはそうした可能性を否定している。近代自然法論者たちは、自然法という名の下に、道徳に関する数多くの問題をその内容に含めていったが、ヒュームは、自然法の内容を所有に関する三つの規則に限定する。それは基本的自然法（the three fundamental laws of nature）と呼ばれ、その内容は、所有の安定、同意による所有の移転、約束の履行の三つにすぎない。(82) ヒュームによれば、この基本的自然法は状況に応じて変化する相対的なものではなく、普遍的なものであるとされる。

「正義に導く便宜、あるいはむしろ必要はきわめて普遍的（universal）であり、どこにおいても同一の規則を指示しているので、その習性（the habit）はあらゆる社会で行われる。そして我々がその真の起源を確かめうるには、若干の精査を必要としないわけではない。しかしながら、問題はそれほど曖昧ではないので、日常生活においてさえ、我々はたえず公共的効用性（public utility）の原理に頼っており、そしてもしこのような慣行が普及すれば、世界はどのようになるのか、このような無秩序の下で社会はいかにして存続しうるか、を尋ねるのである。もし所有の区別あるいは分離が完全に無用であるとしたら、それが社会において行われたであろうなどと誰が想像しうるであろうか。(83)」（傍点筆者）

すなわち、ヒュームのいう公共的効用性は、地域や民族を越えてあらゆる社会に通用する普遍的な原理だということになろう。したがって、基本的自然法は効用に基礎を置きつつも、時代や状況によって簡単に変化することはないのである。自然法の存在そのものを破壊するものとして、グロティウスやプーフェンドルフが批判した効用⇓自然法論は、ヒュームのコンヴェンション論によって、普遍的な道徳原理として哲学的・社会学的に十分な理論的基礎づけを与えられたことになるのである。最後にヒュームは、効用性が人間の感情に対して持つ、強い影響力を指摘している。

「こうして我々は、ここで主張された原理の説得力（force）について、大体理解をしたと思われる。そして公共の利益と効用性に対する省察から、どの程度の敬意あるいは是認が生ずるかを決定することができる。社会の維持のための正義の必要性が、その美徳の唯一の基礎である。そしてこれ以上に高く評価される道徳的卓越性は存在しないのであるから、我々はこの有用性という事情が、一般的にいって最も強い活力と、我々の感情に対する最も完全な支配力とを有すると結論してよいであろう。[84]」（傍点筆者）

懐疑主義者といわれるヒュームは、近代自然法論者たちと比べると、自然法の内容を所有に関する基本的な規則だけに著しく限定しつつも、自然法そのものを否定することはなく、それを普遍的な道徳哲学として認めていたのである。

おわりに――ヒュームは本当に近代自然法思想の破壊者なのか――

ヒュームの道徳哲学に関する、これまでの議論をまとめると次のようにいえよう。（一）自然法の道徳的拘束力を自然神学によって基礎づけようとし、「神の命令」や「神の理性」という権威づけによって自然法の普遍性を担保しようとした近代自然法思想の基本原理をヒュームは明確に否定した、（二）自然法の相対化を嫌う近代自然法論者が意識的に避けてきた、「効用」による自然法の基礎づけをヒュームは支持し、自然法は人間のコンヴェンションに基づく「人為的な徳性」であることを指摘した、（三）さらには、道徳判断は理性ではなく感情によって決定されると主張することによって、ヒュームは理性主義的な近代自然法学を批判しようとした、ということである。こうした主張によって、ヒュームは「近代自然法思想の破壊者」という評価を受けることともなったのである。[85] それでは、本当にヒュームは近代自然法思想の破壊者であったといえるのであろうか。

たしかに、哲学的にはラディカルな懐疑論者であったヒュームは、近代自然法思想の根幹をなす主要な概念である自然状態や社会契約の虚構(フィクション)性については容赦なく攻撃しているが[86]、少なくともヒューム自身は自然法の存在自体を否定していないことは明らかである。なぜならヒュームは、自然法は存在しないという議論は展開しておらず、ただ(自然)神学に依存する自然法を世俗化しようとしただけであったからである。実際ヒュームは、所有の安定、同意による所有の移転、約束の履行の三つを基本的自然法と呼び、その普遍性を認める主張をしていることは指摘したとおりである。

また、かりに自然法の人為性を認めたとしても、その人為的な自然法は、その公共的効用性によって、人類のかなりの広範囲に及ぶ普遍性と支持(コンヴェンション)とを獲得していることは彼の議論から明白である。したがって、ヒュームの説く自然法の(とくに所有に関する)諸規則が、人間の形成するどの社会システムにおいても「自然」に形成されるものであれば、自然法は社会を必要とする人間的自然(Human Nature)にとって、文字どおり「自然的」なものであり、その存在自体が自明ともいえるのである[87]。次のヒュームの言葉はそのことを証明するものである。「私は自然的という言葉を人為的とのみ対立させて用いるのである。この言葉の他の意義では、人間の心の原理で徳の感覚ほど自然な原理はないように、正義ほど自然な徳はない。人間は物事を案出する種属(inventive species)である。そして案出が明白かつ絶対に必要なものである時には、自然的といってもよいであろう。それは思索や省察の仲介なしに根源的原理から直接に生ずるすべてのものが自然的といえるのと同じである。正義の規則は人為的ではあるが、恣意的ではない。また、自然という言葉によって、ある種属に普通な(common)ものとすれば、あるいはその種族に不可分なものという意味に限定しても、人為的という表現は、正義の規則を自

然法（Laws of Nature）と呼ぶに不適切ではないのである。」(88)（傍点筆者）

すなわち、ヒュームの近代自然法学批判の意図が自然法そのものの否定になかったことは明白なのである。(89) ヒュームは、ある意味では近代自然法学がその目標としつつも躊躇していた、自然法の世俗化を徹底させたにすぎないともいえる。なぜなら、グロティウスやプーフェンドルフがその主題とした、啓示神学からの自然法の解放、自然法と効用との関係、コンヴェンションとしての条件的自然法などの議論のなかに、すでにヒュームの道徳哲学の基本的方向性がすでに萌芽的に見られつつあったとも考えられるからである。

そういう意味においてヒュームは近代自然法思想の批判者ではあっても、その思考枠組みの多くを前提・継承し、それを発展させているという点で、近代自然法思想の破壊者あるいは否定者ではないということが結論づけられるように思われるのである。

最後に、自然法の世俗化の功罪について一言触れておきたい。ヒュームは近代自然法論者たちが着手した自然法の世俗化、すなわち神学からの自然法の解放をさらに徹底させ、完成させたといえるが、神学的基礎を失った自然法は、その内容を所有に関する正義だけに限定されることともなった。

一七世紀の自然法論においても、この自然法の世俗化にはさまざまな反応が生じた。たとえば、第二章で指摘したように、プーフェンドルフが自然法学から啓示神学を排除し、自然法の規制対象を現世における人間の外面的行為にのみ限定したことに激昂したライプニッツは、中世的な自然法を復活させようとしたが、そうした動き自体は復古主義的であったとはいえ、思想史的に見れば、ライプニッツにおける自然法と神学との再結合は、グラスゴウ大学「道徳哲学」講座の初代教授カーマイケルによって支持されることによって新たな思想的局面を迎えることともなる。すなわち、次の講座継承者フランシス・ハチスンが自然神学と自然法学とを再統合することによって、スコットランド啓蒙思想の思想的基盤が構築されることとなるからである。

したがって、時代の必然的な流れとはいえ、自然法の世俗化そのものが思想史的に魅力のある成果を生み出したとは一概にはいえない。むしろ、神学的基礎を残した自然法は真に内面的な道徳哲学として構築される可能性もあったからである。しかし、自然法をほぼ完全に近い形で世俗化したヒュームは、自然法と所有権の安定を同義とすることによって、所有権が近代市民社会の普遍的で根源的な原理であることを明確にしたということだけは間違いないであろう。

（1）スミスが自然法論者であったか否かということには議論の余地があるかもしれないが、グロティウスやプーフェンドルフ、ロックの近代自然法をベースにして、スミスの倫理学、政治学、経済学が形成されたことは明らかにされつつある。田中正司『アダム・スミスの自然法学』、とくに二九―七二、一一五―一五三ページを参照されたい。Cf. Istvan Hont, "The language of sociability and commerce : Samuel Pufendorf and the theoretical foundations of the 'Four-Stages Theory'," 拙訳「社会性と商業という用語について――ザムエル・プーフェンドルフと『四段階理論』の理論的基礎――」も参照されたい。

（2）Cf. Duncan Forbes, *Hume's Philosophical Politics* (Cambridge : Cambridge University Press, 1975), pp. 41-42. ; Knud Haakonssen, "Hugo Grotius and the History of Political Thought", in *Political Theory*, Vol 13 No. 2, May 1985, Sage Publications, Inc., pp. 247-248.

（3）唯一の例外がホッブズであろう。近代自然法論者のなかで、ホッブズだけが自然法の神学的基礎づけにはそれほど拘泥していない。その理由は、ホッブズが自然法は、内面の法廷（in foro interno）においては、人間の良心をつねに拘束するが、外部の法廷においては（in foro externo）人間の実際の行動を規制できないと論じているように、自然法は神学による拘束力だけでは人間の行為を束縛する道徳規範たりえないとホッブズ自身が確信していたためと考えられる。ホッブズにとっては、強制力を伴う公的権力＝コモン・パワーを裏づけとした主権者の命令としての自然法でないかぎり、人びとを規制する拘束力を持ちえないものだったのである。Cf. T. Hobbes, *Leviathan*, p. 215. 邦訳、一〇六ページ。

（4）自然法の世俗化とは具体的にはどのような内容を指しているのかということを明確にしておく必要があろう。この論稿では、自然法の世俗化を次の五つの意味に限定して用いることとする。それは、（一）自然法の適用範囲を現世に限定していること、（二）

自然法の作者としての神を排除していること、(三) 自然法の拘束力の根拠を神の理性や神の命令に求めていないこと、(四) 効用に基づく自然法の人為性を認めていること (ただし、そのことは自然法の相対化を必ずしも意味しない)、(五) 自然法を通俗化していること(卓越した徳性としてではなく道徳的適宜性としての自然法を確立していること)、である。自然法の世俗化を筆者は肯定的な意味でのみ用いているのではないことは、本章のあとがきを参照されたい。

(5) D. Hume, *An Enquiry concerning the Principles of Morals*, edited by Tom L. Beauchamp (Oxford : Clarendon Press, 1998. 以下 *E. P. M* と略記する), p. 21. 渡部峻明訳『道徳原理の研究』(晢書房、一九九三年)、三四ページ。ただし訳文は必ずしも同一ではない。

(6) Cf. Antony Flew, *David Hume* (Oxford and New York : Basil Blackwell, 1986), p. 6. 泉谷周三郎『ヒューム』(研究社出版、一九九六年)、六八―七〇ページ。

(7) キケロがギリシア・ローマ時代の思想史のなかで、純粋なストア派の思想家として位置づけられうるのかという点に関しては、疑問が持たれている。むしろ、ギリシアの哲学諸派 (アカデーメイア派、逍遥学派、ストア派など) の思想的折衷と見られることが多いようである。『世界の名著14　キケロ、エピクテトス、マルクス・アウレリウス』(中央公論社、一九八〇年)、二二―三〇ページ、『キケロー選集9 (義務について)』(岩波書店、一九九九年、以下『選集9』と略記する)、三八一―三九三ページを参照されたい。Cf. Jean Barbeyrac, "An Historical and Critical Account of the Science of Morality", translated by Mr. Carew in S.v. Pufendorf, *Of The Law of Nature and Nations*, translated by Basil Kennet (London : Printed for J. Walthoe, R. Wilkin, J. and J. Bonwicke, S. Birt, T. Ward, and T. Osborne, 1729), p. 75.

(8) *The Letters of David Hume*, edited by J. Y. T. Greig, 2vols (Oxford : At The Clarendon Press, 1932), Volume I, pp. 34-35.

(9) Cf. Cicero, *De Legibus*, with an English Translation by Clinton Walker Keyes (Cambridge, Massachusetts, London : Harvard University Press, 1928), pp. 314, 316, 380.『キケロー選集8 (法律について)』(岩波書店、一九九九年、以下『選集8』と略記する)、一九二―一九三、二二八ページ。

(10) Cf. Antony Flew, *op.cit.*, pp. 143-144.

(11) 『選集8』、二二七―二二八ページを参照されたい。

(12) Cicero, *De Officiis*, with an English Translation by Walter Miller (Cambridge, Massachusetts, London, England : Harvard University Press, 1913), pp. 280, 282.『選集9』、二八六―二八七ページ。ただし、訳文は必ずしも同一ではない。キ

ケロ『義務について』の他の邦訳としては、角南一郎氏（現代思潮社古典文庫49、一九七四年）によるものも存在する。

(13) Cf. *ibid.*, p. 16.『選集9』、一三六ページ。

(14) *ibid.*, p. 16.「選集9」、一三六ページ。

(15) *ibid.*, p. 20.「選集9」、一三八ページ。

(16) *ibid.*, p. 294.「選集9」、二九三ページ。

(17) *ibid.*, p. 32.「選集9」、一四五ページ。

(18) *ibid.*, p. 22.『選集9』、一三八−一三九ページ。

(19) Cf. *ibid.*, pp. 178, 180.『選集9』、二二八ページ。

(20) *ibid.*, p. 26.『選集9』、一四一−一四二ページ。

(21) *ibid.*, p. 294.『選集9』、二九二ページ。

(22) *ibid.*, p. 160.『選集9』、二一八ページ。

(23) *ibid.*, p. 10.『選集9』、一三二ページ。

(24) *ibid.*, p. 308.『選集9』、三〇〇ページ。

(25) *ibid.*, p. 288.『選集9』、二八九ページ。

(26) *ibid.*, p. 176.『選集9』、二二六ページ。

(27) *ibid.*, p. 378.『選集9』、三三八ページ。

(28) S. v. Pufendorf, *De Officio*, I, iii, §10.

(29) Cf. *De Officio*, I, ii, §2.

(30) ホッブズの場合も、自然状態において自然法は機能していると考えられるが、人びとは公的な強制力が働かないところでは自然法を守らないとする点で、神学的基礎づけをあてにしていない。ロックの場合は、晩年の『統治論二篇』（一六九〇年）よりも初期の著作『自然法論』（一六六四年）において、自然法＝神の意思の命令（ordinatio voluntatis divinae）とする主意主義の立場を明確にとり、自然法の自然神学的基礎を残している。Cf. J. Locke, *Essays on the Law of Nature*, pp. 110-111. 邦訳、一四〇ページ。

(31) この点については第二章を参照されたい。

(32) H. Grotius, *De Jure Belli ac Pacis Libri Tres*, pp. 34-36. 訳出にあたっては、The Classics of International Law

(Oxford : At The Clarendon Press, 1925) の Francis W. Kelsey による英訳を参照した。邦訳としては、一又正雄氏によるもの（全訳、巌松堂書店、一九四九年）と、日本大学のグローティウス研究会によるもの（抄訳、日本法学第五二巻第一、二、三号、第五二巻第一号）が存在する。どちらも参照させていただいた。

(33) Cf. *ibid., Prolegomena*, p. 10.

(34) たとえば、次のダントレーヴのグロティウス解釈は再考を要するであろう。「彼〔＝グロティウス〕は、神学的な諸前提に依拠しない法理論を構築することが可能なことを証明した。彼の継承者たちはその仕事を完成させた。彼らが入念に仕上げた自然法は完全に『世俗的な』ものであった。」(A. P. d'Entrèves, *Natural Law*, p. 55. 邦訳、七七ページ。ただし、訳文は同一ではない。)

(35) G. W. Leibniz, *Monita quaedam*, pp. 67, 69.

(36) ロックもグロティウスと同様、カルネアデスを批判しているが、効用（utilitas）によって自然法の拘束力を基礎づけることには強く反対しており、『自然法論』のなかでそのことを警戒して次のように述べている。「もし〔自然法の〕義務の根拠が利益に置かれ、効用(utilitas)が正義の規準として認められるなら、それはあらゆる悪事に門戸を開くことになるのではなかろうか」、「もし各個人の私利が自然法の基礎だとするなら、この法は必ず犯されるであろう」、「公正と正義が効用と同じものだとすれば、約束を守る理由はなくなり、社会の保障も、人びとの共同生活もなくなってしまうだろう」、「効用は法の基礎あるいは義務の根拠ではなく、法にしたがったことの結果である。ある行為がそれ自体として何らかの利益を生むということと、それが法にかなうがゆえに有用であり、法がなければ何らの効用も持たないということ、たとえば、自分の損になることであっても約束を守るというようなこととは、まったく別のことである。」Cf. J. Locke, *Essays on the Law of Nature*, pp. 204-215. 邦訳、一七九―一八三ページ。

(37) H. Grotius, *op.cit., Prolegomena*, p. 7.

(38) 『戦争と平和の法』のルイ一三世に捧げられた献辞、とくに後半部分とプロレゴメナに、三十年戦争に対するグロティウスの道徳的憤慨がよくあらわれている。松隈清『グロチュースとその時代』（九州大学出版会、一九八五年）、一六二―一六三ページも参照されたい。

(39) H. Grotius, *op.cit., Prolegomena*, pp. 11-12.

(40) S. v. Pufendorf, *De Jure Naturae*, II, iii, § 10.

(41) Cf. *De Jure Naturae*, II, iii, § 14.

(42) *De Jure Naturae*, II, iii, §20.
(43) *De Jure Naturae*, II, iii, §10.
(44) *De Jure Naturae*, II, iii, §10.
(45) プーフェンドルフのエンティア・モラリア論については、桜井徹「プーフェンドルフのエンティア・モーラーリア理論」（日本法哲学会編『現代所有論（法哲学年報一九九一）』（有斐閣、一九九二年）所収）も参照されたい。
(46) *De Jure Naturae*, I, i, §3.
(47) Cf. *De Jure Naturae*, I, i, §3.
(48) *De Jure Naturae*, IV, iv, §1.
(49) *De Jure Naturae*, IV, iv, §4.
(50) Cf. J. Locke, *Two Treatises of Government*, p. 307. 邦訳、三四ページ。
(51) Cf. *ibid.*, pp. 305-306. 邦訳、三二―三三ページ。
(52) *ibid.*, p. 309. 邦訳、三七ページ。
(53) ただし、富の無限の蓄積を正当化するための貨幣導入の理由については、ロックもプーフェンドルフ同様、「暗黙の同意(tacit consent)」＝コンヴェンションの論理を採用している。Cf. *ibid.*, pp. 311, 319-320. 邦訳、四二、五四ページ。
(54) Cf. *E. P. M.*, p. 21. 邦訳、三四―三五ページ。
(55) Cf. *De Jure Naturae*, II, iii, §24.; *De Officio*, I, ix, §22. 換言すれば、絶対的自然法とは、無条件に人びとを拘束する自然法のことであり、条件的自然法とは、条件つきで人びとを拘束する自然法のことである。プーフェンドルフのエンティア・モラリア論のなかで注意しなくてはならないのは、エンティア・モラリアとしての自然法が、絶対的自然法と条件的自然法の二つのカテゴリーに分けられていることであろう。条件的自然法は、人類の状況に応じて作られた人間のコンヴェンションとして容易に説明がつくが、絶対的自然法は人間のコンヴェンションとしては説明がつかない。エンティア・モラリアを創造する主体としてプーフェンドルフは知的存在（entia intelligentia）を想定していたが、この知的存在には人間だけではなく、神も含まれている。したがって、絶対的自然法の作者は人間ではなく神なのである。この絶対的自然法は神の附加によって作られる。Cf. *De Jure Naturae*, I, i, §§3, 7., I, ii, §6., II, iii, §20.
(56) Cf. *De Jure Naturae*, II, iii, §24.
(57) 書簡のなかで述べられた次のヒュームの言葉は、彼が古典古代の思想家の一節を引用して、近代自然法論者の限界を指摘している点で、きわめて示唆に富んでいる。「私は、正義が自然的でない、などとは決して言ったことはなく、ただ人為的だと言っただけである。効用それ自体が、正義と衡平のいわば母なのである（*Atque ipsa utilitas justi prope mater et aequi*)。こう述べたのは、古代の最高の道徳学者の一人である。グロティウスもプーフェンドルフも、〔論理を〕一貫させるには、同じことを主張しなくてはならないであろう。」(*The Letters of David Hume*, Volume I, p. 33.)

(58)　Cf. *De Jure Naturae*, II, iii, § 24.

(59)　ヒュームは、彼の道徳に関する著作のなかでプーフェンドルフの名前を挙げることはほとんどないが、そのことをもってヒュームがプーフェンドルフの自然法学の影響を受けていないと断定するのはあまりに性急であろう。むしろ、グロティウスとプーフェンドルフの自然法学はスコットランドの諸大学で、標準的な法学と道徳哲学のテキストとして用いられていたために、当然の理論的前提となっていたと考えられる。グラスゴウ大学やエディンバラ大学では、法学を専攻する学生は大陸自然法学、すなわちグロティウスとプーフェンドルフの自然法学を通常の教科書として使用していたのである。この点については第三章も参照されたい。

(60)　D. Hume, *A Treatise of Human Nature*, Second Edition, with text revised and notes by P. H. Nidditch (Oxford : At The Clarendon Press, 1978. 以下 *T. H. N*. と略記する), p. 477. 大槻春彦訳『人性論（四）』（岩波文庫、一九五二年）、四四ページ。ただし、以後の引用文に関しては、訳文は必ずしも同一ではない。

(61)　渡部峻明訳『道徳原理の研究』の訳者解説と泉谷周三郎『前掲書』、一六八―一七一ページを参照されたい。

(62)　*T. H. N*., p. 483. 邦訳、五三ページ。

(63)　Cf. *T. H. N*., p. 495. 邦訳、七一ページ。

(64)　*T. H. N*., p. 491. 邦訳、六四―六五ページ。

(65)　*T. H. N*., p. 490. 邦訳、六三ページ。

(66)　ヒュームが、人間のコンヴェンションによって設立された制度として想定しているのは、所有権とともに言語、貨幣である。これはエンティア・モラリア、すなわち人間のコンヴェンションによって制定される、プーフェンドルフの条件的自然法の内容とほぼ一致している。Cf. *T. H. N*., p. 490. 邦訳、六四ページ。

(67)　Cf. *T. H. N*., pp. 499-500. 邦訳、七六―七七ページ。

(68)　*T. H. N*., p. 489. 邦訳、六二ページ。

(69)　Cf. *T. H. N*., p. 463. 邦訳、二四ページ。*E. P. M*., pp. 4, 6-7. 邦訳、三、七―八ページ。

(70) *T. H. N.*, p. 458. 邦訳、一六ページ。
(71) *E. P. M.*, p. 37. 邦訳、六五ページ。
(72) *E. P. M.*, p. 46. 邦訳、八三ページ。
(73) Cf. *E. P. M.*, pp. 83-84. 邦訳、一五六—一五七ページ。
(74) *E. P. M.*, p. 85. 邦訳、一六〇ページ。
(75) *E. P. M.*, p. 45. 邦訳、八一—八二ページ。
(76) *E. P. M.*, p. 11. 邦訳、一五ページ。
(77) *E. P. M.*, p. 12. 邦訳、一七ページ。
(78) *E. P. M.*, p. 13. 邦訳、一九ページ。
(79) *E. P. M.*, p. 16. 邦訳、二五ページ。
(80) *E. P. M.*, p. 24. 邦訳、四〇ページ。
(81) *E. P. M.*, p. 19. 邦訳、三一ページ。
(82) Cf. *T. H. N.*, p. 526. 邦訳、一一四ページ。
(83) *E. P. M.*, pp. 26-27. 邦訳、四五ページ。
(84) *E. P. M.*, p. 27. 邦訳、四六ページ。
(85) Cf. G. H. Sabine, *A History of Political Theory*, Fourth Edition (Tokyo : Holt-Saunders Japan, Ltd., 1981), pp. 552-555. 小笠原弘親・小野紀明・藤原保信『政治思想史』(有斐閣、一九八七年)、二〇〇—二〇二ページ。また、ヒュームが自然法や社会契約を完全に否定したのではなく、その思想枠組みのなかで思想的営為を進めたという論点については、塚田富治「社会契約思想の批判者ヒューム」(飯坂良明・田中浩・藤原保信編『社会契約説』(新評論、一九七七年) 所収) を参照されたい。
(86) Cf. *T. H. N.*, p. 493. 邦訳、六七—六八ページ。*E. P. M.*, pp. 17-18. 邦訳、二六—二八ページ。ヒューム『原始契約について』、とくに五三七—五四一ページ。
(87) 「自然的という言葉は、通常きわめて多くの意味に理解され、その語義もあいまいであるために、正義が自然的であるか否かを論議することは無益なことと思われる。自愛や仁愛が人間にとって自然的であるなら、また理性や先見も〔人間にとって〕自然的であるなら、同じ形容詞は正義、秩序、忠実、所有権、社会にも適用されるであろう。」(*E. P. M.*, p. 98. 邦訳、一八三ページ)。

(88)　*T. H. N.*, p. 484. 邦訳、五四―五五ページ。

(89)　Cf. Stephen Buckle, *Natural Law and the Theory of Property*, p. 298.

補論一　プーフェンドルフの思想史的位置づけについて

はじめに――問題の所在――

一九九四年、一七世紀ドイツを代表する自然法学者ザムエル・フォン・プーフェンドルフの死後三〇〇年を迎えた。ところが、この記念すべき年にわが国では、政治思想や社会思想に関する主要な学会、研究会等でその思想史的位置づけや評価をめぐる特集やシンポジウムが開かれることは、残念ながらほとんどなかった。こうした状況は、プーフェンドルフを専門に研究対象とする研究者が、日本ではほとんど存在しない現状を如実に物語っているといえよう。

ところが、ヨーロッパの学会では、彼の死後三〇〇年を期に、プーフェンドルフの主要な著作の詳細な紹介を行ったもの、彼の思想のモノグラフ研究、さらには、共同研究の成果をまとめたものが、ドイツやイギリスで相次いで刊行されている。それらの研究は、たとえば、クレイグ・カーとマイケル・シードラーの手による『ザムエル・プーフェンドルフの政治的著作』*The Political Writings of Samuel Pufendorf*（一九九四年、オックスフォード）、トーマス・ベーメ『ザムエル・フォン・プーフェンドルフ――自然法と国家――』*Samuel von Pufendorf : Naturrecht und Staat*

ヨーロッパの初期啓蒙思想』*Samuel Pufendorf und die europäische Frühaufklärung : Werk und Einfluß eines deutschen Bürgers der Gelehrtenrepublik nach 300 Jahren*（一九九五年、ゲッチンゲン）そして全世界のプーフェンドルフ研究者を総結集させた、『ザムエル・プーフェンドルフと（一九九六年、ベルリン）などの注目すべき研究書として結実している。[1]

欧米でのプーフェンドルフ研究は、ここ二十年ほどの間に飛躍的な発展を見せており、近代政治・社会思想の発達に果たしたその思想的役割が再評価されつつあり、従来のような「奇妙な名をした無名のドイツ人」[2]として思想史の主流から排除される慣行は徐々に改まりつつある。政治・社会思想史における彼の思想史的位置づけはより高いものになりつつあるといえよう。また、研究の蓄積が進むにつれ、彼の思想の多面的な側面が注目されている。

私はこれまで、とくに日本のプーフェンドルフ研究では、研究の蓄積が少ないために、特定の研究者の解釈が支配的となったり、研究分野（とりわけ政治思想史と経済思想史）の間での解釈の対立が顕著に見受けられる点を指摘してきた。とくに政治思想史の分野に限定して言えば、日本では今でも、プーフェンドルフは啓蒙絶対主義者であるというイメージが根強く定着しているように思われる。しかし、死後三〇〇年を経て、プーフェンドルフの自然法学を再検討し、グロティウスやホッブズ、ロック、カンバーランド、ライプニッツ、ルソーらの近代自然法思想あるいはカーマイケル、ハチスン、ヒューム、スミスらのスコットランド啓蒙思想との相互連関や思想的受容のあり方に着目し、自由主義思想の発展や近代市民社会思想の確立に果たしたその役割を明確にしようとする、再評価の趨勢が海外では有力である。したがって、そのような現在の状況では、シードラーの指摘するように、その解釈のギャップを埋めるために「多くの仕事がなされるのを待ち受けている」[3]状態にあるといえよう。

ここでは、政治・社会思想史におけるプーフェンドルフの思想史的位置づけをめぐる問題点を明らかにしようとする一つの試みとして、（一）これまでのプーフェンドルフに関する研究史を概観し、（二）次に、プーフェンドルフ研究の大きく対立する二つの解釈の傾向を取り上げ、(三) さらに、プーフェンドルフ研究の代表的著作であるクリーガーの研究の問題点を指摘し、(四) 最後に、プーフェンドルフが当時の研究者たちにどのように受けとめられていたのかを示す一例として、フランスを中心に一八世紀のヨーロッパ各国に彼を紹介するのに尽力した、『自然法と万民法』の翻訳者・注釈者として名高いジャン・バルベイラック (一六七四―一七四四) が、彼の論稿「道徳科学に関する歴史的および批判的説明」(一七〇六年) において、グロティウスやホッブズの自然法思想と比較対照しつつ、プーフェンドルフの自然法学をどのように位置づけ、それを評価していたのかを見てみることとしたい。

一　プーフェンドルフに関する研究史の概観《スケッチ》

これまでのプーフェンドルフに関する研究史を分野別で見てみると、これは主に、法哲学、民法、経済思想、政治思想の四つの分野に整理される。そのなかで、プーフェンドルフ自然法学の再評価をいち早く行ってきたのが法学の分野であり、とくに法哲学と民法においてその傾向が最も顕著にあらわれている。法哲学の分野でいえば、ハンス・ヴェルツェルとエリック・ヴォルフの研究がよく知られているが、(4) たとえば、ヴェルツェルは『ザムエル・プーフェンドルフの自然法理論』(*Die Naturrechtslehre Samuel Pufendorfs*, 1958) において、プーフェンドルフのエンティア・モラリア (entia moralia) 理論に注目し、彼が道徳的世界あるいは文化的な世界 (Kulturwelt) を物理的な世界から截然と区別し、そこに自然法則と同じ道徳的必然性を見出したことで、彼は道徳科学を一個の独立した科学へと高めたという点を評価している。(5) また、民法の分野では、ヴィーアッカーという民法理論の大家が、プーフェンドルフを独創的思想家の一人として、理性法論、すなわち、近代自然法学が実定法学に対して影響を及ぼすこと

をはじめて可能ならしめた点を評価している。(6)

法哲学や民法の研究者は、プーフェンドルフが、自然法思想史上はじめて所有権理論を、理性に基づく合理的・演繹的な自然法体系のなかに明確に位置づけた点を高く評価するが（和田小次郎『近代自然法学の発展』第二章　第一節、一九五一年、同「グローチゥスからプフェンドルフ、トマジウスへ」日本法哲学会編『法思想の潮流』、一九五〇年）、近年の法学研究者に見受けられる一つの研究動向として注目されるのが、プーフェンドルフの合意理論、すなわち、コンヴェンショナリズムと合意所有理論の再評価である。

これまで近代所有権理論は、シュラッター（『私的所有』*Private Property*, 1951）の指摘をまつまでもなく、ロック的な労働所有理論が主流とされてきたことは否定しえない事実である。(7)したがって、合意による所有理論、すなわち、合意所有理論の意義の見直しが遅延してきたわけであるが、最近になって、このコンヴェンショナリズムの思想史的意義を再評価しようとする傾向があらわれてきた。たとえば、日本では桜井徹氏の研究（「私的所有の道徳的根拠――労働所有論とコンヴェンショナリズム――」『一橋研究』第一五巻二号、一九九〇年、同「プーフェンドルフのエンティア・モーラーリア理論」（『法哲学年報』（一九九一））がこうした研究動向を代表している。また、筏津安恕『失われた契約理論』（一九九八年）は合意所有論のみならず、プーフェンドルフの契約理論そのものが新たなパラダイムを提示している点を指摘している。

コンヴェンショナリズムの基本的特色は、あらゆる社会制度に対する哲学的な問い直しであり、その結果、導き出されるのが、プーフェンドルフの場合、あらゆる政治・社会制度を成り立たせているのが、市民社会を構成している、商品の交換主体としての自由で平等な近代的な市民の合意であるという指摘である。ロックの場合には、貨幣の導入と政治社会の設立には同意理論を使用するが、所有権の正当化には同意理論が貫徹されてはいない。ロックが所有権の基礎づけに同意理論を用いなかったのは、所有権の排他性、絶対性を確立するには、合意所有理論では不十分で、労働所有理論を用いざるをえなかったためであるが、プーフェンドルフは言語、所有、貨幣、政府等すべての人為的制度（institutum）を一貫して人間のコンヴェンション＝合意によって説明しようとする。

その際、合意を締結する市民同士の関係は、封建社会のような諸身分間の縦の垂直関係ではなく、まさしく自由で平等な市民の自由な意思に基づくものであるから、当然、特権とか門閥といった生来の不平等な要因は排除されて、自然状態に生きる自然権を持つ市民同士の水平的な関係に収斂していくのである。それればかりではなく、コンヴェンションそのものを成り立たせる要因として、プーフェンドルフが暗に指摘しているのが、市民社会にとっての「利益」や「効用」（utilitas）への配慮である。プーフェンドルフの合意理論は共通利益の感覚に基づく合意という、ヒュームのコンヴェンション観念を先取りしている部分がある〔桜井徹「ヒュームにおけるコンヴェンションの観念」『一橋研究』第一三巻　第二号、一九八八年、拙稿「自然法の道徳的拘束力の根拠としての公共的効用について――キケロ、プーフェンドルフ、ヒュームにおける自然法の世俗化――」『久留米大学法学』第38号、二〇〇〇年参照〕。また、プーフェンドルフの合意所有理論は、所有権が成立する際の重要な契機として、人間の労働（industria, cultura, labor）に対する高い価値づけも前提としている点に注意したい。(8)

次に、経済思想の分野についてであるが、これは最も研究の蓄積の進んだ分野である。その理由として考えられるのは他の分野に比べて柔軟性のある分野であったということである。というのは、次に言及する政治思想の分野などでは、ドイツは後進国で一八世紀には啓蒙絶対主義になって、一九世紀には政治的保守主義の時代を迎え、二〇世紀にはファシズムの時代になったという偏見が根強いために、まず、イギリス思想とドイツ思想の違いに力点を置きすぎるために生産的な研究が進んでこなかったからである。

したがって、プーフェンドルフ研究もまず研究者自身の問題意識そのものが固定化されていて、プーフェンドルフの思想のなかからできるだけ、封建的あるいは絶対主義的側面を抜き出そうとする傾向がきわめて強い。その結果、プーフェンドルフ理論のすぐれた面がなおざりにされてきたことが考えられる。その点は経済思想の方が柔軟で、イギリス自然法思想と大陸自然法学とを強引に区別しようとしたりしないし、とくに、アダム・スミスに代表されるスコットランド啓蒙思想が大陸系の自然法学に強い影響を受けていることもあって、大陸自然法学の思想史的意義を積極的に評価しようとしてきたのである。

具体的には、スコットランド啓蒙の一拠点となった、グラスゴウ大学「道徳哲学」講座の初代教授ガーショム・カーマイケルが、プーフェンドルフの自然法思想を自然神学思想によって捉え直した点に着目したシルバーソーンとムーアの研究（J. Moore and M. Silverthorne, "Natural Sociability and Natural Rights in the Moral Philosophy of Gerschom Carmichael" in *Philosophers of the Scottish Enlightenment*, 1984, id., "Gerschom Carmichael and the natural jurisprudence tradition in eighteenth-century Scotland" in *Wealth and Virtue*, 1983）がまず挙げられるが、さらには、同じ観点に着目して、プーフェンドルフとカーマイケルの政治思想の比較考察を行った、拙稿「イギリス自然法思想とプーフェンドルフの自然法学――グラスゴウ大学「道徳哲学」講座における大陸自然法学の批判的受容――」（『現代社会の諸相』所収、一九九二年）や、プーフェンドルフの自然法学のなかに、すでにスミス的な社会発展の段階論的な視点があったとするホントやハンス・メディックの研究（I. Hont, "The language of sociability and commerce : Samuel Pufendorf and the theoretical foundations of the 'Four-Stages Theory' in *The Language of Political Theory in Early-Modern Europe*, 1987 拙訳「社会性と商業という用語について――ザムエル・プーフェンドルフと『四段階理論』の理論的基礎――」〔『三重法経』第九九号、一九九三年〕、H. Medick, *Naturzustand und Naturgeschichte der bürgerlichen Gesellschaft*, 1981）が挙げられよう。また、こうした研究視座と基本的問題意識を同一にして、ロック、プーフェンドルフからスミスへと大局的な自然法思想の流れを追った研究書として田中正司『市民社会理論の原型』(一九七九年)、同『アダム・スミスの自然法学』(一九八八年)が存在する。

最後に政治思想についてであるが、前述したように、この分野の研究が最も立ち遅れている。プーフェンドルフが市民社会の諸制度をコンヴェンショナリズムによって説明しようとしたことを既存の政治体制の擁護を行ったとか、絶対主義体制のイデオロギーを提供したと捉えて、彼がジョン・ロックのように、市民社会と国家とを截然と区別して、国家が解体しても市民社会は恒久的に残存すると主張した点や、主権者の政治権力の濫用を防止するためにさまざまなシステムを考案している点にはまったくといってよいほど配慮されていない(9)。

しかし、最も根本的な問題と思われるのは、政治思想の研究者には、プーフェンドルフがヨーロッパ各国の市民社会の発展に刺激されて市民社会理論を構築したという認識が欠けているために、所詮、彼は後進国ドイツの啓蒙絶対主義のイデオローグだと性急に結論づけてしまう点にあるように思われる。プーフェンドルフの学問的な出発点においては、後進国ドイツをいかに近代化するかという意識がかなり強く、そのために、彼は当時の先進国であるイギリスやオランダから積極的に学問の摂取を行うが、そのことが結果的には全ヨーロッパ的な視点から市民社会の発展を展望することにもつながり、彼の学問的性質をドイツ的なものから、もっと広いヨーロッパ的な視野に拡大せしめたものと思われる。したがって、たしかにプーフェンドルフはドイツ人ではあるが、彼の政治・社会理論は当時のヨーロッパの先進国の市民社会理論を十分に反映しているのである。

プーフェンドルフの政治思想をホッブズやロックのイギリス自然法思想さらにはルソーの政治思想と峻別し、後者の政治理論が近代民主主義思想の源流となったのに対して、グロティウスやプーフェンドルフの政治思想が既存の啓蒙絶対主義のイデオロギーとなったとする解釈は、福田歓一氏の『近代政治原理成立史序説』（一九七一年）に代表される。こうした問題意識に基本的に従いつつ、プーフェンドルフ政治思想のより詳細な分析を行ったのが小笠原弘親氏の研究（「プーフェンドルフの契約理論」飯坂良明・田中浩・藤原保信編『社会契約説』所収、一九七七年、「ホッブズとプーフェンドルフ」田中浩編『トマス・ホッブズ研究』所収、一九八四年）である。プーフェンドルフの宗教についての一著作に着目した研究（倉島隆「プーフェンドルフの『神的信約法』における政治思想についての一考察」日本大学『法学紀要』第二六巻、一九八四年）も存在するが、「もし我々がルソーの政治思想の拠り所を探しだそうとすれば、我々が向かわなければならないのは疑いもなくプーフェンドルフである」という問題意識を以て、大陸自然法とルソーの政治思想のつながりに着目した代表的研究がドラテの『ルソーとその時代の政治学』(*Jean-Jacques Rousseau et la Science Politique de son Temps*, 1970) である。

大陸自然法とホッブズやロック、ルソーの社会契約論とを対極に位置づけて考察しようとする研究方法は日本に特異であり、海外ではこうした研究視角はあまり一般的ではないように思われる。もちろん、両者にはイギリス、フランスの革命状況の最中に育まれた思想と自国の後進的な政治・社会状況のなかで構築された思想という、決定的な相違点が存するが、そうした外的な状況の違いだけでその思想の理論的意義が過小に評価されたり、即断されてはならないように思われる。前述したように、プーフェンドルフの政治思想の性格は、根底にはドイツの改革・近代化への強い意欲が感じられつつも、狭くドイツにのみとどまらず、イギリスやオランダの先進国の影響を受けて、きわめて市民社会理論的な色彩を有しているからである（拙稿「プーフェンドルフの政治思想に関する一考察――とくに、『ドイツ帝国国制論』を中心に――」『一橋論叢』第一〇〇巻　第二号、一九八八年、同「プーフェンドルフ――自然法国家理論の基本構造――」田中浩編『現代世界と国民国家の将来』所収、一九九〇年、同「プーフェンドルフとライプニッツ――一七世紀ドイツにおける自然法・国家思想の二類型――」『一橋論叢』第一〇五巻　第二号、一九九一年、同「プーフェンドルフとハチスンの政治理論――自然法学体系と社会契約説の比較考察――」『久留米大学法学』第47号、二〇〇三年、参照)。

以上の研究史の概観はあくまで簡単なスケッチにすぎず、次節を展開する上で必要な論点の最低限の整理にすぎない。したがって、プーフェンドルフ研究のすべてを網羅したものではないことは言うまでもない。近年においても、すぐれた論文や論文集がいくつか発表されている。[10]

二　プーフェンドルフをめぐる二つの対立的解釈

我々は、一七・一八世紀の近代自然法思想あるいは社会契約説を研究する際に、「現代の」研究者たちの常識から見れば「意外な」次のような事実にときおり遭遇する。たとえば、社会契約説の代表的論者といわれているジョン・ロックは、『教育に関する考察』(一六九三年)のなかで、青年が市民法を学び、自然権と社会契約の基本概念を取得するには、グロティウスの『戦争と平和の法』よりもプーフェンドルフの『自然法と万民法』の方が望ましいと、彼の著作を推奨している。[11] いわゆる「社会契約説」の最も重要な原理である自然権のみならず、社会契約に関する知識を学ぶために、「大陸系」の自然法学者を推薦している点に我々は違和感を覚えるが、当時はむしろそれが常識だったと推察される。

さらに近年、一七世紀の自然法学との思想的連関が注目されているアダム・スミスは、『グラスゴウ大学講義』(法学講義Bノート、一七六六年)のなかで、法学を学ぼうとする者が避けては通れない重要な自然法思想家として、グロティウス、ホッブズ、プーフェンドルフ、コッケイの四人の名前を挙げている。[12] この四人のうち三人までが大陸系の自然法学者である。つまり、一七世紀と一八世紀のイギリスを代表する二人の政治・社会思想家たちは、そろって当時における大陸自然法学、とりわけプーフェンドルフの著作の重要性を認めていたことになる。こうした事実はあまり知られていないか、あるいは意識的に無視されてきたといってもよいだろう。

また、ルソー研究の碩学ドラテは、ルソーの思想的発展に与えた大陸自然法学の意義を再評価しつつ、ルソーはホッブズ、ロックのみならずプーフェンドルフを師として政治思想家になったのであり、「我々がここで、ルソーの政治思想の源泉を探そうと思えば、我々が向かうべきは、異論の余地なくプーフェンドルフ（『自然法と万民法』）に対してである」(13)というユベール氏の問題提起を基本的に支持しているのである。

こうした事実は、我々に何を示唆しているのであろうか。それは、シードラーの次の言葉に集約されるように思われる。すなわち、「プーフェンドルフ自身に関して言えば、一つのことが明らかである。すなわち、一六七二年以降、半世紀以上の間、法および道徳について書く者は誰も彼を無視することができなかったということである。そして実際には、今日この時代に関して書く者は誰もそうなのである」(14)ということである。

このように、プーフェンドルフ自然法学の持つ意義が、近代政治・社会思想史のなかで看過しえない問題であるという指摘が確かに存在する一方で、（とくに日本の）今日の政治思想史研究者たちのなかにはそうした問題提起に対して、いささか奇異な感じを受け、あるいは軽い抵抗感すら覚える人びとも少なからずいよう。なぜなら、政治思想史の一般的な通史では、テキストのなかにプーフェンドルフの名前が出ることすら稀であり、触れられていたとしても大陸の啓蒙絶対主義のイデオロギーを提供したという、ネガティブな評価が付け加えられているにすぎないからである。(15)

ヨーロッパやアメリカの研究者たちに関しても、大陸自然法学、とりわけプーフェンドルフの自然法学を再評価しようとする趨勢が有力になりつつも、彼に対する評価が必ずしも高いわけではなく、研究者によってその解釈も一様ではない。日本と同様のことが言える場合が少なくないのである。とくに英語圏（アングロ・サクソン系）での研究者たちは、次に挙げるデュフォーやクリーガーのプーフェンドルフに対するイメージが、いまだに一般的といえるかもしれない。

アルフレッド・デュフォーは、『政治思想に関するケンブリッジの歴史――一四五〇－一七〇〇――』（*The Cambridge History of Political Thought* 1450-1700, 1991）の第三章第一九節「プーフェンドルフ」の項において、プーフェンドルフが近代政治思想史のなかで特異な位置づけにある点を指摘し、その理由を三つ挙げている。第一に、彼は一七・一八世紀においては知名度が高く、自然法学のテキストとして標準的なものではあったが、後の著名な思想家たち（ドイツではトマジウス、ヴォルフ、カント、イギリスではロック、フランスではルソー）の登場によってその影が薄くなり、現在ではまったく忘れ去られていること、第二に、プーフェンドルフは、自然法学のみならず歴史に関する著作を残しているが、それらは統一性に欠け、主要な政治的テキストを残していないこと、第三に、彼の政治思想は折衷主義によって特徴づけられていること、したがって、彼は「二次的な重要性しか持たない思想家」と見做されていること、である。(16)

デュフォーの主張する第三の問題点、すなわち、プーフェンドルフの政治思想が「折衷」的性格を有しているという指摘は、英語圏でのプーフェンドルフの代表的研究である、レオナルド・クリーガーの『慎慮の政治学――プーフェンドルフと自然法の受容――』（*The Politics of Discretion : Pufendorf and the Acceptance of Natural Law*, 1965）を通して、すでにプーフェンドルフ研究者にはよく知られた問題点である。それは、プーフェンドルフが一流の政治思想家ではないと結論づけられる際の有力な根拠にもなっている。クリーガーのこの著書については次の節で取り上げる。

たとえば日本におけるプーフェンドルフ研究では、小笠原弘親氏が、基本的にそうした問題意識に従っている。小笠原氏は、「プーフェンドルフの契約理論」（『社会契約説』所収、一九七七年）において、プーフェンドルフの折衷的方法は、まず第一に、グロティウスとホッブズとを折衷し、第二に、自らが設定した原理を所与の体制と折衷させるという、二つの方向にあらわれているのだと主張している。理論と現実とを折衷させることによって、プーフェンドルフの政治思想は「新興の絶対主義権力にたいしその権力を合理化する有力なイデオロギーを提供する」こととなり、「プーフェンドルフが歴史をつらぬく普遍性をもった政治思想家としての地位をはたして要求しうるのかどうかという疑問を抱かざるをえない」という結論が導かれているのである。[17] すなわち、彼の理論の「折衷」的性格が、現実の政治勢力との妥協をはかり、その思想的価値を著しく損ねているという主張である。その時代を代表する思想家の理論が、すべて独創的で少しも折衷的ではない、ということがゆるぎない確信をもって主張されるのであれば、筆者はそれに対して反論せざるをえない。そのことについては次節で触れることとする。

ところが、プーフェンドルフの自然法学に、かりに折衷的な側面が見受けられるにしても、彼の折衷主義的な方法をネガティブには捉えないシードラーのような立場も存在するのである。すなわち、「折衷 ecletic」という言葉は、必ずしも否定的な意味ではなく、「一七世紀および一八世紀にはある重要な専門的意味があり、一人の人間の立場における見解の多くのさまざまな論点を包含する、独断的とならない努力を指していた」[18] とするものである。プーフェンドルフ自身は、自らがカルテジアンと呼ばれることに対して抵抗感を持ち、つねに合理的な演繹主義と経験に基づく帰納主義のバランスをとることを終生の課題としていたのである。[19]

さて、こうしたプーフェンドルフに対する「負のイメージ」は、近代自然法思想あるいは近代政治思想のなかで、彼をどのように位置づけるのかという問題に大きく関わってくるのである。前節で指摘したように、戦後日本におけるプーフェンドルフ研究は、法哲学の分野から開始されたが、そこではプーフェンドルフは、近代自然法学の体系者としてむしろ高い評価を受けており、ホッブズやロックの自然法と峻別されることはなかった。ところが、政治思想史の分野では、とくに福田歓一氏の近代自然法に関する研究(「道徳哲学としての近世自然法」『国家学会雑誌』、一九五二～五五年)が発表されて以降、大陸自然法学といわゆる「社会契約論」とは明確に分離され、前者に対する評価は厳しいものとなったのである。福田歓一氏は、『近代政治原理成立史序説』(一九七一年)に代表される研究によって、欧米と比較すると、日本の政治思想史研究者に顕著に見受けられる近代自然法の二分法、すなわち、近代民主政治あるいは近代民主主義思想の源流としての社会契約論(ホッブズ、ロック、ルソーをとくに指していると思われる)と、啓蒙絶対主義のイデオロギーとなった大陸自然法学(グロティウス、プーフェンドルフ、トマジウス、ヴォルフ)という区別を定着させたといっても過言ではなかろう。[20]

戦後日本における民主主義への渇望とファシズムを生み出したドイツの権威主義的思想への嫌悪感とが相俟って、大陸自然法学は一八世紀以降のドイツ思想を保守化させていった思想的温床として、批判の格好の標的とされたのである。このきわめてわかりやすい二分法は、大陸自然法学に対するイメージを固定化し、日本におけるプーフェンドルフ研究を遅らせてきた要因ともなってきたのである。

プーフェンドルフを研究史の闇のなかから拾い上げたのは、経済思想史研究、とりわけアダム・スミスやヒュームに代表されるスコットランド啓蒙思想研究の進展であった。すなわち、スコットランド啓蒙思想の重要な思想的母体として大陸自然法学が着目され、とくに、大陸自然法学のスコットランド啓蒙思想への受容およびその思想的継承に関する研究が、フォーブズ、ホーコンセン、ホント、シルバーソーンらの研究者たちによって開拓されて以

降、とくにプーフェンドルフの自然法学が注目されるようになったのである。(21)

日本でも、田中正司教授の先駆的な研究を共有財産としつつ、(22)近代自然法学とアダム・スミスの自然法学と経済学の思想的継承関係に着目した新村聡教授の研究（『経済学の成立――アダム・スミスと近代自然法学――』、一九九四年）がこうした問題意識に基本的にのっとっている。新村教授は、近代自然法思想に関する、日本の従来の政治思想史研究のパラダイム、すなわち、社会契約論と大陸自然法学の相違点を際立たせるという二分法では見えてこなかった、近代自然法思想の新たな局面を浮かび上がらせているといえよう。(23)

それでは、これまでの国内外の研究史をふまえた上で、総合的な視点から見た場合、プーフェンドルフが近代政治思想史のなかでどのように位置づけられうるのか、この大きな課題が解決されなくてはならないだろう。この問題を考察する際に、とくに参考モデルとなるパラダイムがいくつか存在する。

まず、さきほど提示した日本型の近代政治思想史研究のパラダイム、すなわち、近代自然法をいわば「イギリス型」と「ドイツ型」に区別するやり方である。次に挙げられるのは、伝統的二分法とも言えるべきもので、エルンスト・トレルチがストア的・キリスト教的自然法と近代的・世俗的自然法と二つのタイプに分類したのに倣って、古典的・スコラ的・神学的自然法と近代的・世俗的自然法に分けるやり方があろう。この分類法に基づけば、前者の代表はライプニッツであり、後者に属するのがグロティウス、ホッブズ、プーフェンドルフ、ヒュームとなる。(24)最後に、新村教授が提唱した分類法が存在する。それに基づけば、「自然法学者たちは、自然法と権利の起源と根拠をめぐって二大陣営に分かれて」おり、近代自然法学主流にグロティウス、ホッブズ、プーフェンドルフ、ヒュームが、その批判者としてロック、ハチスン、スミスが対峙するという構図となる。(25)いずれの二分法も、それぞれ独自の視点と説得力を持っているが、研究の蓄積が進んだ反面、プーフェンドルフの思想史的位置づけは多様化し、かえってアンビヴァレントなものとなっているように思われる。

プーフェンドルフが思想史上、高い評価を受けられなかった理由の一つとして、彼の思想の「折衷」的性格が指摘されていることはすでに述べたが、この問題一つを取り上げてみても、実際にプーフェンドルフの自然法学が、グロティウスとホッブズの思想のたんなる折衷なのかどうかを精緻なテキスト分析を通じて、検証・確認している研究書は筆者の見るところ存在しないのである。ホッブズの自己保存原理とグロティウスの社会性概念を折衷しているといった皮相なレベルでの批判であり、真に内在的な批判とはいえない場合が多いのである。ホッブズやグロティウスの思想から彼が何を受け継ぎ、何を批判しようとしていたのか、その思想的継承関係と同時に、プーフェンドルフが彼らを克服しえた点はどこにあったのかが明らかにされねばならないであろう。事実、後述するように、バルベイラックは、プーフェンドルフはグロティウスのエピゴーネンであるといった考えをまったく否定しているのである。

それでは次の節で、プーフェンドルフを「折衷」の思想家と見た、クリーガーの研究について言及してみたい。

三　クリーガーのプーフェンドルフ研究

ドイツ語圏でのプーフェンドルフ研究の代表的著作である『プーフェンドルフにおける道徳哲学と自然法』(*Moralphilosophie und Naturrecht bei Samuel Pufendorf*, 1971) の著者ホルスト・デンツァーは、思想家の類型を次の三種類に大別している。

まず、第一の類型として、デンツァーが挙げているのが、思想史上最も重要な役割を持つ革命的な改革者である。

彼らは、時代を超える新たな理念と洞察力の天才的な創造者である。次に、その対極に位置しているのが、集大成と体系化を目標に、伝統的な観念や理念を総括する、第二の類型に属する人びと（保守主義者、伝統主義者）である。最後に、この二つのタイプの中間として、第三の類型に属する人びとが存在する。彼らは、新しいものを受容するが、伝統を破壊せず、両者を相互に結合させようとする。デンツァーは、第三の類型の典型がプーフェンドルフその人であると指摘する。(26)

デンツァーによれば、第一の類型は、その時代の支配的な理念に対して早産であったり、晩期産であったりするので、その思想は、思想家自身の個性や天才から理解されるが、第三の類型はまさしくその時代の落し子（典型）であるから、その思想は彼の生きた時代そのものから理解されなければならないとされる。したがって、その思想家の伝記と著作はその時代の外観を描くのに最も適しているとデンツァーは主張する。(27)

プーフェンドルフが伝統と革新の中間に位置し、その両者の統合をはかっているがゆえに、その時代を理解する素材としては最適であるとする、デンツァーの指摘と問題意識を同一にしているのが、英語圏を代表するプーフェンドルフの研究書『慎慮の政治学――プーフェンドルフと自然法の受容――』（以下『政治学』と略記する）の著者レオナルド・クリーガーである。クリーガーのこの研究書は、公刊されてすでに四十年近くの歳月が経過しているが、プーフェンドルフが、自然法、歴史、国制、宗教といった多様な分野に関して執筆した主要な文献のほとんどに言及し、彼に関する豊富かつ膨大な研究書や資料を網羅・駆使して、プーフェンドルフの思想家としてのさまざまな側面に焦点を合わせ、その人物像を立体的・総体的に描いている点では、少なくとも英語圏の本格的なモノグラフ研究としては、いまだにその代表的な地位を譲ってはいない。

しかしながら、後述するように、クリーガーのプーフェンドルフ解釈は、彼の近代ドイツ国制史に関する研究論文『自由のドイツ的観念』(*The German Idea of Freedom*, 1957) にも見受けられるように、プーフェンドルフを基本的に啓蒙絶対主義 (enlightened absolutism) の枠組みのなかで捉えていこうとするものであり[28]、プーフェンドルフの自然法思想のポジティブな側面よりもネガティブな側面に注目しているきらいがある。

彼は基本的にはプーフェンドルフを啓蒙絶対主義の思想家と見ており、市民社会の思想家とは明確には捉えていない。したがって、政治思想の研究者に顕著な伝統的な解釈の枠組みを大きくは出ていない。ただ、基本的にそうしたネガティブな解釈でありながらも、プーフェンドルフの政治思想のなかから進歩的な側面にも着目していこうとする姿勢は見受けられる。こうした点に留意しながら、クリーガーの研究に論究してみたい。

クリーガーは、『政治学』の序文のなかで、歴史学の五つの方法を提示しつつ、自らは思想史の方法として、(一) 歴史的解釈 (historical interpretation)、(二) 歴史的分析 (historical analysis)、(三) 歴史的意義 (historical significance) の三つの方法を採用すると述べている。すなわち、(一)において、ある事象がどこから生じてきたのかを論じ、(二)において、その事象が何から構成されているのかを論じ、(三)において、その事象がどこへ向かっていったのかを論ずるということである[29]。クリーガーがプーフェンドルフの政治理論を解釈する上で、このような方法を採用した理由は、クリーガー自身がプーフェンドルフを政治思想の歴史のなかでどのように位置づけているのかということに大いに関係している。

クリーガーは、プーフェンドルフが政治思想史において演じた役割を創造的なものとしてではなく、その時代を象徴するものとして捉えている。つまり、中世的あるいは絶対主義的な思想と近代的そして自由主義的な思想が相剋する、一七世紀の思想状況の縮図がプーフェンドルフの思想のなかに典型的に集約されているとクリーガーは見るのである。プーフェンドルフの著作には、並列的で未解決のままの問題が数多く残されている。帰納法と演繹法、社会性の原理と効用の原理、合理主義と権威主義、絶対主義と立憲主義、世俗化された自然法とルター主義、このような一見対立・矛盾すると思われる思想的要因がプーフェンドルフの政治思想のなかには混在しているとクリーガーは指摘する。[30]そうしたプーフェンドルフの思想の特質は、彼の同時代および後世への影響力の異なる方向性にもあらわれており、たとえば、ロックやルソー、さらにはアメリカ独立革命の思想的指導者ジョン・ワイズらの自由主義者たちに対する影響力、トマジウス、ヴォルフ、ピョートル大帝、フリードリヒ大王、ヨーゼフ2世らの啓蒙絶対主義者たちへの影響力という相異なる二つの方向に分かれるとクリーガーは主張する。[31]要するに、プーフェンドルフの問題は、対立するさまざまな思想をいかに調停していくかという問題なのであるとクリーガーは述べる。

「プーフェンドルフ問題はこのように必要不可欠な問題である。いかなる角度から考察されようが、プーフェンドルフ問題は調停者の問題なのである。しかし、それを確認することは、それを解決することではない。良心を持つ人びと、とくに合理的思考が得意な人びとにとって、妥協は最終的なものでもないし、自然の成り行きでもない。我々がより一層知る必要があるのは過程なのである。というのは、過程は、諸観念と必要をたんに並べること、諸観念がその結果から乖離していくこと、その適用可能性によって諸観念を限定してしまうこと、これらのことよりもより多くのことを含んでいるからである。媒介の過程において、単一の諸観念と多様な存在との、基本的なそして必然的な乖離は、実質的にその諸観念を修正し、存在を再整理し、そしてそれらの相互の諸関係を入り組ませる、さまざまな種類の構成要素によって架橋される。鋭敏な良心と健全な理性とを備えた思慮深い人びとのみが自らと一体になって生き得るであろう。プーフェンドルフはそのような人間であった。慎慮の時代に生きる我々には彼がどのようにそれをなしたか見ることが必要であろう。[32]」

言い換えると、クリーガーにとってプーフェンドルフ問題とは、理論的な理想とそれに矛盾する現実との間にある溝をいかにして克服していくのかという問題なのである。プーフェンドルフはそのモデル・ケースの一つであるにすぎない。

しかし、一人の思想家の思想のなかにさまざまな対立・矛盾する要因が含まれていることは、思想史研究者にとってある意味では常識である。プーフェンドルフの思想に見られる対立する要因、たとえば、帰納法と演繹法、社会性の原理と効用の原理、合理主義と権威主義、絶対主義と立憲主義といった問題は、ジョン・ロックの初期思想〔『世俗権力二論』(*Two Tracts on Government*, 1660–62)、『自然法論』(*Essays on the Law of Nature*, 1664)〕と後期思想〔『統治論二篇』(*Two Treatises of Government*, 1690)、『人間悟性論』(*An Essay concerning Human Understanding*, 1690)〕の間にも同様に看取されうる。問題は、研究者自身がそれをどのように位置づけるかである。クリーガーのようにそうした思想的特質を理論的な折衷 (compromise) と捉えることも可能ではあろう。しかし、偉大な思想家には伝統と革新の統合（止揚）を課題として常に与えられているものである。また、見方を変えれば、プーフェンドルフの思想のなかに絶対主義から自由主義への過渡期、移行期の特色をみることもできよう。あるいは、プーフェンドルフを移行期の思想家と捉えて、ホッブズとロックをつなぐ、あるいは大陸自然法とスコットランド啓蒙思想とをつなぐ思想家として捉えることも可能である。しかし、その根底には、その思想家をポジティブに評価するか、ネガティブに評価するかという研究者自身の大きな問題が存在していることは言うまでもない。

それでは次に、こうしたクリーガーのプーフェンドルフ評価を前提として、彼がプーフェンドルフの政治思想のなかに見出した特質を見てみることにしよう。

『政治学』の第一章で、クリーガーは、プーフェンドルフの職業的な経歴と知的発展を取り扱っているが、この両面を考察することによって、クリーガーはプーフェンドルフの政治思想の折衷性をさらに確証しようとする。ドイツにおけるブルジョアジーの社会的成熟は遅延したが、プーフェンドルフはザクセンという東ドイツの封建的な地方に生まれつつも、グロティウスやホッブズ、カンバーランド等の西ヨーロッパの先進地域の思想に慣れ親しんでいたために、彼は権威主義、保守主義、自由主義といった相異なる要素の統合に成功したのだとクリーガーは指摘する。(33)初期のプーフェンドルフは、理性の主題としての「倫理学」および「法と衡平の科学」から、理性の外にある、現実主義的な政治・宗教問題を意識的に排除していたが、政治と宗教をめぐる当時のヨーロッパの緊迫した国際情勢、さらには、ルントにて王室歴史編纂官そして国務長官に任命されたことが、彼の政治的実際への関心を高め、また、彼の倫理学に対する宗教的な非難が、宗教問題を理性の主題として扱うようプーフェンドルフを促した点が跡づけられている。(34)こうしてプーフェンドルフは理論と実際の区別からその結合へと進むことになる。

クリーガーによれば、プーフェンドルフの主題は、本来伝統的で、階層制的、君主政的な現実世界において、本質的には、普遍的で、平等主義的で、反権威主義的な教義を有効にすることであったとされる。つまり、伝統主義的な社会的・政治的実際を理性によって解釈・再整理し、それを合理的に受容可能なものとすることが、プーフェンドルフの理論と現実の折衷方法なのである。クリーガーはこれを統合的な折衷（integral compromise）と呼ぶ。(35)

続く第二章において、クリーガーは、こうした「統合的な折衷」方法をプーフェンドルフの哲学のなかに見ようとする。プーフェンドルフの論理学は、論証の数学的方法によって、人間の倫理・法・政治に関わるすべての事象を、確固とした第一原理から導出・演繹しようとするものであったが、プーフェンドルフはそうした人間に関わる学問により現実的な意味を持たせるために、徹底した数学的・演繹的方法にだけ依拠するのではなく、演繹的方法と経験的方法を統合することを追求する。たとえば、自然法は彼によって次のように定義される。

「健全な理性の命令は、正しく観察され精査された、事物の本性と一致する、真の原理であり、第一のそして正しい原理からの論理的な帰結によって導かれる。(36)」

つまり、自然法は人間本性の経験的な分析＝帰納法に基づくものであると同時に、第一原理からすべての自然法の条項が導出されるという、合理主義的な構造＝演繹法を兼ね備えたものであったのである。クリーガーは言う。「このように、プーフェンドルフは、彼の経歴の進展とともに、一つの方法ではなく、二つの方法を用いるようになった。それらはどちらも合理主義と経験主義という有名な区別を超えるものであった。彼の演繹法は諸現象の観察を含み、彼の帰納法は観察不可能な事実の合理的な再構成を必要としたのである。……彼は最初の方法によって、存在という観点から理性の命令を構想し、第二の方法によって、理性の要求という観点から、存在を認識したのである。プーフェンドルフの業績――すでに設立された諸制度の根源的な合理的再構築――の基本的様式を見通すのは、人間に特有な科学にふさわしい方法となりつつあるものにおける、この複雑さなのである。(37)」

クリーガーは、こうしたプーフェンドルフの「統合的な折衷」方法を、むしろ彼の思想史上の業績として評価する方向性を持たせつつ、プーフェンドルフの倫理学（第三章）、政治学（第四章）、法学（第五章）、歴史学（第六章）、宗教論（第七章）の分析へと進む。

自然法政治理論に対するプーフェンドルフの特別な貢献は、彼が合理的性質と経験的性質のバランスをとったことによっており、また、君主政的な政治社会の現実に、個人主義的な原理を提供することによって、彼はグロティウスには欠けていた、革新的な傾向を自然法理論に与え、ホッブズにおいて芽生えつつあった、革命への可能性のトーンを落としめた、とクリーガーは指摘する。(38)つまり、グロティウス的な政治的保守主義と、ホッブズ政治思想のなかに潜在的に存在する革命的要素の中間的立場をプーフェンドルフはとろうとしていたということであるが、そうしたプーフェンドルフの自由主義的側面に着目しつつも、クリーガーは「一八世紀における君主政の理論と実際を特徴づけている、合理化された絶対主義は、プーフェンドルフ自身の政治的立場に最も近かったことが明らかである」として、プーフェンドルフを啓蒙絶対主義の思想家として捉える解釈を提示している。[39] そのことはクリーガーによる、プーフェンドルフの主権論の位置づけのなかにも明確に見受けられる。

プーフェンドルフは、「絶対的な」主権と「最高の」主権とを区別するが、その政治実践的意味は次の点にあった。絶対的主権者の意思と判断は、容易に放縦の状態に陥りやすい。したがって、政治権力の恣意的な行使を防止するために、プーフェンドルフは、自然法、基本法、議会による主権者の権力行使のチェックというシステムを考案するが、基本法や議会による主権者の政治権力の抑制は、制限主権という考えにつながりやすい、あるいは、国家の政治的統一に支障をきたすおそれもある。したがって、政治権力のチェックによって統治の質を高めつつも、国家の意思決定を最終的に確定する機関を主権者以外に置かないことで、国家の統一性を維持しようとしたのである。プーフェンドルフはこうした主権を「最高の」主権と呼び、主権者が恣意的に政治権力を行使する状態である「絶対的な」主権とは明確に区別した。[40]

ところが、クリーガーはこうしたプーフェンドルフの主権論の意味を正確に把握しているようには思われない。クリーガーは、プーフェンドルフが、正しい統治を実現するために、主権を制約する要因として取り上げた基本法、議会の位置づけを次のように読み変えてしまう。

「制限的主権を創出する基本法は、主権者をたんに『ある手続きの様式』へと拘束するだけで、その排他的権力をまったく減ずるものではない。主権者の意思は『最高』で、しかも国家意思の排他的表現のままである。というのは、主権のあらゆる行為は、絶対君主政と同様に、そのような（制限）君主政の下でも同様に行使されうるからである。その違いはたんに、それらのいくつかが『ある条件の下で』意思されねばならないということにすぎない。……主権者を立憲的に『制限』する合議体は、主権者によって召喚され、解体され、主権者の意思によってのみ効力をもつ決議を可決し、必要な場合には主権者によって否認されうる。[41]」したがって、クリーガーは、プーフェンドルフが彼の主権論のなかで主張した「最高の」主権の意味を、絶対君主政の下における「絶対的な」主権と同義と見做してしまうのである。さらに、こうしたプーフェンドルフ政治理論の絶対主義的な解釈の上に、彼の市民社会論を位置づけるために、プーフェンドルフが彼の自然状態論で構築した自立的市民社会論は、クリーガーの解釈では、絶対主義体制によって作り上げられた既存の政治・社会秩序の有効化・正当化にすぎなくなってしまう。

ところが、プーフェンドルフの社会理論は、あらゆる政治的価値からは切り離された、価値中立的な立場から出発している点をクリーガーはまったく見落としているのである。

というのは、プーフェンドルフのエンティア・モラリア理論によれば、人間が構築したあらゆる政治・社会制度（言語、所有、貨幣、統治）の本質は、エンティア・フィジカ（物理的世界）の上に、人間の価値付与＝附加（impositio）によって積み重ねられたエンティア・モラリア（道徳的・価値的世界）にすぎないからである。[42]

神によって創造された物質的存在そのものはいかなる倫理的な価値も有してはいないが、人間社会における構成員相互の了解＝合意を成立させ、人間関係に秩序を導入するには、エンティア・フィジカに、人間関係を整序するための、価値付与を行わなくてはならない。たとえば、所有権という制度を例にとって考えてみよう。人間の生存に必要な事物は、誰にその所有が帰属するのか、という配分を確定しないかぎり、騒乱を惹起し、秩序はありえない。したがって、物理的には価値中立的な事物をある特定の個人に帰属させて、その所有物を侵害することはできないという、ある倫理的な効果＝約束のルールを社会の構成員の精神に浸透させなくてはならない。この精神的効果そのものは、本来誰のものでもありえない、ある物質の所有権を特定の個人に帰属させるのであるから、価値付与という人間の行為に他ならない。

人間の構築したあらゆる制度＝エンティア・モラリアは、人間の自由意思に基づく附加＝価値創造によって確立されるが、それは人間の自由意思に基づくものであるから、いつでも改廃が可能なものである。したがって、プーフェンドルフの理論に従えば、恒久的にあるいは絶対的に存続する人間の制度はありえないということになる。つまり、既存の体制を前提とすることからはプーフェンドルフ理論は明らかに出発していないのである。むしろ、プーフェンドルフのエンティア・モラリア理論は、絶対的な価値やイデオロギーをどこにも認めないという、政治的価値の相対主義にもつながるような、きわめてラディカルな思考方法なのである。プーフェンドルフ自身は、彼の生きていた時代・地域（一七世紀ヨーロッパ）に住む人びとが高い価値づけを置いていたのは自由主義的な考えであると見做していたように思われる。したがって、彼は市民社会論においては私的所有とそれに基づく所有の交換＝市場経済に重きを置いていたが、彼の理論に従えば、時代の変遷さらには人びとの価値意識の変化にともなって、資本主義的・自由主義的理念が機能しなくなれば、当然新たなイデオロギーに転換されるべきものなのである。

クリーガーはこうしたプーフェンドルフの社会理論の根本的な哲学思想を十分に検討しないために、彼の現実世界への柔軟な対応や人びとの価値意識に応じたあらゆる制度の哲学的基礎づけを性急に啓蒙絶対主義のイデオロギーと接合させてしまうのである。プーフェンドルフ自身がきわめて現実政治や宮廷政治に深く関わっていただけに、多くの誤解を招いている点であるが、プーフェンドルフ解釈を根本的に規定するキー概念となっているのが、彼のエンティア・モラリア理論とコンヴェンショナリズムなのである。

クリーガーのプーフェンドルフ解釈、すなわち、プーフェンドルフは、相互に異なる諸原理を折衷することを試み、さらに、理論と現実とを折衷させる際に、彼は絶対主義体制のイデオロギー的擁護を行ったという捉え方には以上のような問題点が指摘されるが、クリーガーのプーフェンドルフ解釈のなかでもっとも有意義であり、興味がそそられるのが、プーフェンドルフの宗教論の位置づけである。

『政治学』の第七章は、プーフェンドルフの神学思想に焦点が合わせられているが、他の六つの章に比べ、最も分量が多く、また、入門書的性格の強い本書のなかで、最も専門的かつ詳細なクリーガーのプーフェンドルフ解釈が展開されている。

クリーガーはプーフェンドルフにおける自然法と神学、あるいは政治と宗教の問題を、同時代人であるロックとのアナロジーにおいて捉えようとしている。ロックは、政治を神学的前提あるいは聖書の権威から切り離すことを生涯の課題としていたが、彼の晩年の宗教論である『キリスト教の合理性』(*The Reasonableness of Christianity*, 1695)では、聖書は、啓示によって確定された倫理の規準であって、理性がこれを否定したり疑ったりすることはできないとして、信仰そのものを理性によって承認しようとした。プーフェンドルフ自身もこのロックと同じ行程《プロセス》をたどっているとクリーガーは指摘する。(43)

プーフェンドルフは、彼が最も自然法学の著述に傾注していた時期には、明確に啓示神学を自然法学から排除しようとしていた。一六七三年の『自然法に基づく人間および市民の義務』の序文では、自然法は、現世における人間の外面的な行為を規制するものであって、啓示神学は、来世における神の報償あるいは処罰との関わりで人間の行為を内面的・倫理的に規律するものであるという明確な役割分担がなされている。(44)したがって、啓示神学は理性の対象とはされず、自然法の枠組みからは除外されるのである。この段階ではプーフェンドルフは、理性の主題である自然法学と啓示に基づく道徳神学とを峻別し、自然法を啓示神学から解放しようとしていたのである。

しかし、クリーガーは、自然法理論を完成させたときですら、プーフェンドルフは、自然法の格率が聖書の原理に反しないことを主張するために、正しいキリスト教の教えは、自然法において説かれた社会性の原理を擁護すると主張した点を指摘している。(45) さらに、『真の政治学とキリスト教の調和について』("De concordia verae politicae cum religione Christiana", 1677) という論稿では、「真の政治学は、真正な諸原理から導かれ、正しく適用されて、決して〔キリスト教に〕反しない……むしろ、友好的にキリスト教と協調するのである」とプーフェンドルフは唱えている、とされる。(46)


プーフェンドルフは、宗教に関しては二つの代表的著作〔『キリスト教と市民生活との関係について』(*De habitu religionis christianae ad vitam civilem*, 1687)、『信約に関する神の法』(*Jus feciale divinum sive de consensu et dissensu protestantium*, 1695)〕を残しているが、比較的後期に政治的現実との関わりで、宗教問題に関心を寄せている。プーフェンドルフは政治と宗教の問題を、初期に主に関心を持っていた、理性と啓示という問題から、後期には、国家と教会という制度上の現実問題の領域へと徐々に移行させる。ここで問題となるのが、プーフェンドルフが彼の政治理論の目的としていたものと彼の宗教論が目的としていたものが、はたして整合するのかということである。


クリーガーによれば、プーフェンドルフの自然法政治理論が目指していたのは政治的権威の確立であり、したがって、彼の自然法理論を宗教理論に敷衍すれば、宗教に関するその論理的帰結は国定宗教＝信教の統一となる。また、彼の聖書解釈の論理的帰結は、信仰の自由を認める、すなわち、自由教会の体系を確立することであるとされる。(47)

したがって、プーフェンドルフは、政治と宗教に関してまったく相反する帰結を導いていたのであった。

つまり、政治の次元では、国家の主権者の政治的権威を高めることを目標とし、宗教の次元においては、現存の教会を前提としつつ、宗教的寛容を認めるという方向を基本的に承認していたのである。したがって、プーフェンドルフの宗教政策の基本的方針はジャン・ボダンのポリティーク派にきわめて近いといえる。すなわち、プーフェンドルフは、国内における平和と安寧という外的秩序の形成を第一目標としており、そのためには、宗教問題＝コンフェッショナリズムに対して、寛容的な政策をとらざるをえなかったのであった。しかしながら、最終的には、この政治と宗教の緊張を孕んだ関係をどのように止揚するのかという大きな問題が残されていた。

クリーガーによれば、この問題の解決のために、プーフェンドルフはルター派的な理論を採用したとされる。つまり、プーフェンドルフが政治と宗教の問題を解決するには、二つのことを同時に満たさなくてはならなかった。すなわち、政治的権威の基礎づけと真の宗教は聖書の文言によってのみ論証されるということである。そしてこの二つを同時に満たすことができるのがルター派理論であるとプーフェンドルフは考えたのであった(48)。

この新たな宗教理論を構築するために、プーフェンドルフはカルヴァン派の予定説の批判を行い、理性に基づく神学の合理的体系を確立しようとする。

まず、プーフェンドルフは、人間の道徳性と宗教を調和させるために、カルヴァン派の予定説を明確に否定する。すなわち、エンティア・モラリア理論の前提には、人間の意思の自由とそれに基づく価値付与＝付加が存在していたが、人間の救済は神の絶対的命令によるとして、救済への人間の主体的・積極的関与を一切否定するカルヴァン派の考えは、人間の自由と道徳性を完全に破壊するものとして、受け入れることを拒否するのである。聖書に存する神の提案に人間が合意し、それを受諾することが神と人間の間に真の統合と義務関係を生み出すとプーフェンドルフが考えていたことをクリーガーは詳細に跡づけている(49)。

次に、彼の自然法体系と同様に、プーフェンドルフは神学のなかに、公理から演繹されうる論証可能な合理的体系を構築しようとする。プーフェンドルフが目指したのは、聖書の言葉からのみ導かれ、しかも理性によって論証されうる真の宗教であったが、それはプーフェンドルフ自身の言葉を借りれば、「救済のために必要かつ十分なキリスト教の条項が、必要不可欠な定義を前提することによって、そしてもしその仮定に必要であれば、確かな公理によって、自然に、数学的な諸命題の形式によって論証されるような、規則正しく順序づけられた論証による、正しい学問の形式をとる、キリスト教神学」なのであった(50)。

その結果、プーフェンドルフが目指した神学の基本的フレームワークは、人間の道徳世界を、神の啓示に対する人間の合意によって基礎づけ、さらに、理性に基づく論証可能な合理的な神学体系を確立することに存していたのであった。神の文言、神の提案に対して人間が自発的に合意することが、人間の主体性あるいは道徳性を守り、その神と人間との合意＝信約に基づいて、神学を公理からの演繹的体系として論証可能な倫理へと構築することがプーフェンドルフの最終的な結論であったとクリーガーは結んでいる(51)。

プーフェンドルフの宗教論は、原資料が入手困難であることとかなり膨大な量にのぼるために日本では著しく研究が遅延しているが、プーフェンドルフが、現実世界との鬩ぎ合いのなかで、セクト的なルター派の枠組みを超越して、理性と啓示を結合させる、きわめて普遍的な合理的神学体系を構築しようとしていたこと、また、その神学理論は彼の道徳理論＝エンティア・モラリア理論に基礎を置いていることがクリーガーの研究からも確認されよう。

以上、プーフェンドルフ研究の欧米圏での代表的著作であるクリーガーの研究を取り上げて、とくにその思想的折衷の問題と宗教論について見てきた。プーフェンドルフをたんなる折衷の思想家と見做すことの危険性と彼を啓蒙絶対主義者とのみ捉えることの誤りが明らかとなったと思われる。それでは、プーフェンドルフの思想史上の評価についてはどう考えればよいであろうか。もし彼がたんなる折衷主義者であったとしたなら、彼の思想史上の評価も低いものとならざるをえないであろう。彼はヨーロッパ思想史にその名を残すことのできる「普遍的な」思想家であったのであろうか。そこで最後に、プーフェンドルフの評価に関わる問題を考察する上で、きわめて示唆に富むジャン・バルベイラックの論文の一説を紹介したい。一八世紀フランスの高名な自然法研究者であるバルベイラックが、プーフェンドルフをどのように評価し、とくにグロティウスとの比較において彼をどのように位置づけていたかに注目してみたい。

四　バルベイラックの道徳科学学説史を手がかりに

一八世紀のヨーロッパ諸国にグロティウスやプーフェンドルフの自然法学を普及させるのに最も貢献したのが、彼らのテキストの翻訳者・注釈者として名高い、ジャン・バルベイラックであった。バルベイラックは、自身がユグノーであるという政治的立場にあったため、プロテスタント諸国にプーフェンドルフの自然法学を紹介することに尽力した人物である。一八世紀フランスの啓蒙思想に、彼がいかに強い影響を与えていたかという証左としては、グロティウスやプーフェンドルフの自然法学を学ぶには、当時はバルベイラックによる翻訳版あるいは注釈版を使うことが一般的であったことのみならず、ルソーの代表的著作である『人間不平等起源論』（一七五五年）と『社会契約論』（一七六二年）のなかに彼の名前が登場し、グロティウスやロックの翻訳者・紹介者として引用されていることが挙げられよう。フランスのみならず、当時の啓蒙思想家たちは、バルベイラックを通じてプーフェンドルフを学んでいたといっても過言ではないのである。

バルベイラックは、グロティウスやプーフェンドルフの自然法学のテキストをラテン語からフランス語に翻訳し、それに注釈を加えることによって、その内容の充実をはかることに専念したが、彼自身の道徳哲学に関する注目すべき著作はほとんど残していない。そのなかで、彼がグロティウス、ホッブズ、プーフェンドルフらに代表される近代自然法をいかに評価していたのかを窺い知ることができるのが、一七〇六年の『自然法と万民法』のフランス語訳に掲載された「道徳科学に関する歴史的および批判的説明」という論稿である。

道徳科学の一般的有効性と論証可能性の追求に始まり、ユダヤ教、キリスト教、教父哲学、ギリシア哲学、ストア派、ローマの政治哲学、スコラ学派そして近代の自然法思想に至る、壮大なスケールで道徳哲学の歴史を著したこの論稿は、バルベイラックが道徳哲学に関して残した数少ない研究であり、彼の思想を知る貴重な手がかりともいえよう。ここでは、とくに、この論稿の後半部分にあたる、近代自然法思想に関する彼の記述を手がかりに、彼が近代自然法思想のなかでプーフェンドルフをどのように位置づけ、グロティウスやホッブズと比較対照しつつ、いかなる評価を与えていたかにとくに注目してみたい。以下、原典からの引用を中心に、バルベイラックのプーフェンドルフ論を紹介することとする。

まず最初にバルベイラックは、道徳科学（science of morality）は、一部の知識人や特権的地位にある人びとの専有物ではなく、庶民、農民、婦人、奴隷を含めた、すべての人びとのための学問であることを力説する。

「道徳を彼らの第一の研究とした、ストア派の人びとは、彼らの哲学は、婦人や奴隷たちの理解力の及ばないものではないということ、徳に至る道は、分け隔てなく、すべての人びとに開かれているので、個々人に属する諸義務と同じく、万人に共通な諸義務の諸原理や諸規則を知る能力に関しては、財産やあるいは、他者を排除する、特別な特権を持った身分など存在しないということを主張した。……生活に関する最もありふれた経験、我々自身についてのわずかな省察、あらゆる方面で我々を取り巻いている対象、それらは、最も凡庸な理解力をさえ、自然法の一般的な理念、そしてすべての我々の道徳的な諸義務の真実の基礎で充たすことが十分にできるのである。[52]」

道徳科学に対する、こうしたバルベイラックのリベラルな立場は、思弁的で形而上学的なスコラ哲学を批判するためと、一般の人民のための道徳哲学を提供できなかった、プーフェンドルフ以前の自然法学の欠点を強調するための思想的な背景となっている。バルベイラックは、この論稿の第二九節以降、一七世紀の自然法思想を取り上げているが、そこではまず最初に、近代自然法学の先駆者としてのグロティウスに対する賛辞が惜しむことなく与えられている。

「フランシス・ベーコンは、哲学の現在の状態の不完全さを最も学問的に発見し、それを熱意をもって矯正しようと尽力し、その改革のための最もすぐれた計画を提示した人びとの一人であった。……自然法の体系を構築する最初の人物になろうという考えを、フーゴー・グロティウスに思いつかせたのは、この偉大な人物〔＝ベーコン〕の著作を読んだことであると信ずるに足る理由を我々は持っている。……グロティウスは、困難な作業の端緒を切り開いた最初の人物と見做されなくてはならない。そしていかなる人物もそのような計画に〔グロティウス以上に〕より適任であったということはありえない、ということが最も確実なのである。きわめて多くの煩わしい障害のなかにありながらも、理解力の驚くほどの明晰さ、鋭敏な判断力、深遠な省察力、幅広い知識、すばらしい読解力、研究に対するとどまることのない精励、これらは、真理に対する真摯な敬愛とともに、その偉大な人物に当然帰せしめられることを誰も否定のできない資質なのである。……彼が思考方法を正しく熟知していなかったなら、彼の時代の哲学はなおもきわめて蒙昧で闇に包まれていたであろう。[53]」

バルベイラックは続いて、グロティウスの主著『戦争と平和の法』について次のように述べている。

「彼の著書は一六二五年にパリで最初に出版され、ルイ一三世に献呈された。彼は、最初はそれに『自然法と万民法』というタイトルを付ける予定であったが、後に今付いている『戦争と平和の法』という題名を与えることを選んだといわれている。彼が特に企図していたことは、世界のさまざまな国民、あるいは彼らを統治する彼らの主権者たちが、互いに負っている諸義務を叙述することであった。そして彼らの間に生ずる紛争がいかにすれば正しく終結されるかを説くことであった。この目的のために、彼は、自然法学と政治学の主要な主題を彼の著作に取り入れ、また、私人の最も重要な諸義務を確定するのに必要な諸原理を規定しているのである。彼自身、きわめて豊富な内容を持つ主題を余すところなく論ずることはできないと認めている。そして人類がいつの日にか、この科学の完璧な体系を与えられるその時まで、欠けているものを他の人びとが補うことを望んでいるのである(54)。」

このように、バルベイラックは、グロティウスを高く評価してはいるが、同時にグロティウスの自然法学の限界と彼の体系が完璧ではないことも示唆している。グロティウスの自然法学に対する批判はここでは差し控えられているが、彼に対する真の評価とプーフェンドルフとの比較については後の記述に譲ることとしよう。

グロティウスの次に挙げられているのが、セルデンとホッブズである。セルデンに関しては、その自然法学が理性ではなく、旧約聖書の啓示神学に基づいていること、ユダヤの律法学者の教説をそれが正しいのか偽りなのかを十分精査せずに採用している点を批判している。しかし、より重要なのはホッブズに対して彼がどういう見方をしていたかということであろう。彼は全体としてはホッブズを称賛しつつも、その評価はグロティウスに比べると幾分アンビヴァレントである。また、ホッブズの政治理論の個々の論点についてはやや批判的なコメントも残している。ホッブズおよび彼の『市民論』、『リヴァイアサン』に関する論評を見てみることにしよう。

「グロティウスが逝去する少し前に、セルデンの性格とはかなり異なる性格を持つ、もう一人のイギリスの著述家が登場した。私はトマス・ホッブズのことを言っているのであるが、彼は偉大な数学者であり、彼の時代の最も才気ある天才の一人である。彼の国の平和を扇動的に掻き乱していると彼が見做した人びとに対して、彼が感じた憤りによって誤解を受けているのは大いに遺憾なことである。彼は偏見なく思索を行い、真理にのみ忠実な敬意を払った。彼は疑いもなくそれにめざましい貢献を行ったであろう。彼は、一六四二年にパリで、彼の論稿『市民論』を刊行したが、そこにおいて、他の危険な誤りがあるなかで、エピクロスの仮説を、しかも幾何学的な方法で、立証しようとしている。それは、自己保存と自己利益を政治社会の起源的な原因であるとすることである。彼は、この仮定の上に次のことを確立する。それは、すべての人びとは、相互に侵害を行う力と権力と同じく、その意思を有しているということ、自然状態は、それぞれ個々人と人類の残りの人びととの間の戦争状態であるということである。彼は、国家の事柄に関してだけでなく、宗教の事柄に関してさえも、国王に究極的な権威を与えている。ホッブズは、この著作によって多くの敵を生み出してしまった。……〔リヴァイアサンの〕要旨は、平和なくしては国家には安全が存在しない、平和は権威なくしては存続しえない、そして権威は軍事力なくしては〔存続しえない〕、軍事力はそれが一人の人間の掌中に与えられなくては役には立たない、そして軍事力に対する恐怖は、死それ自体よりも恐れられている悪によって、すなわち、救済に必要な事柄に関する争いによって、敵意へと駆り立てられている人びとを平和へと向かわせることはできない、ということである。この部分で彼は、自分の考えをさらに明確にしている。というのは、ここで彼は、我々が正とか不正とか呼ぶものばかりでなく、宗教でさえも主権者の意思のみが設立する、そして神の啓示は、彼のリヴァイアサン、すなわち、彼があらゆる政治社会の統治を帰せしめる、最高の専制的な権力の、権威あるいはむしろ気まぐれが、それに法の効力を与えるまでは、良心を拘束することができないと率直に主張しているからである。」[55]

以上のコメントを見るかぎりでは、バルベイラックは、ホッブズの政治理論をかなり正確に理解していたと思われるが、とくに彼の政治権力論に関しては、バルベイラックは自由主義的な政治的立場をとっていたために、主権者に世俗的のみならず宗教的な問題の究極的な権威を与えていることには心理的な抵抗感を示しているようにも思われる。

それでは、最後に、最も重要な問題である、プーフェンドルフに関するバルベイラックの論評に移ることにしよう。

「グロティウスに関する注釈者の数は日々増え続け、今や彼の言葉の意味についての論争以外気に留めるべき他の事柄はほとんどないほどであった。グロティウスが彼の著作から一掃した、スコラ学者の野卑な用語とばかげた巧妙さが再び舞台に上りつつあった。一人のドイツ人が悪習の専制的で有害な支配を振り払い、その偉大な人物の志を勇敢に継ぐ勇気を持っていた。私は高名なザムエル・プーフェンドルフのことを言っているのだが、彼はそのことによって不滅の名声を手にしたのである。その名声は、彼の嫉妬深いライバル〔＝とくにライプニッツのことを指していると思われる〕たちがいくら努力したところで消し去ることができない栄光である。彼は、グロティウスの精神と方法に従った。彼は、事物をその起源において精査し、考察した。そして彼以前の先人たちの発見をでき得るかぎり利用して、彼自身のものを付け加えた。そのことは、今のところ未完成でしかないその仕事を彼が成し遂げる、大いなる希望をまもなく与えたのである。彼は、新しい哲学の諸原理をとりわけ好んだが、デカルト主義者たちのあらゆる見解を盲目的に適用することはなかった。その新しい哲学の諸原理は、イエナ大学の有名な教授〔＝ヴァイゲル〕の下で学んだ数学とともに、彼の自然的な資質を完成するのに少なからぬ貢献をしたのである。[56]」

こうしてプーフェンドルフがグロティウスの正統な後継者として、その自然法学の完成者であることを認めながら、いよいよ第三一節「ここに翻訳されたプーフェンドルフの著作の正しい価値について、彼の体系とグロティウスの体系との比較」において、彼はグロティウスとプーフェンドルフの比較検証を行うのである。少々長くなるが重要部分を引用する。

「それでは、文体から始めるとして、用語の精密さ、そして表現の正確さに関して問題とされるならば、私はただちにグロティウスに軍配を上げるだろう。彼は、飛び抜けて博学であり、幼少時代から驚くほど流暢にそして優雅に筆を運んでいた、といってもよいだろう。さて、ところが、彼の文体はあまりに簡潔すぎるのである。彼は自分の意味していることの半分しか述べていないことがきわめて多く、深遠な探求と応用を必要とする、多くの事柄を彼の読者が知っているものと想定しているのである。したがって、彼の著作は、博学な人びと以外にはあまり有益ではないのである。それに対して、プーフェンドルフ氏の〔著作〕は、それよりもずっと、並の能力でも理解可能なのである。構成および項目の整理に関することについては、プーフェンドルフ氏の著作の一般的秩序がはるかにすぐれている。ところが、各章を組み立てている、資料の個々の分類においては、グロティウスには見られない、いくつかの間違いを犯していることがある。私は、可能なかぎり私の翻訳がそうならないように努力してきた。内容に関しては、グロティウスは、完全な体系を提示しようとはしていないことに私はすでに気づいていた。彼自身は明言はしていないが、そのことは容易に看取せられよう。自然権の主要な諸題目の大部分でさえ、彼が言及するのは時折なのである。その結果、彼の見解は、それらが多くの事柄においてそうである以上により広範囲であり、より不完全であるというわけではないが、彼の計画は、彼をそれらの十分な議論へと導かなかったのである。彼の書物の主要な題目に関わる諸問題を解決するのに十分な程度に、それらを論ずることで彼には十分だったのである。自然法の体系において、著者〔＝プーフェンドルフ〕は、論争の余地がないように、道徳的実体あるいは道徳的存在の本質、人間の行為の諸原理とさまざまな属性、そしてそれらを善あるいは悪に帰せしめるものとは何か、法一般の本質およびそれらのさまざまな種類などを彼の読者に教えることから始めなくてはならなかった。ところが、グロティウスにおいては、私の原書〔＝『自然法と万民法』〕の第一巻を構成する、これらすべての事柄に関することには、我々はほとんど出会うことはないのである。グロティウスは、自然法の基本原理とは何かを確認していたのである。ところが、彼は、彼の序文〔＝プロレゴメナ〕のなかで、たんにそれを指摘するにすぎない。しかもその方法においても、その論点に関する彼の考えがまったく明確ではなく、スコラ学派の偏見から十分に解放されてはいないと結論づける理由を我々に与えるようなものであった。そして彼が個々に問題を論ずる際には、彼は、必ずしもそれと第一原理とのつながりを示さないのである。それそれとは対照的に、私の著者は、自然法の基本的な格率を樹立し、明瞭にそれを説明して、そこから、一連の順序だった諸帰結として、どのような国家や状況に置かれていようと、人間および臣民の重要な諸義務を演繹しているのである。である。グロティウスは、いくつかの重要な事柄を省略しているので、よく割愛される他の事柄に言及する。たとえば、自然権の研究よりも神に関する問題を彼が考察する場合や、あるいは、体系全体に最低必要であること以上に、いくつかの特定の主題について詳論する場合、たとえば、戦争に関する事柄である。これらすべてを根拠にして、彼の著作は、プーフェンドルフ氏のそれに著しく劣っているといえる。プーフェンドルフ氏は、そのうえ、彼が改善したこと以外には、グロティウスのいかなる思想もほとんど借用してはいないのである。彼は〔グロティウス〕以上に明瞭に説明し、そこからより多くの帰結を引き出している。最後に、プーフェンドルフ氏は、グロティウスをしばしば論駁するが、それも理由のあることなのである。……グロティウスは、いくつかの事柄に関して、間違ってさえいる、あるいは少なくともきわめて混乱した思想を抱いていたと確信するのである。それは、彼の体系全体を貫徹している、彼の一つの観念を精査するだけで十分である。私は、自然法と特定の諸国民の法との彼の疑わしい区別のことを言っているのである。彼は、諸国民の法をそれらのいくつかの諸国民の人民の暗黙の同意に基づいていると考えているのである。」[57]（傍点筆者）

バルベイラックは、グロティウスとプーフェンドルフの自然法学のテキストの文体、構成、一般的有効性、内容の充実度、難易度、用語の正確さ等を基準にしつつ、両者を比較検証し、少なくともプーフェンドルフがグロティウスのエピゴーネンではないということを確信をもって主張している。さらには、グロティウスとプーフェンドルフのどちらがすぐれているかという問いに対しては次のように答えている。

「これらすべてのことから、私は、確信をもって、そして私の著者に対してあまりにも強い愛情と愛着を持ちすぎているのではないかと疑われることも恐れることなく、総合的に見た場合、彼の著作はグロティウスのそれよりもはるかに有益であると推断できると考えている。[58]」と。

以上のことから、一八世紀におけるプーフェンドルフの最もすぐれた理解者であったバルベイラックは、プーフェンドルフが二流の政治思想家であり、グロティウスとホッブズの折衷者であるという、現代の政治思想史研究者の多くが共有している偏見を再考させるに十分な説得力と識見とを示しているように思われる。また、プーフェンドルフの思想史的位置づけに関しても、ホッブズやロックとは区別された、近代自然法思想の「亜流」としてではなく、グロティウスとホッブズに続く、まさしく自然法学の「本流」として位置づけられていることが確認されるのである。

おわりに

ザムエル・プーフェンドルフは思想史上どのように位置づけられうるのか、この課題に取り組むことは、プーフェンドルフのモノグラフ研究という枠を越えて、近代自然法思想史あるいは近代政治思想史全体の構図を問い直す試みでもある。それは、政治思想史のなかで正当な地位を与えられず、過小な評価しか受けてこなかった、一人の思想家を思想史の闇のなかから救い出し、もう一度、研究者の法廷のなかで再審請求を行うことでもあろう。

研究者によって作られた学説史のパラダイムは、その時代に適応した特別の意味を持っていたといえる。戦前の日本においては、国家主義の高揚のためにドイツ思想が優先されたが、戦後の日本においては、イギリス思想が近代思想あるいは民主主義思想の主流とされ、高い評価を受けてきた。したがって、こうした趨勢のなかで近代自然法が、いわば「イギリス型」と「ドイツ型」に分類され、両者の相違点を強調する研究が登場したのも自然の流れともいえる。しかし、一七世紀のヨーロッパ政治思想は、領邦国家や特定の地域が国民国家として自立しつつも、キリスト教共同体をその基盤とした汎ヨーロッパ的な思想的共同体が依然として残存しており、国家の枠を越えた思想的交流が行われた時代に生まれた国際的な思想である。したがって、そうした特質を持つ近代ヨーロッパ思想をはたして厳密に、「イギリス型」と「ドイツ型」に区別することが可能なのかということも再検討する必要があるように思われる。

かりに、そうした一般的な区別が可能であったとしても、とくにプーフェンドルフ研究においては、そうした二分法は彼の研究を進展させる上で必ずしも有益とはならないということは、これまでの論旨から明らかであろう。

これからの近代自然法思想史研究に要求されていることは、いわゆる「社会契約論」と大陸自然法学を別の思想潮流として区別することではなく、相互の思想的交流や受容の仕方を比較することによって、同じ理論的土壌にありながらも、さまざまな歴史的現実によって変容されていく過程を分析することであろう。そういう意味において、プーフェンドルフ研究はいまだに開拓途上であり、近代思想史を問い直す上で一つの可能性を秘めているように思われるのである。

（1）*The Political Writings of Samuel Pufendorf*, edited by Craig. L. Carr, translated by Michael. J. Seidler (New York, Oxford : Oxford University Press, 1994) ; Thomas Behme, *Samuel von Pufendorf : Naturrecht und Staat* (Göttingen : Vandenhoeck & Ruprecht, 1995) ; *Samuel Pufendorf und die europäische Frühaufklärung : Werk und Einfluß eines deutschen Bürgers der Gelehrtenrepublik nach 300 Jahren* (1694-1994), herausgegeben von Fiammetta Palladini und Gerald Hartung (Berlin : Akademie Verlag, 1996).

（2）Leonard Krieger, *The Politics of Discretion*, p. 1.

（3）Cf. *Samuel Pufendorf's On The Natural State Of Men*, translated, annotated, and introduced by Michael Seidler (Lewiston/Queenston/Lampeter : The Edwin Mellen Press, 1990), p. 15.

（4）Vgl. Erik Wolf, *Grosse Rechtsdenker* ; id, *Grotius, Pufendorf, Thomasius* (Tübingen : Verlag von J. C. B. Mohr, 1927).

（5）Vgl. Hans Welzel, *Die Naturrechtslehre Samuel Pufendorfs : Ein Beitrag zur Ideengeschichte des 17. und 18. Jahrhunderts* (Berlin・New York : Walter de Gruyter, 1958), SS. 19-30.

（6）フランツ・ヴィーアッカー『近世私法史』、とくに三六六―三七八ページを参照されたい。

（7）Cf. Richard Schlatter, *Private Property : the History of an Idea* (New York : Russell & Russell, 1951), pp. 151-156, 278.

（8）Cf. *De Jure Naturae*, Ⅳ, iv, §6.

（9）この点については、第一章を参照されたい。

(10) とくにプーフェンドルフの書誌学に詳しい Delter Döring, *Pufendorf-Studien* (Berlin : Duncker & Humblot, 1992) やプーフェンドルフに関する論文集である *Samuel Pufendorf und seine Wirkungen bis auf die heutige Zeit*, Bodo Geyer/Helmut Goerlich (Hrsg.) (Baden-Baden : Nomos Verlagsgesellschaft, 1996)、プーフェンドルフのみならず近代自然法論者に関する英語の文献を集めた *Grotius, Pufendorf and Modern Natural Law*, edited by Knud Haakonssen (England and USA : Dartmouth, 1999) や *Early Modern Natural Law Theories*, edited by T. J. Hochstrasser and P. Schröder (Dortrecht/Boston/London : Kluwer Academic Publishers, 2003) などが出版された。国内では、プーフェンドルフの宗教論に関する論文である辻康夫「プーフェンドルフと宗教的寛容——コミュニケーションの自律性とその限界——」(法政理論　第三二巻　第三・四号、二〇〇〇年) が発表されている。

(11) Cf. John Locke, *Some Thoughts concerning Education*, p. 161. 邦訳、二八九ページ。

(12) Cf. Adam Smith, *Lectures on Jurisprudence, Report dated 1766*, pp. 397-398. 邦訳、八七—九〇ページ。

(13) Robert Derathé, *Jean-Jacques Rousseau et la Science Politique de son Temps*, p. 83. 邦訳、七二ページ。

(14) M. Seidler, Introductory Essay in *Samuel Pufendorf's On The Natural State Of Men*, p. 16.

(15) 福田歓一『政治学史』(東京大学出版会、一九八五年)、二九七、四二八—四二九ページ。小笠原弘親・小野紀明・藤原保信著『政治思想史』(有斐閣、一九八七年)、一四八ページ。

(16) Cf. *The Cambridge History of Political Thought 1450-1700*, edited by J. H. Burns with the assistance of Mark Goldie (Cambridge : Cambridge University Press, 1991), p. 561.

(17) 小笠原弘親「プーフェンドルフの契約理論」(飯坂良明・田中浩・藤原保信編『社会契約説』(新評論、一九七七年) 所収)、一五〇—一五一ページ。

(18) M. Seidler, *op. cit.*, p. 61.

(19) Cf. *ibid.*, p. 21. プーフェンドルフが、デカルト主義を盲目的に適用したのではないという点に関しては、本章の第四節も参照されたい。

(20) 福田歓一『近代政治原理成立史序説』(岩波書店、一九七一年)、とくに序章と第一章を参照されたい。福田教授は、『ルソー』(人類の知的遺産40) のなかで、大陸自然法学 (とくにプーフェンドルフ) がルソーの思想形成に与えた影響力を重視するドラテの見解と自身の見解との相違を認めており、大陸自然法学とホッブズやロックの自然法とを「意識的に強引に区別した理由」を次のように述べている。「ホッブズやロックには哲学的に人間の個人への還元と、その能力、認識と実践の能力の自己吟味があるからであり、今一つには、それと関連して、むしろその背景として、いわゆるピュウリタン革命の大変革があり、宗教と結びついて民衆の間に人間が人間である限り与えられる自然権の主張と、個人の内面的規範による万人の秩序形成能力への信頼が、民衆の間に芽生えて現実を動かし、ホッブズやロックはその衝撃に向い合って政治理論を構成したことにあった。……ホッブズやロックのそれ〔=社会契約説〕は、既成の政治社会をたんに説明する解釈原理ではなく、政治社会を純粋に個人相互の作為とする構成原理であった。」(二〇ページ。)

(21) Cf. Duncan Forbes, *Hume's Philosophical Politics* (Cambridge : Cambridge University Press, 1975) ; Knud Haakonssen, *The Science of a Legislator* (Cambridge : Cambridge University Press, 1981). 永井義雄／鈴木信雄／市岡義章訳『立法者の科学』(ミネルヴァ書房、二〇〇一年)。

(22) 田中正司『市民社会理論の原型』、同『アダム・スミスの自然法学』

(23) 新村聡『経済学の成立——アダム・スミスと近代自然法学——』(御茶の水書房、一九九四年)、一三—二三ページ。

(24) Cf. M. Seidler, *op. cit.*, p. 13.

(25) 新村聡『前掲書』、一六—一七ページ。新村教授は、この二分法の根拠として、グロティウス、ホッブズ、プーフェンドルフ、ヒュームらは、権利と国家の起源についてほぼ共通の理論を持っていた点を大前提としている。ロックとハチスンは、ホッブズとプーフェンドルフの自己保存に基づく権利起源論を批判し、ロックは理性を、ハチスンは道徳感覚と仁愛を対置し、スミスはすべての権利の起源と発展を公平な観察者の共感から説明し彼らを批判したと述べている。

(26) Vgl. Horst Denzer, *Moralphilosophie und Naturrecht bei Samuel Pufendorf* (München : Verlag C. H. Beck, 1972), S. Ⅶ.

(27) Vgl. *Ebenda.*, S. Ⅶ.

(28) Cf. Leonard Krieger, *The German Idea of Freedom : History of a Political Tradition* (Boston : Beacon Press *Beacon Hill*, 1957), pp. 50-59.

(29) Cf. L. Krieger, *The Politics of Discretion*, pp. vii-viii.

(30) Cf. *ibid.*, p. 2.

(31) Cf. *ibid.*, p. 2.

(32) *ibid.*, p. 3.

(33) Cf. *ibid.*, pp. 8-11.

(34) Cf. *ibid*., pp. 36-37.
(35) Cf. *ibid*., pp. 37-38.
(36) *De Jure Naturae*, II, iii, § 13.
(37) L. Krieger, *The Politics of Discretion*, p. 68.
(38) Cf. *ibid*., p. 106.
(39) Cf. *ibid*., p. 260.
(40) Cf. *De Jure Naturae*, Ⅶ, vi, § 10.
(41) L. Krieger, *The German Idea of Freedom*, p. 57.
(42) Cf. *De Jure Naturae*, I, i, §§ 3-5., II, iii, § 24.
(43) Cf. L. Krieger, *The Politics of Discretion*, p. 204.
(44) Cf. *De Officio, Lectori Benevolo Salutem*, pp.xii-xiii.
(45) Cf. L. Krieger, *The Politics of Discretion*, p. 221.
(46) Cf. *ibid*., p. 222.
(47) Cf. *ibid*., p. 235.
(48) Cf. *ibid*., pp. 243-244.
(49) Cf. *ibid*., pp. 248-249.
(50) Cf. *ibid*., pp. 250-251.
(51) Cf. *ibid*., pp. 251-254.
(52) J. Barbeyrac, “An Historical and Critical Account of the Science of Morality”, translated by Mr. Carew in S. v. Pufendorf, *Of The Law of Nature and Nations*, translated by Basil Kennett (London : Printed for J. Walthoe, R. Wilkin, J. and J. Bonwicke, S. Birt, T. Ward, and T. Osborne, 1729), p. 2.
(53) *ibid*., p. 79.
(54) *ibid*., p. 79.
(55) *ibid*., p. 80.
(56) *ibid*., p. 81.

(57) *ibid.*, p. 84.
(58) *ibid.*, p. 84.

補論二　プーフェンドルフの『ドイツ帝国国制論』について

はじめに――問題の所在――

神聖ローマ帝国は一八〇六年に崩壊するが、ヘーゲルはその直前に著した未刊の遺稿『ドイツ国制論』の冒頭部分で、政治的分裂状態にある帝国の惨状を見て、次のように述べている。

「ドイツはもはや国家ではない。かつての国法学者たちは、ドイツの国法を取り扱うにあたって、学問の理念を頭に浮かべていたため、ドイツの国制についての概念を確定しようとしたが、この概念については意見が一致せず、ついに現在の国法学者たちは、この概念を見出すことをあきらめ、国法をもはや学問としてではなく、理性的理念に適合せずに経験的に存在するものの記述として取り扱い、ドイツの国家には帝国(Reich)あるいは国家団体（Staatskörper）という名目以上のものを与えることはできないと信じるに至っている。[1]」

イギリスやフランスとは異なり国家的統一が遅れていたドイツでは、帝国に従属すべき領邦 territorium が実質的な主権を獲得して領邦国家 territorialstaat へと発展するに至り、神聖ローマ帝国はもはや国家の実体を喪失し、名目上の存在と化していたのである。

形骸化した神聖ローマ帝国の国制に対する批判は、一六世紀以来、ドイツの国法学者たちの中心的論題となっていたが、そこではとくに、国家としての機能が麻痺した帝国ははたして、アリストテレス以来の伝統的国制区分である三政体――君主政、貴族政、民主政――のいずれに属するのか、という政体論をめぐる論議が活発になされていた。一七世紀のドイツを代表する自然法学者、ザムエル・フォン・プーフェンドルフもまた、神聖ローマ帝国の政体を研究した一人であった。

プーフェンドルフは、もともと自然法研究をライフワークとしてその思想的営為を開始したが、早い時期から歴史研究にも強い関心を抱き、主著である『自然法と万民法』を完成する五年前に、すでに、セウェリヌス・デ・モンツァンバーノという匿名を用いて、『ドイツ帝国国制論』（以下『国制論』と略記する）と題する、神聖ローマ帝国の歴史に関する政治文書を著している。

『国制論』は、直接にはドイツ帝国（神聖ローマ帝国）の国制批判を中心主題としていたが、プーフェンドルフはこの著作において、ドイツ帝国の政体に関する国法学者たちの議論を論駁し、帝国の国家形態は三政体のいずれにも分類不可能であって、「変則的な国家」のカテゴリーに属すると主張した。さらに彼は『国制論』のなかで、政体の変則性に伴う帝国内の不和や対立を解決するための改革案を提唱している。

ところで、これまでのプーフェンドルフの政治思想研究においては、もっぱら彼の自然法国家理論（『自然法と万民法』『自然法に基づく人間および市民の義務』）に関する研究に集中し、『国制論』の持つ意義については、ほとんど関心が持たれなかったといえる。しかし、後に述べるように、『国制論』において展開されたプーフェンドルフのドイツ帝国に関する国制認識は、彼の自然法国家理論と密接に関連しており、その意味で『国制論』を分析することはきわめて重要であると思われる。それゆえこの補論では、『国制論』を軸にしてプーフェンドルフの政治思想を検討し、プーフェンドルフ研究に一つの新しい視角を提供したい。その際、私は次の諸点に留意しつつ考究をすすめる。
㈠　まず、『国制論』は、神聖ローマ帝国の歴史的批判を中心主題とした政治文書であるという基本的性格に鑑みて、当時のドイツがいかなる政治社会状況にあったのかを検討する。
㈡　次に、自然法国家理論と『国制論』の論理的連関を解明する鍵《キー》概念である国家形態論のもつ意味を明確にする。
㈢　最後に、プーフェンドルフの帝国改革案を考察することにより、一般に領邦絶対主義の擁護者と考えられてきたプーフェンドルフが、実は、領邦の特殊利害よりも帝国全体の国家利益を優先させ、帝国の国家的統一性を維持するために、ドイツ帝国を連邦国家（Bundesstaat）として再編しようと試みていたことを明らかにする。

一　プーフェンドルフが生きていた当時のドイツの時代状況

プーフェンドルフは、世界最初の国際的宗教戦争である三十年戦争の真只中において生を享けたが、ドイツを主戦場として繰り広げられたこの宗教戦争によって、ドイツの社会および経済は徹底的に破壊され荒廃した。平和への気運が高まるなか、一六四八年にヴェストファーレンの講和条約が締結され、三十年戦争は終結を迎える。

ところで、この講和条約は一般に、「帝国の死亡証書」と呼ばれている。というのは、この条約によって、帝国等族〔Reichsstände：帝国議会に出席する資格を与えられた諸身分〕――選帝侯、諸侯、都市――には、ほぼ完全な形での自由権 Libertät、すなわち、領邦の主権たる領邦高権（jus territoriale）および同盟締結権が公式に認められたため、領邦がいまや主権国家として台頭し、ドイツ皇帝は全国土を統轄する権能を喪失してしまったからである。

それゆえ、ドイツ帝国は君主政国家というよりも、諸国家の連合体のような政体をとっていたといえる。

さて、ドイツの帝国等族が一六四八年の条約によって領邦高権と同盟締結権とを獲得するまでには長い歳月を要したが、彼らがこれらの政治的権利を要求するために唱えてきた標語《スローガン》は、「ドイツの自由」という伝統思想であった。ここでいう「ドイツの自由」とは、帝国等族の自由と同義である。

帝国等族は、ドイツ皇帝に対しては貴族としての立場にあったが、彼らが「ドイツの自由」を主張することは、ユーラ・スタトゥウム（jura statuum）――帝国等族が中世から受け継ぎ、帝国改革の時代（一四八六―一五〇〇年）に獲得した特権や大権――、つまり、皇帝に対する既得権の擁護を意味するばかりでなく、領邦における政治的主権を要求することをも意味していた。そして、「ドイツの自由」は、ドイツ皇帝の絶対主義的な政治権力の伸張を強く阻止したのみならず、皇帝との権力闘争に勝利したドイツ諸侯が、自らの領邦内に絶対的な支配権を確立することを同時に可能ならしめたのである。

「ドイツの自由」を守るために、帝国等族が皇帝から勝ち得た成果の一つとして、一五五五年のアウグスブルクの宗教和議が挙げられよう。宗教平和令と執行令とを二大支柱とするこの宗教和議は、すべての帝国等族の世俗的財産および諸権利を保護することを骨子とする、一四九五年の永久ラントフリーデ令を基礎とし、それを敷衍させたものに他ならないが、(2) ドイツ宗教改革の結果として、「各領域の宗教はその統治者の宗教に従う cujus regio, ejus religio」という宗教上の原則が確立されたことによって、皇帝からは信仰問題における裁定権が奪い取られ、領邦君主は「最高の司教 summus episcopus」として領邦教会の頂点に立ち、ついに教会の政治的独立性を粉砕し、国家権力を宗教問題にまで貫徹させることが可能となったのであった。この宗教和議によって、ドイツ諸侯は「ドイツの自由」の要求を政治上ばかりでなく、宗教上も実現できることになったのであり、ヴェストファーレンの講和条約はこの和議の延長線上に位置し、その内容を拡張・強化したものであったのである。

こうして、帝国等族、とくに一部の有力な選帝侯と諸侯は皇帝の力をも凌駕するほどの政治権力を掌握するに至り、ドイツ帝国の政治的分裂は決定的となる。しかも、帝国議会〔Reichstag：選帝侯、諸侯、都市の三部会から成る身分制議会〕は、全会一致の場合にのみ法案が可決されるという大幅な制約を課されていたため、実際には無力な存在であり、衰微した皇帝権に代わりうるほどの権限を持ってはいなかった。したがって、帝国の統一性を維持する機関はもはや存在しなかったのである。

以上のような政治社会状況を背景として、国法学者を中心に、形骸化した神聖ローマ帝国の国家形態についての論議が盛んに行われた。前述した政体論がその中心的論題であったが、これらの論者たちのなかには、帝国を君主政体としたラインキング、貴族政体と見做したコンリング、ヒッポリトゥス・ア・ラピーデ、混合政体と見たリムネウスらがいた。

彼らはいずれも当時のドイツを代表する法・政治学者たちであったが、これらの論者のなかでもプーフェンドルフが最も注目したのは、ヒッポリトゥス・ア・ラピーデなる人物であった。ヒッポリトゥス・ア・ラピーデとは偽名であって、実名はボギスラウ・ケムニッツ（一六〇五―七八）という、スウェーデンの女王クリスティーナに仕えた学者であるといわれている。ケムニッツは一六四〇年、この偽名を使って、『我々のローマ＝ドイツ帝国の国家理性に関する論考』（*Dissertatio de ratione status in Imperio nostro Romano-Germanico*）という書物を公刊したが、この書物はドイツ帝国の国制を研究する人びとの間に激しい論争を巻き起こした。

この著作のなかでケムニッツは、ドイツ帝国の政体を「君主政的に統治された部分〔＝領邦のこと〕から成る貴族政体 aristocratia monarchice ex parte administrata」と定義し、帝国の君主政的な統治様式は実状にそぐわず、実質的には、帝国等族がドイツの国政を動かす政治主体となって、皇帝権による支配に対抗しなくてはならないと主張している。(3)

政体論は本来、研究者自身の政治的実践と深く結びついており、帝国を君主政体とする論者は皇帝権力を、貴族政体と見做す論者は帝国等族の自由＝「ドイツの自由」を擁護することをその政治的目標としていたのである。したがって、貴族政体を主張したケムニッツは、等族の自由を守り、皇帝権を弱体化させ、帝位を独占していたオーストリア＝ハプスブルク家を撲滅せんとする政治的意図を持っていたといえよう。プーフェンドルフは、ケムニッツのドイツ帝国国制分析から多くを学び刺激を受けつつも、ケムニッツに対して論争を挑み、彼独自の国制認識に到達していったのである。(4)

ではプーフェンドルフは、ドイツ帝国の国制をどのように見ていたのであろうか。

二　プーフェンドルフのドイツ帝国についての国制認識

ドイツ帝国の政治社会状況は、プーフェンドルフの国家理論にも明らかに影響を与えている。自然法国家理論の構築にあたって、プーフェンドルフは、社会契約説の基本シェーマである《人間論⇓自然状態⇓社会契約⇓主権の設立》という構図に従っていたが、主権論（『自然法と万民法』第七巻第三章〜第九章）において、彼はドイツ帝国の国制をとくに意識した一章を設けている。すなわち、『自然法と万民法』第七巻第五章の国家形態論（De formis rerumpublicarum）である。

この章で、彼は国家の形態を「規則的な regularis」国家と「変則的な irregularis」国家の二つのカテゴリーに分類している。

プーフェンドルフは、主権は最高かつ不可分なものと捉えていたが、「規則的な」国家とは、主権＝最高権力(summum imperium) が分割・分離されることなく、一つの意思によって行使されている、つまり、「一つの魂によって指導されている」国家に他ならない。(5) 一方、「変則的な」国家とは、それとは対極的な概念であり、主権が分割され、国家的な統一性が見受けられない国家のことと考えられている。

したがって、「変則的な国家」は、前述の三政体のいずれにも属せず、また、プーフェンドルフ自身の主権論の根本原理とも一致しない国家形態なのであった。そして政体のこうした「変則性 irregularitas」が最も顕著に見られる例として、彼が挙げているのが、東西分裂後のローマ帝国と、彼の祖国たるドイツ帝国 (imperium Germanicum) だったのである。

しかし、プーフェンドルフは、『自然法と万民法』の国家形態論の章においては、彼が「変則的な国家」と規定したドイツ帝国の国制をめぐる具体的な問題点についてはほとんど論じていない。そのことは、『国制論』が『自然法と万民法』の五年前に公刊されていたこととも無関係ではないであろう。つまり、ドイツ帝国の国制については『国制論』のなかですでに十分論議されており、改めて『自然法と万民法』の国家形態論の章においてそれについて述べる必要はないとプーフェンドルフ自身が考えていたと思われるからである。この国家形態論の章のなかで、ドイツ帝国の国制を論じた研究者の一人として、彼自身の匿名であるセウェリヌス・デ・モンツァンバーノという名前が挙げられていることにもそのことがうかがわれる。

以上のことから、『国制論』とプーフェンドルフの自然法国家理論が、国家形態論を媒介項として密接に連関していることは明らかである。すなわち、『国制論』は、後に展開されるプーフェンドルフの自然法国家理論体系の一部

(国家形態論)を成しているとも考えられ、ドイツ帝国の政体の変則性という問題に中心主題を設定して著された書物であったといえよう。

では、プーフェンドルフはドイツ帝国の政体をどのように考えていたのか。この点については、彼は『国制論』第六章「ドイツ帝国の国家形態について De forma imperii Germanici」において取り扱っている。しかし、これを論ずる前に、プーフェンドルフがドイツ帝国の政治・社会状況をいかに把握していたのかを知る必要があろう。ドイツ帝国が抱えていた政治的問題点として、彼が『国制論』第六章以前に指摘していたことはほぼ次の二点に集約される。

すなわち、ドイツ帝国がはたしてローマ帝国を継承しているのかという問題とドイツ諸侯の勢力拡大とそれに伴う皇帝権の衰退という問題である。

最初の問題については、プーフェンドルフはドイツ帝国がローマ帝国を継承しているという考えを強く否定する。九六二年、第二次ローマ遠征の後、オットー大帝は教皇ヨハン十二世からローマ皇帝として帝位を授与されるが、これによってドイツ王権とローマ皇帝権とが結合し、ローマ＝ドイツ帝国としての神聖ローマ帝国が誕生する。しかし、その結果、ドイツ皇帝は国内的統一ばかりでなくイタリアをも政治的支配下に治めなくてはならないという超ドイツ的な政治的課題を背負わされることとなる。

プーフェンドルフは「ドイツ王国 (regnum Germanorum) はローマ帝国を継承していない」という明確な姿勢をとるが、以下のことがその理由として挙げられている。

まず、ローマ帝国は、ドイツ王国が一つの国家として成立するはるか以前にすでに崩壊していること、さらに、ドイツ皇帝はドイツ国王とローマ皇帝を兼ねていたが、それぞれの戴冠式を別々に行うということは、ローマ帝国とドイツ王国は異なる国家であることを意味していること、最後に、ローマ教皇を中心とするイタリアの諸国家はドイツ王国と同じ一つの政治体に結合されていないこと、である。[6]

ドイツ帝国がローマ帝国を継承しているということをプーフェンドルフが拒否する最大の理由は、「ローマ帝国の称号によって、ドイツは利益を得るどころか、大きな損失を被り、いざこざに巻き込まれただけである」からである。[7] ローマ帝国の皇帝という称号をローマ教皇に与えてもらうことは、教皇に関わる政治的問題にドイツ帝国が必然的に関与せざるをえなくなることを意味し、「教皇によって企てられた騒擾を収拾し、首謀者たちから教皇を守るためのイタリア遠征に」多大の費用と人命が浪費されるからである。[8] それゆえ、プーフェンドルフは、ドイツ帝国はローマ帝国を継承していないと主張するのである。

次の問題、すなわち、ドイツ諸侯の勢力拡大と皇帝権の衰退という当時のドイツにとっての最大の政治問題について、プーフェンドルフはこうした状況を慨嘆しつつ、ドイツ諸侯は、もはや皇帝には服属しておらず、皇帝の同盟国の地位にあるという事実を認める。[9] ドイツ諸侯の台頭と弱体化された皇帝権は、揺るがすことのできない趨勢となっていたのである。

「ドイツの諸侯（Proceres Germaniae）は、〔正常な〕君主政の諸法とはまったく一致しないほどの過度の権力の座を獲得したのである。[10]」

またドイツ皇帝は、選挙王制の導入と選帝侯のすべての権力、特権、免除を認めた金印勅書(Goldene Bulle)によって、「きわめて重要な帝国の仕事を自分がよかれと思うように決定することができなくなった」のである。[11] その結果、必然的に各領邦《ラント》が実質的な政治的主権を確立しようとする傾向が強まってくる。プーフェンドルフはこうした領邦国家台頭の現実を次のように指摘している。

「帝国等族たち（Ordines）が最高権力（Summum Imperium）を得るのにほとんど何も欠けていないということをまとめることは容易である。彼らは、少なくともその大部分が彼らの臣民に対する生殺与奪の権利を有している。彼らは法を定めることができるが、〔ドイツの〕一般法に反する法を定めることもできるのである。宗教に関しても完き自由を有している。彼らは自らの領土から自分のためにあらゆる収益を得ることができる。彼らは課税を行う。皇帝と帝国に対立しなければ、彼らは互いに同盟を締結し、外国とも同盟を取り結ぶのである。……彼らは武力で自らを防衛し、……領土内に要塞を築き、貨幣を鋳造し、国家の統治に必要なすべてのことを行うのである。[12]」

以上のような現状認識に基づきながら、プーフェンドルフは、『国制論』第六章でドイツ帝国の政体についての論究に入っていく。第六章冒頭部分でプーフェンドルフは次のように述べている。

「自然的な肉体および人為的な団体の健全性と能力が、それらの諸部分が整えられた調和と結合とによって生じるように、道徳的集団、すなわち社会もまた、それらを構成する諸部分が相互にきちんと結合されているか否かに応じて、つまり、社会がその内部に秩序のある構造を有しているのか、何か変則的で無秩序なものを有しているのかに応じて、強いか弱いか判断されるのである。[13]」

ドイツ帝国をそれを構成している諸部分に分解すると、そうした諸部分は、世俗君主、教会君主、伯、帝国自由都市にあたる。これらの諸部分のみを取り上げれば、三政体のいずれかに属する。問題なのは、ドイツ帝国全体をその単位とした時に、この国家がいずれの政体に分類されうるかである。

前述したように、彼はドイツ帝国を「変則的な国家」の一種と見ており、帝国の国家形態は規則的な政体のいずれにも分類されえないと主張する。したがって、彼は、国法学者たちを中心に展開されていたドイツ帝国の政体論

――君主政、貴族政、混合政体――をすべて批判する。しかし、彼がとくに鋭い攻撃を浴びせたのは、当時、有力な学説であった貴族政体説と（制限）君主政体説である。

貴族政体説については、帝国等族の自由＝「ドイツの自由」を擁護するために、帝国が貴族政体であると主張したケムニッツをプーフェンドルフは槍玉にあげている。それではなぜプーフェンドルフはドイツ帝国を貴族政体とは見做さなかったのか。

それは主権に対する彼の考え方と大いに関係している。プーフェンドルフは『自然法と万民法』において貴族政の特質を次のように考えている。貴族政では、国家の構成員＝市民のなかで、選ばれた少数の市民＝貴族が合議体を構成し、この合議体が国務の運営にあたっての最高権力を有しており、議員である貴族は議会の決定に必ず服さねばならない。つまり、プーフェンドルフは貴族政の本質は「最高の主権を確固たる、永久の議会あるいは合議体に委託すること」にあると見ていたわけである。[14] それゆえ、貴族政体においては、国政を行う合議体が、プーフェンドルフの主権論の根本原理である最高かつ不可分の主権を担うこととなる。

ところがドイツでは、このような最高主権を持った合議体は存在しない。なぜならば、帝国議会は実際には有名無実であって、定期的に開催されることもなく、帝国議会の構成員である貴族＝帝国等族が実質的な政治的ヘゲモニーを握っていたからである。こうした根拠に基づいて、彼はドイツ帝国が貴族政体であることを否定する。

ドイツ帝国は貴族政体ではない、と述べた後に、プーフェンドルフは、ドイツ帝国は規則的な君主政体でもない、と主張する。君主政体は絶対君主政と制限君主政に区別されるが、皇帝権の実体を考量すれば、帝国が絶対君主政ではないことは明らかである。しかし、彼が帝国を制限君主政とも見ないのは次の理由による。

すなわち、プーフェンドルフの考えによれば、制限君主政といえども、主権は分割されることなく、「国家の魂」

である最高かつ不可分の主権はあくまでも国王（皇帝）が持つものとされる。つまり、制限君主政では、国王（皇帝）は絶対的な政治権力は有せず、権力を濫用しないよう国家の基本法や身分制議会によってその行動が監視されるが、国王（皇帝）はやはり主権者であることには変わりはない、ということである。プーフェンドルフは、「最高の（summum）」主権と「絶対的な（absolutum）」主権とを峻別する。[15]「絶対的な」主権とは為政者の恣意的な権力の行使を意味するが、「最高の」主権は国家の意思を最終的に決定する権限そのものを意味している。それゆえ、制限君主政においては、「絶対的な」主権は存在しないが、規則的な国家の成立要件である「最高の」主権は存在している。プーフェンドルフは制限君主政の本質をこのように考えていたのである。ところが、ドイツ皇帝はこうした「最高の」主権を持ってはおらず主権者とはいえない。ゆえに、プーフェンドルフはドイツ帝国が制限君主政体であることも否定するのである。

これまでの議論からも明らかなように、（制限）君主政体であれ、貴族政体であれ、一人の君主あるいは合議体に委託された「最高の」主権は、分割されることなく、一つの意思によって行使さるべきことをプーフェンドルフは主張しているのである。

では、ドイツ帝国の政体とは何か。プーフェンドルフは次のように答える。

「ドイツは変則的な政体であって、怪物に似ている。irregulare aliquod corpus et monstro simile」[16]

こう述べた後、プーフェンドルフはドイツ帝国の政体を把握すべき新たな概念として、「諸国家の体系（systemata civitatum）」というカテゴリーを登場させる。「諸国家の体系」とは、複数の主権国家が同盟等によって一個の政治体を形成するが、構成諸国は自国内の政治問題に関しては最高主権を有している、国家連合（Staatenbund）に類似した政体のことである。それゆえ、プーフェンドルフのいう「諸国家の体系」は、厳密には国家とはいえず、主権諸国家のゆるやかな結合体を意味していたものといえよう。

しかし、プーフェンドルフは、ドイツ帝国を「諸国家の体系」そのものとは見ていない。というのは、君主政国家としてのドイツ帝国はすでに形骸化しているとはいえ、ドイツ皇帝はなお、強力な君主政的統治を標榜して、「ドイツの自由」を求める諸侯と対峙しているからである。だが、時代の趨勢としては、皇帝権に対する帝国等族の勝利は確定的であり、規則的な君主政の状態に戻ることはほとんど不可能であった。したがって、プーフェンドルフは、ドイツ帝国の政体を、「諸国家の体系」に移行しつついまだに制限君主政的な要素を色濃く残した政体と捉えていたのであった。

ヴェストファーレンの講和条約によって、領邦における主権を正式に認められた帝国等族は、帝国の領域を分断し、自らの領邦を統一国家へと完成させる準備を着実に整えつつあった。「諸国家の体系」というカテゴリーは、そうした帝国の現実を反映した概念に他ならなかったのである。

三　「ドイツ帝国の病」と国家理性

規則的な国家形態から逸脱し、「変則的で怪物に似た」政体を持つことによって、ドイツ帝国は国内的騒乱や政治的分裂の危機に絶えず曝されてきたが、プーフェンドルフはこれを「ドイツ帝国の病」と呼んだ。

この帝国の「病」は、ドイツが「諸国家の体系」でも、かといって（制限）君主政でもないという国家形態の変則性が原因となって惹き起こされるとプーフェンドルフは主張している。

「ドイツ帝国はきわめて脆弱である。なぜなら、不健全に作られた王国の病と、変則的に構成された諸国家の体系の病とが、混じり合って見出されるからである。ドイツが王国でもなく、諸国家の体系でもないことがその主要な不幸である。[17]」

具体的には次のような「病」が指摘されている。まず、皇帝と帝国等族の対立および帝国等族間の競合・反目である。すなわち、皇帝はかつての王権の復活を求めるが、帝国等族は既得権と領邦内の自治権を保持せんとし、その結果、両者の間には猜疑、不信、謀略が発生する。また、各領邦はそれぞれ異なった統治形態をとっているため、君主政体をとる領邦と自由な気風を重んじる帝国自由都市の間にも激しい対立が存在する。さらに、諸侯間にも世俗君主と教会君主との対抗関係があり、こうした対立状況が「ドイツ帝国の病」をいっそう根の深い疾病たらしめているとプーフェンドルフは考えている。

その他の「ドイツ帝国の病」としては、ローマ＝カトリックとプロテスタントとの宗教上の対立、国家歳入と常備軍の欠如、ハプスブルク家による帝位の独占、裁判の遅延、貨幣の不統一、諸侯の奢侈、近隣諸国の内政干渉などが問題とされている。[18]

これらの帝国の「病」を治療し、ドイツ帝国を再建するための改革案をプーフェンドルフは『国制論』第八章のなかで提起するが、この章は「ドイツ帝国の国家理性について（De ratione status imperii Germanici）」という表題がつけられている。

一七世紀のドイツでは、「国家理性（ratio status）」に関する数多くの文献が著されているが、領邦国家台頭の趨勢を反映して、そのほとんどが領邦君主の絶対主義を擁護したものであった。たとえば、前述したケムニッツは、『我々のローマ＝ドイツ帝国の国家理性に関する論考』のなかで、帝国の「国家理性」を考察しているが、[19]帝国等族の自由を主張することで、結局のところ、領邦絶対主義を基本的に容認していたのである。

しかし、プーフェンドルフが唱える「国家理性」は、領邦絶対主義を推進する理論的武器ではなかった。つまり、彼のいう「国家理性」とは、帝国等族の特殊利益を擁護するものではなく、帝国全体の国家利益をはかることをまず第一に意味していたのである。したがって、プーフェンドルフが主張する、ドイツ帝国の「国家理性」の理念は、ドイツ帝国の「病」を治療し、健全な状態へと回復させることをその目的としていたといえる。では、彼はどのような帝国改革案を考えていたのか。

ドイツ帝国の再建にあたって、プーフェンドルフはまず、ドイツが「諸国家の体系」という状態に近づきつつあることを前提条件とする。つまり、ドイツ帝国を構成している諸領邦がその政治的独立性をますます強めたため、ドイツは多数の主権諸国家のゆるやかな結合体に変容しつつあると彼は見ていたのである。しかし、このことは同時に、帝国が国家としてのまとまりを次第に失いつつあることも意味していた。帝国の国家的統一性の維持を第一の目標としていたプーフェンドルフにとって、ドイツが完全に「諸国家の体系」＝国家連合に移行するのを防ぐことが、帝国改革における最大の課題であったといえる。なぜなら、「諸国家の体系」に移行することは、ドイツが一個の国家としてのまとまりを喪失し、完全に崩壊してしまうことに他ならなかったからである。

帝国の国家的統一性を維持するため、たとえば彼は、ドイツ帝国を構成する同盟諸国（領邦）の主権を制限することを試みる。すなわち、同盟諸国家間に紛争が起こった際に、その審議・裁決は、公平な第三者的立場にある同盟国に委ねられるが、この裁定を係争中の当事国が受け入れない場合には、残りの同盟諸国がこの執行を強制できるものとしている。[20]また、『国制論』第五章のなかでも、プーフェンドルフは次のように述べて、帝国の支分国である領邦が自分勝手な行動をとることで諸国家の連合体の統一性を乱すことを禁止しようとしている。

「もし連合あるいは同盟社会の一国が優越性の主張なくして尊大に、不法に他の連合国を害するならば、残りの同盟国は過度な構成国を矯正し、その国に正義を行わせしめる理由と権利を持とう。[21]」

このような措置は構成諸国の主権の最高性を侵害することなくしては不可能であり、マイネッケが指摘しているように、国家連合ではなく連邦国家においてのみ可能な提案であった。[22]なぜなら、連邦国家では構成国（州）の自治権は国家主権に従属し、必要な場合には制限されうるからである。

プーフェンドルフのこうした主張のなかに、同盟国（領邦）の特殊利害よりも帝国全体の国家利益＝「国家理性」を優先させていこうとする、彼の基本的姿勢が見受けられる。したがって、プーフェンドルフは、ドイツ帝国を国家連合（＝諸国家の体系）ではなく、連邦国家として再建しようと試みていたように思われる。というのは、連邦国家であれば、各領邦の自治権をある程度認めつつも、帝国は最高主権を有する統一国家として存続することが可能であったからである。もちろん、連邦制の構想はプーフェンドルフにおいていまだ未成熟ではあったが、彼の帝国改革案を敷衍すれば、明らかに彼は連邦制を標榜していたといえよう。

さらにプーフェンドルフは、皇帝とともに帝国全体に関わる国内的・国際的問題を審議する恒久的な合議体（consilium）が設立されることを提案している。[23]プーフェンドルフがドイツ帝国の国家的統一性を実現する機関として考えていたと思われるのは、ドイツ皇帝ではなく、この恒久的な合議体であった。

この合議体は帝国議会よりも強い権限を持つ機関と考えられている。というのは、帝国議会は一六六三年、レーゲンスブルクに常置されて以来、もはや国家意思決定の最高権力機関ではなく、各領邦使節の会議へとその地位を押し下げられていたが、プーフェンドルフが考えていた合議体は、帝国議会のように全会一致の場合にのみ審議が可決されるという制約はなく、決定はすべて多数決によって行われるとしたからである。しかも、同盟諸国の代表から構成されるこの合議体は連邦議会としての性格を強く帯びていた。プーフェンドルフは、この恒久的な合議体が最高権力を持って帝国の統治を行うことが、帝国が「諸国家の体系」＝国家連合へと移行するのを防止する手段であると考えていたように思われる。というのも、『自然法と万民法』のなかで彼は、諸国家の体系が一個の国家へと発展する可能性について次のように言及しているからである。

「投票の多数決の原理に基づいて国務が決定され、その結果、反対派もまた義務づけられるようなこととなれば、それは〔諸国家の〕体系の規則的な形態からの乖離であり、変則的な政体、あるいは一個の国家（civitas una）の確立である。[24]」

「もし、全同盟国が自発的に一個の合議体の……最高主権に服すれば、（諸国家の）体系が、完全な国家（civitas perfecta）に結合することも可能である。[25]」

つまり、ドイツ帝国の最高主権を創出する恒久的な合議体を設立することによって、帝国の崩壊を防ぐことに、プーフェンドルフは一縷の望みを託していたと考えられるのである。

ドイツ帝国を、自らの国家理論の根本的な原理である「最高にして不可分の」主権を持つ、一個の完全な国家として維持させるとともに、否定することのできない現実である領邦国家の主権を承認するという、二つの政治的課題を同時に解決し、止揚する唯一の方法は、ドイツ帝国を連邦国家として再建することであった。なぜならば、連邦国家においては、上部国家（Oberstaat）の共通主権作用によって、帝国全体の主権を構築するとともに、支分国である領邦国家の主権、つまり個別主権作用を承認することも可能であったからである。[26]プーフェンドルフが提唱したドイツ帝国改革のためのプラン、すなわちドイツ帝国の国家理性という考えは、必然的に連邦制の理念へと至るのである。

以上のことから、プーフェンドルフを領邦絶対主義のイデオローグとのみ規定することの誤りと危険性が指摘されよう。なぜならば、プーフェンドルフには、個別の領邦国家の特殊利益を超えた、ドイツ帝国全体の国家利益＝「国家理性」を考察していこうとする強い姿勢が見受けられるからである。

（1）G. W. F. Hegel, *Die Verfassung Deutschlands*, S. 461. 邦訳、四九ページ。

（2）Vgl. F. Hartung, *Deutsche Verfassungsgeschichte*, SS. 25-26. 邦訳、三八―三九ページ。

（3）Vgl. Nachwort von H. Denzer in *De Statu Imperii*, SS. 173-174.

（4）ホルスト・デンツァーは次のように述べて、プーフェンドルフにとってのケムニッツの存在の重要性を指摘している。「プーフェンドルフは、とりわけ混合政体と二重の主権のあらゆる方法の拒否そして憲法に国家理性の政治的考慮を取り入れた点においてケムニッツと一致していた。ケムニッツの結論からのこうした共有が、すなわち、皇帝に対する等族の自由の強化が、非現実的で、帝国の国制の不安定な均衡にとって最も危険であることを知らしめようとする気持ちを、プーフェンドルフに起こさせたに違いなかった。したがって、ケムニッツのこの『論究』（＝『我々のローマ＝ドイツ帝国の国家理性についての論究』）が、プーフェンドルフのドイツ帝国国制の論稿のなかで、詳しく分析される（六章と七章）唯一の著作であることは不思議ではない。ケムニッツの論稿は叩き台であって、帝国の国家形態とその国家理性についてのプーフェンドルフの論議は、これが起因となって活性化されたのであった。これなくしては、プーフェンドルフの帝国国制の論稿はこうした形では明確にあらわれてこなかったであろうし、おそらくはあらわれえなかったであろう。」(Nachwort von H. Denzer in *De Statu Imperii*, S. 174.)

（5）Cf. *De Jure Naturae*, Ⅶ, v, § 2.

（6）Vgl. *De Statu Imperii*, SS. 23-24.

（7）*De Statu Imperii*, S. 24.

（8）Vgl. *De Statu Imperii*, SS. 24-25.

（9）Vgl. *De Statu Imperii*, S. 47.

（10）*De Statu Imperii*, S. 63.

（11）Vgl. *De Statu Imperii*, S. 63.

（12）*De Statu Imperii*, SS. 94-95.

（13）*De Statu Imperii*, S. 96.

(14) Vgl. *De Statu Imperii*, S. 99.
(15) Cf. *De Jure Naturae*, Ⅶ, vi, § 10.
(16) *De Statu Imperii*, S. 106.
(17) *De Statu Imperii*, S. 119.
(18) Vgl. *De Statu Imperii*, SS. 119-123.
(19) ケムニッツ、すなわちヒッポリトゥス・ア・ラピーデは、『我々のローマ＝ドイツ帝国の国家理性に関する論考』のなかで、帝国の現状を改善する国家理性として「六つの原則」を提案しているが、プーフェンドルフはこれを次のように要約している。（一）ドイツ諸侯は国内の平和を確立するために、一致のための方法と手段を学び、互いに対する憎悪を掻き立ててはならず、宗教を理由として党派に分裂してはならないこと。（二）皇帝の位を長期間、特定の家系に相続させてはならず、帝位を独占することで、実質的な現実の主権を獲得せんとする野望が生じるのを防ぐこと。（三）公共善に関するあらゆる職務を指導し、調整する権力が、国家全体のより強力な結合のために一人の君主に委ねられるが、諸侯は領邦における主権をなおその掌中に維持し、恒久的な議会あるいは評議会において、重大な事項に関する審議・決定権を行使しうること。（四）皇帝はたんに王権の象徴にすぎず、国王の裁判権と権力は個人にではなく、国家全体に存すること。（五）諸侯の生命、財産、名声のいずれも皇帝の裁量にはまかせられないこと。（六）軍隊、民兵、城砦のいずれも皇帝一人だけの管轄あるいは統治の下にはないこと。プーフェンドルフはケムニッツの提唱する「六つの原則」について、「これらの原則は、完全には軽視されるものではないが、ドイツは貴族政体ではないということを私がすでに十分に証明したことを考量すれば、ドイツの安全がこれらの原則の遵守にのみ見出されると考えるのは愚かなことだ」と述べて批判している。Vgl. *De Statu Imperii*, SS. 124-125.
(20) Vgl. *De Statu Imperii*, S. 128.
(21) *De Statu Imperii*, S. 95.
(22) Vgl. F. Meinecke, *Die Idee der Staatsräson in der neueren Geschichte*, S. 267.
(23) Vgl. *De Statu Imperii*, SS. 128-129.
(24) *De Jure Naturae*, Ⅶ, v, § 20.
(25) *De Jure Naturae*, Ⅶ, v, § 21.
(26) 国家連合と連邦国家の違いについては、今井直重『主権の憲法学的研究』（法律文化社、一九六三年）、とくに二五三—二五五ページを参照されたい。

あとがき

本書の構想と成立について言及しておきたい。筆者のねらいの一つには、今日では一部の研究者を除いて、ほとんどその存在が知られておらず、忘れ去られてしまったプーフェンドルフという思想家が、一七・一八世紀段階において思想史上いかに重要な位置を占め、同時代および後世の法・政治学者たちにどれほど広大かつ甚大な影響を与えていたか、を示すことにあった。

そのためには、はしがきでも述べた通り、比較思想史的方法を用いた研究が必要不可欠であった。しかし、比較研究以前に、プーフェンドルフの法・政治思想がどのようなものであったのかを知らない研究者が大多数である以上、彼の思想をわかりやすく紹介する必要性もあった。そこで、まず第一章ではプーフェンドルフの社会契約説の概略を論じ、第二章以降で他の思想家との個別的な比較考察を行うことにした。ただし、第一章でもホッブズやロックとの比較を通じて彼の自然法思想が理解できるように配慮している。

第二章以降の比較の対象として筆者が最初に選んだ思想家は、ゴットフリート・ヴィルヘルム・ライプニッツであった。その理由は三つある。

まず、一七世紀ドイツの思想史的コンテキストのなかで、プーフェンドルフとライプニッツの比較研究という視点に着目した研究はこれまでほとんど存在していないこと、次に、グロティウスやホッブズの方が比較の対象としての重要度は高いとしても、プーフェンドルフの自然法学が研究書や研究文献で紹介される際には、この二人の思想家との関連が言及されないことはほとんどないということ、すなわち、ライプニッツとの比較研究の方がその研究対象としての価値がより高いと思われたこと、最後に、一七世紀のドイツの思想状況のなかでプーフェンドルフの政治思想がどのような位置づけにあったのかを明らかにするには、彼の思想と対照的な立場にある、ほぼ同時代のドイツの思想家との比較が必要であったこと、である。この条件に最も適合するのがライプニッツであった。ライプニッツとの比較研究の次に筆者が着目したのは、プーフェンドルフの自然法学とスコットランド啓蒙思想との比較思想史的研究であった。このテーマを選定した理由は、一八世紀のスコットランド啓蒙思想においては、プーフェンドルフの自然法学がまさしく近代自然法学の主流として意識されており、彼の自然法学を有力な思想的母体として、スコットランド啓蒙思想が登場しているからである。しかしそうした受容過程のなかでも、スコットランド啓蒙思想独自のプーフェンドルフ自然法学の捉え直しの作業が行われていたのである。

それでは、プーフェンドルフの自然法学が一八世紀初頭のスコットランドにおいてどのように受容されたか、という問題に取り組むために、筆者は、スコットランド啓蒙思想の拠点である、グラスゴウ大学「道徳哲学」講座におけるプーフェンドルフ自然法学の受容という事実に焦点を合わせることで、大陸の自然法思想とスコットランドの自然法思想の思想的継承・交流過程を跡づけようとした。具体的に比較の対象として選んだ思想家は、カーマイケル、ハチスン、ヒュームの三人である。ヒュームを選んで、なぜアダム・スミスを選ばなかったのかというと、ヒュームが自然法の世俗化の論理においてプーフェンドルフのコンヴェンショナリズムを基本的に継承しているのに対して、プーフェンドルフとスミスとの間には直接的な思想的連続性が見つけにくく、スミスの師ハチスンがすでにプーフェンドルフ自然法学の改訂を行っており、スミスはそれを思想的前提としているため、プーフェンドルフのスミスに対する影響は間接的であり、比較対象としてなじみにくかったためである。

スミス以外にもホッブズ、ロック、グロティウス、カンバーランド、カントらが比較対象の候補に挙げられていたが、ホッブズやロック、グロティウスに関してはすでに各章で部分的に言及しており、カンバーランドやカントについては比較対象としての重要度が高い順に取り組んでいったために間に合わず、今回は断念することとなった。しかしながら、比較の対象となる思想家を絞り込んだことで、論点が散漫になることだけは避けることができたと思っている。

本書はすでに発表した論文を基に大幅に加筆・修正を施し、構成し直したものである。各章の初出一覧を以下に挙げておく。

第一章 「プーフェンドルフ――自然法国家理論の基本構造――」田中浩編『現代世界と国民国家の将来』御茶の水書房所収、一九九〇年二月
第二章 「プーフェンドルフとライプニッツ――一七世紀ドイツにおける自然法・国家思想の二類型――」『一橋論叢』第一〇五巻 第二号、一九九一年二月
第三章 「イギリス自然法思想とプーフェンドルフの自然法学――グラスゴウ大学「道徳哲学」講座における大陸自然法学の批判的受容――」前田繁一編『現代社会の諸相』晃洋書房所収、一九九二年六月
第四章 「プーフェンドルフとハチスンの政治理論――自然法学体系と社会契約説の比較考察――」『久留米大学法学』第四七号、二〇〇三年八月
第五章 「自然法の道徳的拘束力の根拠としての公共的効用について――キケロ、プーフェンドルフ、ヒュームにおける自然法の世俗化――」『久留米大学法学』第三八号、二〇〇〇年七月
補論一 「プーフェンドルフ研究の視角と方向――Leonard Krieger, *The Politics of Discretion : Pufendorf and the Acceptance of Natural Law* を手がかりに――」『三重法経』第九七号、一九九三年六月
「プーフェンドルフの思想史的位置づけに関する一考察」『久留米大学法学』第三〇号、一九九七年六月

補論二「プーフェンドルフの政治思想に関する一考察――とくに、『ドイツ帝国国制論』を中心に――」『一橋論叢』第一〇〇巻　第二号、一九八八年八月

本書が完成するまでに、学部・大学院時代、三重短期大学・久留米大学在職時代を通じて多数の方々のお世話になった。

一橋大学在学時には数々の恩師に恵まれた。大学一・二年次の前期ゼミでは、故塚田富治先生と島崎隆先生にお世話になった。塚田先生は入学したての無知な私が、人間の生きる意味について悩んでいた時に、気さくに人生論を語ってくださった。島崎先生はマルクス主義哲学の手ほどきをしてくださった。

専門課程の三・四年次の後期ゼミと大学院ゼミでは田中浩先生に後指導いただいた。私をプーフェンドルフ研究へと最初に誘《いざな》ってくださったのも田中先生である。先生は近代政治思想史研究を志しながら、研究対象を絞りかねている私に、プーフェンドルフはどうかと提案してくださった。社会契約論研究をベースに大陸自然法学を比較対象にしようという決断がついたのもこの時であった。本書の副題に示す通り、比較思想史の重要性を教えてくださったのも田中浩先生である。先生に対する学恩は計り知れない。

また、未知の研究領域に踏み込んだ私をサポートしてくれたのが一橋大学の学風であった。一橋大学では伝統的にイギリス経験論の研究が盛んであり、ホッブズ、ロック、スミスなどの思想家に関する文献や研究の蓄積があり、優秀なスタッフが揃っていた。そのなかで、すでにスコットランド啓蒙思想とのつながりでプーフェンドルフに着目されていた田中正司先生との出会いは私にとって幸運であった。プーフェンドルフを分析する新たな視点を見出すことができた私は、それまでの固定的な観点から自由になることができた。本書の完成は、田中正司先生の先行

研究なくしてはありえなかったであろう。また、直接御指導を受ける機会はなかったが、水田洋先生の研究に示唆を受けることが多かった。

それ以外にも大学院時代にはさまざまな知的刺激を受ける環境に恵まれた。田中浩先生のゼミでは、柴田寿子、小澤亘、森川孝吉、神谷直樹、田渕直樹の各氏と有意義な議論を交わすことができた。田中浩先生が退官された後にゼミに籍を置かせていただいた加藤哲郎先生には、思想史の狭い世界しか知らない私に現実的な政治問題に取り組む重要性を教えていただいた。研究者が一市民として、微力ながらも実践に関わることの意味について考える機会を与えてくださった。また、桜井徹氏は院生時代から実の兄のように研究面でいろいろと支援してくださった。

設立時から参加させていただいた啓蒙思想研究会では、スコットランド啓蒙思想研究の第一線で活躍されている方々に接することができた。とくに坂本達哉先生と新村聡先生には研究や論文に対するご批評をいただいた。的場昭弘先生には一橋大学社会科学古典資料センターに在職されていた時にプーフェンドルフ関係の資料の収集の手助けをしていただいた。これらの方々以外にも、学部時代（社会科学研究会）、院生時代（社会学研究科・法学研究科）、三重短期大学・久留米大学在職時には、多数の方々のお世話になった。とくに久留米大学での研究生活では、中川原徳仁教授を始め、法学・政治学の関係スタッフには快適な知的交流と研究環境を提供していただいた。

本書を久留米大学法政叢書として出版する機会を与えてくださった久留米大学法学部ならびに西嶋法友前法学部長、宗岡嗣郎法学部長に感謝したい。成文堂の本郷三好氏には本書の校正作業において大変お世話になった。また、本書の出版にあたって、久留米大学非常勤講師の藤村一郎君と久留米大学院生の畑田秀将君に索引等の作成を手助けしてもらった。

最後に、私の家族に対する謝意を表しておきたい。父は政治学者として、理論ばかりでなく、地方の政治・行政の内実につねに批判的・実践的にコミットし、啓蒙的活動を行ってきた。父の存在なくして私は研究者の道を志すことはなかったであろう。高校の教師である母と私立大学の教師である兄にもさまざまな点で精神的に支援を受けてきたことに感謝したい。また、妻喜代美は不規則になりがちな私の研究生活を健康面・精神面から支えてくれた。この拙い本書を私の家族に捧げたいと思う。

二〇〇四年　二月　由布岳を眺む山荘にて

前田俊文

ハリントン(Harrington, J.) ……33
ハルトゥング(Hartung, F.) ……46
バルベイラック(Barbeyrac, J.) ……70,82-85,197,209,223-226,228,231
ヒッポリトゥス・ア・ラピーデ(Hippolithus a Lapide)〔＝ケムニッツ〕…243,257
ヒューム(Hume, D) ……95,96,123,139,140,144,149-193,196,207,208
フォーブズ(Forbes, D.) ……66,74,207
ブキャナン(Buchanan, G.) ……15
福田歓一 …87,202,207,234
フーゴー(Hugo, L.) ……62
藤原保信 ……192,202,234
フーバー(Huber, E. R.) …54
プラトン(Platōn) …45,118
フルー(Flew, A.) ……153
ブルートゥス(Brutus, J.) ……31
ヘーゲル(Hegel, G. W. F.) ……21,33,56,139,239
ベーズ(Bèze, T.) ……31
ベーゾルト(Besold. Ch.) ……62
ベーメ(Behme, T.) ……195
ベール(Bayle, P.) ……82
ホーコンセン(Haakonssen, K.) ……66,93,207
ボシュエ(Bossuet, J. B.) 57
ボダン(Bodin, J.) …25,32,47,131,221
ホッブズ(Hobbes, T.) ……2-5,10,11,13,14,17,18,20,27,29,30,33,35,36,38,41,42,47,49,54,63,80,97,99,100,102,103,107-109,111,112,114-116,122-127,131-134,139,143,145,146,149,178,186,188,196,197,201-203,206-209,213-215,224,226,228,231,235
堀豊彦 ……31
ホント(Hont, I.) …81,200,207

マ 行

増永洋三 ……57
松隈清 ……189
松下圭一 ……30
マリアナ(Maliana, J.) …15
水田洋 ……147
ムーア(Moore, J.) …88,200
メディック(Medick, H.) ……64,81,90,92,200
モンツァンバーノ(Severinus de Monzambano)〔＝プーフェンドルフ〕47,126,240,245

ヤ 行

ユベール(Hubert, R.) …204

ラ 行

ライプニッツ(Leibniz, G. W.) ……33-62,69-72,78,149,157-161,166,185,196,208
ラインキング(Reinkingk, D.) ……47,60,243
リムネウス(Limnaeus, J.) ……47,60,243
ルソー(Rousseau, J. J.) ……4,63,79,139,196,201,202,204,212,223
ロエック(Roeck, B.) ……62
ロサエウス(Rossaeus, G.) ……31
ロック(Locke, J.) ……1,2,4-6,8,9,12,15-17,20,27,30,33,42,45,63,65,81,84,92,97-100,103,107,109,110,115,118-124,127,132,133,136-140,142,143,149,171,172,176,186,188-190,196,198,201-203,207,208,212,213,219,223,231,235

ワ 行

ワイズ(Wise, J.) ……212
和田小次郎 ……57,198

人名索引

ア 行

カ 行

サ 行

タ 行

ナ 行

ハ 行

著者紹介

前田　俊文（まえだ　としふみ）

1963 年愛媛県に生まれる。1986 年一橋大学社会学部卒業。1992 年一橋大学大学院社会学研究科博士後期課程単位修得。現在久留米大学法学部国際政治学科助教授。専攻は政治理論・政治思想史。

主要な業績として、「自然法の道徳的拘束力の根拠としての公共的効用について――キケロ、プーフェンドルフ、ヒュームにおける自然法の世俗化――」(久留米大学法学第 38 号、2000 年)、『現代と政治学』（共著）法律文化社、1997 年、ハンス・ケルゼン『社会学的国家概念と法学的国家概念』（共訳）晃洋書房、2001 年、など。

プーフェンドルフの政治思想

――比較思想史的研究――

久留米大学法政叢書 12

平成 16 年 3 月 20 日　初版第 1 刷発行

著　者　前田俊文

編　者　久留米大学法学会

会長　宗岡嗣郎

発行者　阿部耕一

〒162-0041　東京都新宿区早稲田鶴巻町 514

発行所　株式会社　成文堂

電話 03(3203)9201(代)　Fax(3203)9206

http：//www.seibundoh.co.jp

製版・印刷　三報社印刷　　製本　中條製本

☆乱丁・落丁本はおとりかえいたします☆　**検印省略**

ISBN 4-7923-3187-0 C3031

定価（本体 4200 円＋税）

久留米大学法政叢書

1	現代海商法の諸問題	6000 円
		志津田氏治著
2	フランス行政契約論	6500 円
		三好　充著
3	ドイツ労働法の基本問題	6000 円
		石松亮二著
4	中国環境汚染防治法の研究	7000 円
		片岡直樹著
5	国際関係の戦略とパワー構造	6200 円
		荒井　功著
6	ルソーにおける人間と国家	4600 円
		西嶋法友著
7	タイプフェイスの法的保護と著作権	6000 円
		大家重夫著
8	刑法における因果論と侵害原理	5500 円
		梅崎進哉著
9	民事訴訟法の解釈と運用	4500 円
		東　孝行著
10	リーガルマインドの本質と機能	5300 円
		宗岡嗣郎著
11	民営化の責任論	3200 円
		松塚晋輔著
12	プーフェンドルフの政治思想	4200 円
		前田俊文著